Damaris Kofmehl
Fünfzehn Minuten Todesgefahr

Dieses Buch ist **Daniel Kyburz** gewidmet, einem Jungen, dessen Durchhaltevermögen mich beeindruckt hat und der allen Umständen zum Trotz nie aufgehört hat, an seine Träume zu glauben.

Die Ereignisse wurden von Damaris Kofmehl an Ort und Stelle in Pakistan recherchiert. Das Buch entstand unter anderem auch dank der aktiven Beteiligung verschiedener Hauptprotagonisten dieser dramatischen Story. Den größten Beitrag leisteten dabei Deborah und Paul-Gerhard, die nicht nur viel erzählten, sondern auch das Manuskript am Schluss nochmals lasen und letzte Korrekturen und Präzisierungen vornahmen.

Damaris Kofmehl

Fünfzehn Minuten Todesgefahr

Auf eine internationale Schule in Pakistan wird ein Attentat verübt. Das Leben von 150 Schülern und den Lehrern steht auf dem Spiel. Eine wahre Geschichte, erschütternd und schockierend.

BRUNNEN
VERLAG BASEL · GIESSEN

ABCteam-Bücher erscheinen in folgenden Verlagen:

Aussaat Verlag Neukirchen-Vluyn
R. Brockhaus Verlag Wuppertal
Brunnen Verlag Basel und Gießen
Christliches Verlagshaus Stuttgart
Oncken Verlag Wuppertal und Kassel

Bibliografische Information der Deutschen Bibliothek
Die Deutsche Bibliothek verzeichnet diese Publikation in der Deutschen Nationalbibliografie; detaillierte bibliografische Daten sind im Internet über http://dnb.ddb.de abrufbar.

Die Bibelstellen wurden der revidierten «Hoffnung für alle» (2002) und der Lutherbibel (1999) entnommen.

Umschlag: Michael Basler, Lörrach
Foto Umschlag: Getty Images, München
Fotos Innenteil: Damaris Kofmehl und Deborah Lanz
Satz: Bertschi & Messmer AG, Basel
Druck: Ebner & Spiegel, Ulm
Printed in Germany

ISBN-10: 3-7655-3904-X
ISBN-13: 978-3-7655-3904-6

Inhalt

Teil I
Der Auftakt

Taxila, Pakistan – Freitag, 9. August 2002

07:00 – Nichts deutete an diesem Freitag darauf hin, dass Gefahr drohte. Es hatte die ganze Nacht in Strömen geregnet, und die Erleichterung war sowohl Ärzten, Krankenschwestern als auch Patienten ins Gesicht geschrieben. Endlich hatte die Wasserknappheit, mit der sie sich fast den ganzen Sommer über gequält hatten, ein Ende. Nach 46 Grad im Schatten und einer relativen Luftfeuchtigkeit von 90 Prozent war ein Temperatursturz von 11 Grad ein wahrer Segen für Leib und Seele. Viele Kinder – und sogar ein paar ältere Männer und Frauen – waren fröhlich in ihren luftigen Baumwollkleidern zwischen den Gebäuden der Klinik in Taxila hin und her getanzt und hatten das prickelnde Gefühl des warmen Regens auf ihrer Haut genossen.

Auch der Augenarzt Joseph Lall, der mit seiner ganzen Familie auf dem weitläufigen Klinikgelände wohnte, freute sich über den lang ersehnten Niederschlag. In der Nacht war er mehrmals aufgewacht und hatte einfach dem gleichmäßigen Klang des niederprasselnden Regens auf dem Dach gelauscht, ein Geräusch, das er seit Monaten nicht mehr gehört hatte. Morgen würde es erfreulich kühl sein und wenig Patienten geben, war sein letzter Gedanke gewesen, bevor er wieder eingeschlafen war.

Am nächsten Morgen regnete es noch immer. Die Luft roch angenehm frisch, die Palmen und Sträucher erstrahlten in besonders intensiven Farben, als wären sie über Nacht neu gestrichen worden, und ein paar kleine Vögel flatterten über Josephs Kopf hinweg, als er sein Haus verließ. Es versprach, ein guter Tag zu werden.

Das Krankenhaus war vor genau achtzig Jahren von einem amerikanischen Ehepaar gegründet worden und hatte sich mit der Zeit einen sehr guten Ruf bei der muslimischen Bevölkerung erworben. 115 000 Patienten wurden jährlich behandelt und versorgt. Die Klinik war vor allem berühmt für ihre Augenoperationen, und ärmere Pakistanis unternahmen tagelange Reisen, um hier untersucht und gepflegt zu werden. An normalen Tagen behandelten Joseph Lall und seine Kollegen über 300 Patienten und führten um die 140 Operationen zur Behandlung des grauen Stars durch. Joseph liebte seinen Job, ja, er sah ihn als eine Art Berufung.

Wie jeden Morgen begab sich der Arzt auch heute zuerst zur kleinen Krankenhauskapelle, die sich an der Frontseite des Geländes, nur wenige Meter hinter dem Eingangstor, befand und auch von der öffentlichen Straße her für Außenstehende einfach zugänglich war. Ein paar Krankenschwestern gesellten sich zu ihm und machten ihn höflich darauf aufmerksam, dass er seinen Schirm vergessen hatte.

«Möchten Sie unter meinen Schirm kommen, Doc?», rief ihm Parveen, eine zwanzigjährige Assistentin, schon aus einiger Entfernung zu. Joseph winkte ab.

«Nein, danke. Ich kann nicht genug bekommen von dieser himmlischen Nässe. Ist es nicht ein herrlicher Morgen?»

07:25 – Als sie das eiserne Tor erreichten, das das Grundstück der Kapelle vom übrigen Klinikgelände abtrennte, wurde der Regen heftiger und die Krankenschwestern begannen vergnügt zu lachen, während sie rasch über den schmalen Pfad zur Kapelle tänzelten, wo sie unter dem geschützten Vordach ihre Schirme zuklappten. Es war seit vielen Jahren Tradition, dass das Personal der Klinik die Hektik des Tages mit einem gemeinsamen besinnlichen Moment in der Kapelle begann, und wer immer sich früh morgens einige Minuten Zeit nehmen konnte, tat sein Möglichstes, um dabei zu sein.

Joseph belegte wie immer seinen Stammplatz in der dritthintersten Bankreihe auf der rechten Seite, wo sich traditionsgemäß die Männer hinsetzten, während die Kirchenbänke auf der linken Seite für die Frauen reserviert waren. Auch an diesem Morgen war die Kapelle gerammelt voll, und pünktlich um 7 Uhr 30 stimmten rund hundert Ärzte, Pfleger, Krankenschwestern und anderes Personal mit ihren Familien in den ersten Chorus ein. Dann wurden einige kurze Gebete gesprochen, und weil es Freitag war, formulierte jemand ein paar Gedanken zur Woche.

Die Feier dauerte normalerweise fünfzehn Minuten, und freitags dreißig Minuten wegen der wöchentlichen Ansprache. Aber aus unerfindlichen Gründen fiel heute die Rede kürzer aus als sonst, und das Abschlusslied wurde spontan um vier Strophen gekürzt, so dass die morgendliche Feier früher als üblich zu Ende war.

Die Damen erhoben sich zuerst und spazierten in Zweierreihen zum Ausgang. Da der Mittelgang nur sehr schmal war, mussten die Männer immer warten, bis alle Frauen die Kapelle verlassen hatten, bevor auch sie aufstehen konnten. Normalerweise ließ sich Joseph eher Zeit und war sowohl einer der Letzten, die kamen, als auch einer der Letzten, die gingen. Aber irgendetwas in ihm drängte ihn heute zur Eile, und er schloss sich unmittelbar an die hinterste Reihe der Frauen an. Alle plauderten fröhlich durcheinander, während sie begannen, ihre Schirme aufzuspannen und in den Regen hinauszutreten. Der Augenarzt warf einen Blick auf die Uhr, die über dem Eingang hing.

07:48 – Und dann geschah es. Ein Blitz erleuchtete die Kapelle, gefolgt von einer gewaltigen Explosion, die sämtliche Fenster zerschmetterte und die Menschen zu Boden warf. Joseph spürte, wie seine linke Gesichtshälfte auf den Steinboden prallte, während er aus dem Augenwinkel die Reflexion eines weißen Lichts an der Decke erkennen konnte. Mehrere Leute fielen direkt auf ihn.

«Ein Blitz hat eingeschlagen!», war sein erster Gedanke, und obwohl ihn das Gewicht der anderen schier erstickte, dachte er erleichtert: «Mein Gott, ich bin am Leben!»

Für einen Moment war es still. Erdrückend still. Das einzige Geräusch, das Joseph wahrnahm, war der rasende Pulsschlag seines eigenen Herzens. Sonst war nichts zu hören. Die Stille jagte ihm fast den größeren Schrecken ein als der ohrenbetäubende Knall der vorangehenden Explosion. Was hatte das alles zu bedeuten? Was war geschehen?

Draußen waren jetzt Schreie zu hören. Der Arzt war zwischen die Kirchenbänke gefallen, und als er versuchte, sich aufzurichten, trampelten mehrere Leute auf seine Beine, weil die in Panik geratene Menschentraube rückwärts in die Kapelle zurückstürmte.

«Das war kein Blitz!», schoss es Joseph durch den Kopf. «Wir werden angegriffen!» Er hatte keine Ahnung, was als Nächstes käme. Wie viele Angreifer waren an dem Anschlag beteiligt? Wo waren sie positioniert? Wann würden sie beginnen, durch die zerborstenen Fenster wahllos auf die Menge zu schießen oder Handgranaten in die Kapelle zu werfen? Wie standen die Chancen, hier lebend rauszukommen?

Zitternd rappelte der Arzt sich auf und spähte vorsichtig über die Kante der Kirchenbank, um sich einen ersten Eindruck vom Ausmaß der Explosion zu verschaffen. Der Anblick war erschütternd. Der Boden war übersät mit Glas- und Stahlsplittern, Fetzen von Kleidungsstücken und wimmernden und stöhnenden Menschen, die sich ihre offenen Wunden hielten. Verwirrung herrschte, und eine beklemmende Angst hing in der Luft. Das bunte Fensterbild über dem Altar am andern Ende der Kapelle wies ein kleines rundes Loch auf, genau über dem betenden Jesus im Garten Gethsemane. Das Glas der Wanduhr über dem Eingang der Kapelle war ebenfalls zersprungen, die Uhr war stehen geblieben, und zwar exakt zum Zeitpunkt der Explosion, um 7 Uhr 48.

Joseph gab sich Mühe, einen klaren Kopf zu behalten. Es fielen keine Schüsse, also ging der Arzt davon aus, dass er sich hinter der Bank hervorwagen konnte. Draußen waren noch immer einzelne Schreie zu hören, dazu verzweifeltes Weinen. Hätten die Angreifer ihre Opfer über den Haufen schießen wollen, wäre dies bereits geschehen, überlegte Joseph, während er sich hastig den Weg zum Ausgang freirempelte.

Die Explosion hatte auch hier alle umgeworfen, und der Platz vor der kleinen Kirche glich einem einzigen Schlachtfeld. Auf der linken Seite, unmittelbar neben dem Eingang, befanden sich zwei metergroße und etwa fünfzig Zentimeter tiefe Krater. Überall auf dem Rasen lagen blutverschmierte Körper, zerfetzte Schirme, zerrissene Kleider, Schuhe, weiße Häubchen von Krankenschwestern und kleine Metallstücke von explodierten

Granaten. Es regnete in Strömen, und die Wasserpfützen auf dem Vorplatz hatten sich in Blutlachen verwandelt.

«Oh Gott», murmelte Joseph zu sich selbst, «oh mein Gott.» Er ließ seinen Blick über die zahllosen Verletzten gleiten und merkte, dass sie sich alle unmittelbar vor der Kapelle befanden, während der Pfad zum eisernen Tor völlig frei und unverwüstet war. Offensichtlich hatten die Angreifer die Bomben aus dieser Richtung in die Menge geworfen und waren vermutlich auch auf diesem Wege wieder geflohen.

Kurz entschlossen rannte Joseph zum Tor, wo er einen bestürzten Sicherheitsbeamten, einen völlig perplexen Torhüter und eine Hand voll anderer Leute vorfand, die einfach wie versteinert zur Kapelle blickten, ohne irgendetwas zu unternehmen.

«Wo sind sie hingerannt?!», schrie der Augenarzt und fuchtelte wild mit den Armen in der Luft herum. «Ihr müsst sie doch gesehen haben! Wieso steht ihr hier rum?! Lauft ihnen nach, lasst sie nicht entkommen! Verständigt die Polizei, so tut doch etwas, um Himmels willen!» Es dauerte mehrere Sekunden, bis der Torhüter fähig war, etwas zu sagen.

«Er hat mir seine Waffe an den Kopf gehalten», stammelte er. «Ich ... ich glaubte, ich würde sterben.»

«Wie viele waren es?», fragte Joseph.

«Sie waren zu dritt», berichtete der Wächter. «Sie sagten, sie würden einen Patienten besuchen, deshalb hab ich sie reingelassen. Aber dann schlugen sie sehr zielstrebig den Weg zur Kapelle ein. Ich hab sie zurückgerufen, aber da zückte der eine seine Waffe und zwang mich ins Wächterhäuschen. Und dann hab ich die erste Explosion gehört.»

«Es ging alles so schnell», erklärte der Sicherheitsbeamte. «Ich war etwas weiter unten, als es passierte.

Als ich dazukam, war es schon zu spät. Zwei von ihnen hatten bereits begonnen, Handgranaten zu werfen.»

«Und dann?», wollte Joseph wissen. «Habt ihr gesehen, wo sie hingerannt sind?»

«Zwei sind in die Richtung gelaufen», berichtete der Sicherheitsbeamte mit einer flüchtigen Handbewegung. «Ich hab gesehen, wie jemand sie verfolgt hat, aber ich glaube kaum, dass er sie erwischen wird.»

«Und der Dritte?»

«Kann ich nicht sagen. Keine Ahnung. Als die erste Granate hochging und alles durch die Luft wirbelte, hab ich ihn aus den Augen verloren. Und dann war hier die Hölle los.»

Joseph nickte.

«Habt ihr die Polizei schon verständigt?»

«Die externe Telefonleitung ist tot», sagte der Torhüter. «Die Explosion hat die Leitungskabel zerstört.»

«Dann versucht es hinten in der Kantine oder sonst wo. Aber bringt sie her, sagt ihnen, wir wären von Terroristen überfallen worden.» Er winkte die andern mit einer Kopfbewegung zu sich. «Und wer zwei Hände hat, um anzupacken, der soll sich bitte nützlich machen. Wir brauchen keine Gaffer, wir brauchen Helfer! Los!»

Mit diesen Worten eilte er zurück zur Kapelle, wo soeben ein paar Krankenschwestern heraustorkelten. Joseph schrie ihnen durch den Regen zu, sie sollten Tragbahren vom Krankenhaus herüberholen. Die Schwestern nickten und machten sich unverzüglich auf den Weg. Der Augenarzt erteilte jedem, der einigermaßen aufrecht stehen konnte, Befehle, sich um die andern zu kümmern, und versuchte zwischen den vielen Menschen diejenigen zu finden, die am ernsthaftesten verletzt waren und sofortige Hilfe brauchten.

Ein Mädchen war durch die Explosion in einen nahe

gelegenen Maschendrahtzaun geschleudert worden. Eine Krankenschwester hatte ernsthafte Verletzungen am Bein abgekriegt und versuchte vergeblich, die Blutungen mit ihrem Kleid zu stoppen. Die meisten liefen wie benommen über den matschigen Rasen und hielten sich ihre blutenden Wunden. Sie sahen aus wie Schlafwandler und wirkten ziemlich verstört. Einige saßen einfach mitten im Regen und schluchzten stoßweise. Andere lagen mit verrenkten Gliedern auf dem Boden und rührten sich nicht.

Es war ein Anblick wie aus einem Horrorstreifen, und Joseph hätte sich gewünscht, dass es nichts weiter als ein schrecklicher Alptraum war, aus dem sie alle so bald wie möglich erwachen würden. Aber das war es nicht. Nein, jemand hatte sie tatsächlich in die Luft jagen wollen, und das Resultat war verheerend.

08:03 – Dr. Ernest hatte sich ihm unauffällig von hinten genähert und ihm die Hand auf die Schulter gelegt.

«Hey, Joseph, alles in Ordnung mit dir?»

Joseph drehte sich ihm zu.

«Ich denke schon», murmelte er. «Es ist ein Wunder, dass ich nichts abgekriegt habe.»

«Aber du blutest doch.»

«Ich blute? Wo?»

«Am Ohr», sagte der Arzt, «ziemlich heftig, würde ich sagen. Spürst du nichts?»

Joseph fasste sich erstaunt mit der linken Hand an sein Ohr, und als er sie zurückzog, war sie voller Blut.

«Ich hab überhaupt nichts davon gemerkt», wunderte sich der Augenarzt. Dr. Ernest reichte ihm ein Taschentuch, damit er es gegen die Wunde halten konnte.

«Schmerzen?»

«Die verschiebe ich auf später», meinte Joseph flüchtig. «Jetzt haben wir erst mal alle Hände voll zu tun. Ich hab ein paar Schwestern auf die Station geschickt, um Tragbahren zu organisieren.»

«Gut», nickte Dr. Ernest. «Die Leute in der Kapelle haben hauptsächlich Schnittverletzungen durch die zerbrochenen Scheiben und die herumfliegenden Glassplitter abgekriegt. Doch soweit ich es beurteilen kann, wurden keine lebenswichtigen Organe verletzt. Die Granaten sind zu weit von ihnen entfernt explodiert.»

«Gott sei Dank. Und hier draußen?»

Dr. Ernest seufzte.

«Hier sieht es nicht gut aus, Joseph. Zwei Granaten explodierten mitten in der Menge. Die Krater hast du bestimmt gesehen. Einige Schwestern wurden von Splittern in den Rücken getroffen, andere von vorne.»

«Ist ... ist jemand dabei getötet worden?»

«Wir wissen es noch nicht.» Dr. Ernest deutete in Richtung der Krater, wo sich ein paar Krankenschwestern um eine am Boden liegende Person geschart hatten. «Parveen hat es ziemlich böse erwischt.»

Joseph horchte auf.

«Parveen?» Erschrocken blickte er zu ihr hinüber. Außer einer Menge Blut war nicht viel zu sehen.

«Der vordere Teil der Granate hat ihren Bauch zerfetzt und blieb in ihrem Unterleib stecken.»

«Oh Gott.»

«Ihre Überlebenschancen sind äußerst gering.»

Joseph schüttelte betroffen den Kopf.

«Sie bot mir heute Morgen an, unter ihren Schirm zu kommen», murmelte er wie zu sich selbst. «Sie ist eine der liebenswürdigsten Schwestern, die ich kenne.»

«Ich weiß», bestätigte Dr. Ernest. «Es tut mir leid.»

Sie verharrten eine Weile, ohne etwas zu sagen, und beobachteten, wie die vielen Menschen sich gegenseitig vom Boden aufhalfen und sich in Richtung Krankenhaus entfernten. In der Zwischenzeit kamen die Ersten mit den Tragbahren zurück, und die Ärzte und Schwestern, die selbst nicht ernsthaft verletzt waren, legten die Verwundeten auf die Matten und brachten sie rüber in die Klinik.

Der erste Moment der Panik war einer unglaublichen Besonnenheit gewichen. Jeder tat das, worin er bestens ausgebildet und trainiert war, und zwar so professionell und ruhig, als hätte er es schon tausendmal vorher gemacht. Ja, wer von außen zusah, musste glauben, es handle sich hier um ein extra eingeflogenes Ärzteteam, das jahrelang auf einen solchen Notfall vorbereitet worden war.

Die sieben anwesenden Ärzte eilten in den Operationssaal, der keine zweihundert Meter von der Kapelle entfernt lag, und machten sich unverzüglich an die Arbeit. Innerhalb kürzester Zeit waren sämtliche Binden, Tücher und Bettlaken blutdurchtränkt, und der sonst klinisch saubere Operationssaal glich einem Schlachthof.

Sämtliche Räume wurden in Notfallstationen umfunktioniert. Freiwillige Helfer schoben die Verwundeten auf fahrbaren Betten durch die Gänge und hinterließen überall Spuren von Schmutz und Blut. Die Schwestern sorgten laufend für Nachschub an Schmerz- und Betäubungsmitteln. Zwei Arbeiter entfernten in Rekordzeit die Sitze einiger Minibusse, um damit die Schwerverletzten in ein größeres und besser ausgestattetes Krankenhaus zu transportieren. Hunderte von Gebeten wurden an diesem Morgen gen Himmel geschickt.

In der Zwischenzeit war auch die Polizei eingetroffen und blockierte die Klinikeinfahrt, um die vielen Schaulustigen von dem Gelände fern zu halten. Es begann nur so zu wimmeln von Polizeioffizieren, Behördenvertretern und Politikern, die aus der rund 35 Kilometer entfernten Hauptstadt Islamabad angereist waren. Alles, was Rang und Namen hatte, tauchte auf, sogar BBC, CNN und etliche andere internationale Fernsehstationen.

11:00 – Als jemand Joseph Lall drei Stunden später in den Operationssaal schob, damit er endlich die Wunde an seinem Ohr behandeln ließ, erfuhr er, dass Parveen ihren Verletzungen erlegen war. Sie hatte erst ihren zwanzigsten Geburtstag gefeiert, ein junges Mädchen voller Tatendrang. Und jetzt war sie tot.

Ihr Tod war so grausam und unbarmherzig gewesen, dass Tränen der Wut in Josephs Augen schossen. Wer konnte bloß so etwas Furchtbares tun? Und warum? Die Fragen hämmerten unaufhörlich in seinem Kopf, während Dr. Ernest den Glassplitter aus seinem Ohr entfernte und die Wunde ohne Betäubung zunähte. Doch Joseph spürte keinen Schmerz.

Nicht weit von Taxila entfernt ...
Murree – ein Jahr früher,
Samstag, 15. September 2001

14:00 – Deborah schleppte ihren zweiten Koffer zum kleinen Steinmäuerchen vor dem Internat und stellte ihn neben die Gepäckstücke der anderen Schüler. Sie warf sich ihr langes dunkelblondes Haar in den Nacken und hielt Ausschau nach ihren vier jüngeren Geschwistern, um sich zu vergewissern, dass alle in Sichtweite waren. Sie hatte keine Lust, jeden Einzelnen zu suchen, wenn ihre Eltern den Tee ausgetrunken hatten. Der Flug nach Deutschland war gebucht, und in wenigen Tagen würden sie bereits in ihrem Heimatland sein – eine seltsame Vorstellung. Deborah wäre viel lieber hier geblieben, hier in der Internatsschule in Pakistan. Hier war sie zu Hause, hier hatte sie in den vergangenen zweieinhalb Jahren Wurzeln geschlagen und viele Freunde gefunden. Die ganze Schule war zu ihrer Familie geworden, und von einem Tag auf den andern einfach so auseinander gerissen zu werden, war unerträglich für die Fünfzehnjährige.

«Die Schule wird bis auf weiteres geschlossen werden», so hatte man ihnen gestern Abend eröffnet, «morgen kommen eure Eltern und werden euch abholen.» Schon seltsam. Wenn in Deutschland ein Schuldirektor verkündet hätte, der Unterricht würde eingestellt und die Schule auf unbestimmte Zeit geschlossen, wäre wohl jeder Schüler vor Freude an die Decke gesprungen. Ist es nicht der Traum eines jeden Kindes, dass die Schule Feuer fängt, alle Lehrer erkranken oder sonst irgendetwas passiert, damit man plötzlich nicht mehr zum Unterricht muss? Doch für die rund 150 Schüler der «Murree Christian School», der MCS, war das Schließen der Schule das Schlimmste, was ihnen passieren konnte. Es bedeutete, Abschied zu nehmen von Freunden, die sie vielleicht nie mehr wiedersehen würden. Viele Missionsgesellschaften zogen ihre Mitarbeiter aus Pakistan zurück, vor allem diejenigen, deren Kinder an der Schule in Murree unterrichtet wurden. Niemand wusste, wie lange dieser Zustand andauern würde.

«Die Lage ist zu gefährlich», hatte man ihnen erklärt, «wir können es nicht verantworten, dass ihr hier bleibt.» Es wurde versprochen, dass die Schule im Januar wieder eröffnet würde. Doch Gerüchte gingen um, dass sie damit nur die Schüler beruhigen wollten. Die Wahrheit war: Niemand wusste, was geschehen würde. Der 11. September hatte alle in tiefe Ungewissheit gestürzt.

Es war ein schrecklicher Tag gewesen, der 11. September. Deborah war eben in ihr Zimmer gekommen, als ihre Mitbewohnerin ihr eröffnete, ein Flugzeug wäre in New York in ein Gebäude gestürzt. Deborah dachte sich nicht viel dabei. Sie hatte noch nie zuvor von den Zwillingstürmen gehört, und als sie zusammen mit den anderen Schülern im Fernsehen mitverfolgte, wie die beiden Hochhäuser einstürzten, ahnte sie nicht, dass dieses Ereignis auch in ihrem Leben Wellen schlagen würde, größere Wellen, als sie es sich jemals hätte träumen lassen. Es war, als hätte in dem Augenblick, als das erste Flugzeug den ersten Turm rammte, eine unsichtbare Zeitbombe zu ticken begonnen. Doch davon wusste in diesem Moment niemand etwas. Und vielleicht war es auch besser so ...

Am größten war der Schock natürlich für die rund dreißig amerikanischen und kanadischen Kinder, die die Murree Christian School besuchten. Aber auch alle anderen Kinder der MCS, die aus England, Holland, Finnland, Deutschland, der Schweiz, Australien, Neuseeland und von den Philippinen kamen, waren betroffen und erschüttert.

Am nächsten Morgen hielt der Schulleiter, Mr. Russell Morton, in der großen Turnhalle, die gleichzeitig als Auditorium diente, eine Rede, und es wurde eine Gedenkminute für die Opfer eingelegt. Später traf Deborah auf Larry Cutherell, den Finanzdirektor der Schule, der ebenfalls ziemlich mitgenommen war von der Geschichte, weil sein Bruder zur Zeit des Attentats unmittelbar am Tatort in New York gewesen war und alles live miterlebt hatte.

Larrys Bruder Luke arbeitete als Arzt in einem Missionskrankenhaus in Pakistan. Nun war er gerade auf Heimaturlaub in den USA und nahm zusammen mit über 150 Ärzten an einem Chirurgenkongress teil, der ursprünglich im World Trade Center hätte abgehalten werden sollen. Doch weil den Organisatoren die Räumlichkeiten zu teuer waren, verlegten sie den Kongress kurzfristig in ein Hotel, gleich gegenüber von den Zwillingstürmen. Am Morgen des 11. September warteten die Chirurgen auf einen Professor aus New York City, der den ersten Vortrag halten sollte. Nachdem er sich bereits zehn Minuten verspätet hatte, rief er von seinem Handy aus an und berichtete, er würde es leider nicht schaffen zu kommen, da es einen Flugzeugunfall gegeben hätte.

Zuerst wusste niemand, was das bedeutete, bis die Meldung hereinkam, die Türme des World Trade Centers stünden in Flammen. Augenblicklich teilten sich die Ärzte in Gruppen auf. In kürzester Zeit waren sie einsatzbereit und konnten sich um die vielen Verletzten kümmern. Luke sah mit eigenen Augen, wie die Türme in sich zusammenstürzten. Er habe kaum glauben können, dass dies alles wirklich passierte, erzählte er seinem Bruder.

«Wir hatten ja keine Ahnung, welche Konsequenzen das für uns hier in Pakistan haben würde», erklärte Larry gegenüber Deborah. «Es ist tragisch. Es ist einfach tragisch.»

«Ja, das ist es», bestätigte Deborah.

Die folgenden Tage verbrachten Schüler wie Lehrer nur noch vor dem Fernseher. Doch die Stimmung erreichte ihren absoluten Tiefpunkt, als sie am Freitagabend erfuhren, dass die Schule schließen würde und jeder in sein Heimatland zurückreisen müsste. Die Nachricht war niederschmetternd für alle. Ein Junge wurde gar so wütend, dass er eine Scheibe zertrümmerte, während die andern einfach nur fassungslos dasaßen und nicht einmal mehr fähig waren, ihren Gefühlen Ausdruck zu verleihen. Manch einer wischte heimlich eine Träne aus den Augen.

Es ging alles viel zu schnell. Es blieb kaum mehr Zeit, sich von allen zu verabschieden. Deborahs Freundin Christine war bereits vor dem 11. September nach Islamabad gereist, und jetzt würden sie sich nicht einmal mehr sehen, bevor sie Pakistan verließen und in verschiedenen Flugzeugen in verschiedene Länder flogen. Und ob sie sich jemals wiedersehen würden, war unklar. Christine war Amerikanerin, und vielleicht würden es ihre Eltern vorziehen, eine Weile in Amerika zu bleiben.

Deborah hatte das Gefühl, als würde ihr jemand den Boden unter den Füßen wegziehen. Das neue Schuljahr hatte gerade begonnen, sie hatte sich eben erst in ihrer neuen Klasse eingelebt, sich zusammen mit den Mädchen in ihrem neuen Zimmer eingerichtet, und jetzt, keine vier Wochen nach dem ersten Schultag, zerplatzte alles, was Deborah lieb und wertvoll geworden war, wie eine schillernde Seifenblase in der Luft.

Als Nächstes hatte die Fünfzehnjährige ihren Geschwistern beim Packen geholfen. Sie hatte sechs Geschwister, aber erst vier gingen bis jetzt zur Schule: der achtjährige Micha, der zehnjährige Elias, die zwölfjährige Rahel und der vierzehnjährige Daniel. Die sechsjährige Naemi und der dreijährige Benjamin waren noch zu Hause bei den Eltern, die in Lahore, im Westen von Pakistan, nur wenige Kilometer von der indischen Grenze entfernt, als Missionare arbeiteten. Doch jetzt, nach dem Anschlag auf das World Trade Center, waren auch sie von ihrer Missionsgesellschaft aufgefordert worden, das Land so rasch wie möglich zu verlassen.

14:15 – «Deborah?»

Das Mädchen drehte sich um. Jenny stand direkt hinter Deborah und schenkte ihr ein goldenes Lächeln, obwohl ihre Augen feucht waren. Jenny war zwölf und kam von den Philippinen. Sie war ein zierliches Mädchen mit karamellbrauner Haut und schwarzen mandelförmigen Augen. Sie ging in dieselbe Klasse wie Deborahs Schwester Rahel, während ihr Bruder DJ bereits übernächstes Jahr seinen Schulabschluss machen würde. Ihre Eltern arbeiteten als Missionare in Afghanistan.

«Werden wir uns wiedersehen?», fragte sie mit zarter Stimme. Deborah lächelte zurück.

«Natürlich werden wir uns wiedersehen», sagte sie so überzeugt wie irgend möglich.

«Du verlierst nie den Mut, was?»

«Wir wären sowieso im November in den Heimaturlaub gefahren», entgegnete Deborah achselzuckend. «Jetzt gehen wir halt zwei Monate früher. Was soll's.»

«Freust du dich auf Deutschland?»

«Es kommt mir schon irgendwie komisch vor», gestand Deborah, «ich weiß nicht genau, was mich dort erwarten wird.»

«So geht's mir auch», nickte Jenny, «ich kenne die Philippinen kaum. Es ist wie ein fremdes Land für mich. Ich kann mir nicht vorstellen, dort glücklich zu sein, ohne deine Schwester, ohne dich, ohne alle andern.» Sie musste sich Mühe geben, um nicht von ihren Gefühlen überwältigt zu werden. «Wirst du mir schreiben?»

«Aber klar werde ich das!», versprach Deborah. «Ich hab ja deine E-Mail-Adresse.»

«Versprochen?»

«Großes Ehrenwort.» Deborah lächelte und schloss das Mädchen, das einen ganzen Kopf kleiner war als sie, in die Arme. Mrs. Visitacion, Jennys Mutter, kam soeben mit ihrem älteren Sohn DJ aus dem Aufenthaltsraum und steuerte unverzüglich auf die beiden zu.

«Jenny, es wird Zeit zu gehen», sagte sie und nickte Deborah freundlich zu. Sie wirkte angespannt wie alle an diesem Nachmittag. «Hast du schon gepackt, meine Liebe?»

«Mein Koffer steht da drüben», antwortete Jenny und deutete unbestimmt auf die vielen Koffer, Taschen und Rucksäcke, die sich neben dem Haupteingang des Gästehauses stapelten.

«DJ, könntest du bitte Jennys Koffer zum Auto bringen?»

DJ nickte und wandte sich dann an Deborah. «Halt die Ohren steif, Deborah», meinte der Sechzehnjährige und zwinkerte ihr durch die Brillengläser kameradschaftlich zu. «Und verlerne dein Englisch nicht, okay?»

«Ich werde mir Mühe geben», sagte Deborah. Sie wechselte ein paar Worte mit Mrs. Visitacion und drückte Jenny noch einmal fest an sich, ehe sie sich endgültig voneinander trennen mussten. Wehmütig schweifte ihr Blick über all die Schüler und Schülerinnen, die von ihren Eltern abgeholt wurden.

Einige Kindergartenkinder saßen ganz verloren zwischen dem Gepäck und weinten leise vor sich hin. Autos fuhren in den Hof, Eltern drängten sich durchs Gewühl und sammelten ihre Sprösslinge ein, letzte E-Mail-Adressen wurden ausgetauscht, Tränen wurden abgewischt, pakistanische Angestellte halfen beim Einladen der Taschen, und schließlich kamen auch Deborahs Eltern aus dem Aufenthaltsraum, wo sie zusammen mit anderen Eltern und einigen Lehrern einen letzten gemeinsamen Tee getrunken hatten. Ihr Kopfnicken in Richtung Deborah war das Zeichen zum Aufbruch.

14:30 – Deborah trommelte ihre Geschwister zusammen und schleppte ihren Koffer zum Wagen. Ihr Herz war mindestens doppelt so schwer wie der Koffer. Sie wollte optimistisch sein, sie wollte sich einreden, dass alles halb so schlimm war, dass es eigentlich nur Vorteile mit sich brachte, ein paar Monate in Deutschland zu leben.

Vielleicht würde sie sogar ein paar alte Freunde wiedersehen, überlegte sie. Aber als Familie Lanz gegen halb drei das Schulgelände verließ und die MCS zwischen den mächtigen Pinienbäumen am Fuße des Himalaja-Gebirges verschwand, war Deborah elend zumute. Zum ersten Mal in ihrem Leben hatte sie das Gefühl, heimatlos zu sein. Und je weiter sie sich von Murree entfernten, desto stärker zweifelte sie daran, dass sie jemals wieder nach Pakistan zurückkehren würde.

Wiedenest, Deutschland – Mittwoch, 26. September 2001

08:10 – Paul-Gerhard blickte durch seine runden Brillengläser verschlafen nach vorne und versuchte, die merkwürdigen Zeichen zu entschlüsseln, die der Mathelehrer in einem unbarmherzigen Tempo an die Tafel kritzelte. Man sollte wirklich nicht mit Mathe den Tag beginnen, dachte Paul-Gerhard bei sich, und erst recht nicht bei Herrn Meier, der keine Rücksicht auf Verluste nahm. Überhaupt sollte ein gewöhnlicher Schultag nicht schon um acht Uhr beginnen, das war unzumutbar und schadete dem allgemeinen Wohlbefinden.

Zugegeben, er hätte vielleicht nicht bis um drei Uhr

in der Früh Musik hören sollen. Zudem musste er noch die letzten Vorbereitungen für seine Geburtstagsparty treffen, die am Samstag stattfand. Stolze sechzehn Jahre alt wurde er, das war schon ein Grund, um eine Party zu schmeißen. Und es gab sogar noch einen zweiten, genauso wichtigen Grund zum Feiern: Familie Lanz war aus Pakistan zurück! Paul-Gerhard freute sich schon jetzt darauf, am Samstag alle wiederzusehen, vor allem Daniel und Deborah, seine besten Freunde.

Sie kannten sich seit ihrer Kindheit. Ihre Väter waren ebenfalls befreundet und hatten sogar an derselben Bibelschule unterrichtet. Sie wohnten nur eine Straße voneinander entfernt und spielten oft zusammen. Deborah hatte Paul-Gerhard zu jedem ihrer Kindergeburtstage eingeladen, und umgekehrt natürlich auch. Das war Ehrensache. Tja, und eines Tages verkündete ihm Deborah, sie würden nach Pakistan ausreisen, und zwar für längere Zeit.

Paul-Gerhard hätte beinahe der Schlag getroffen. Er konnte sich ein Leben ohne Lanzens nicht vorstellen. Sie gehörten zu seinem Leben, so war es schon immer gewesen, und so würde es immer sein. Dachte er zumindest. Lanzens hatten sich sogar ein Haus gebaut, und deshalb wäre Paul-Gerhard nie auf die Idee gekommen, dass sie jemals aus dem schönen Wiedenest wegziehen würden. Doch sie taten es, zum Unverständnis sämtlicher Verwandter, Nachbarn und Freunde. Keiner konnte sich einen Reim darauf machen, wie um alles in der Welt eine neunköpfige Familie einfach so ihre Heimat verlassen konnte, um in ein muslimisches Land zu ziehen, wo doch jeder wusste, dass die Regierung dort alle zwei Jahre einen Putsch erlebte und alles andere als stabil war.

Und dann, am 6. Februar 1999, hatten sie all ihr Hab und Gut in Fässer gepackt und waren nach Pakistan ausgewandert. Das war ganz schön hart gewesen für Paul-Gerhard. Natürlich ging das Leben auch so weiter, aber es war halt nicht mehr dasselbe. Deborahs Optimismus fehlte, Daniels exotische Erfindungen, die gemeinsamen Ausflüge und das nächtelange Philosophieren über den wahren Sinn der menschlichen Existenz. Paul-Gerhard fühlte sich einfach nicht komplett ohne Lanzens, sie waren ein Teil von ihm, den man nicht einfach durch jemand anderen ersetzen konnte.

Aber jetzt waren sie zurück! Und Paul-Gerhard konnte es kaum erwarten, sie wiederzusehen. Ob sie sich verändert hatten? Er selbst war in die Länge geschossen, und seit er sein Herz an Hardcore-Musik verloren hatte, war auch seine Frisur etwas wilder geworden.

08:25 – «Paul-Gerhard? Weilst du im Geiste schon unter uns, oder ist dein Hirn wieder einmal in der Garderobe hängen geblieben?» Die zynische Stimme des Mathelehrers riss den Jungen aus seiner Gedankenwelt. Er räusperte sich und setzte sich einigermaßen aufrecht hin.

«Tut mir leid», brummte er und schob sich eine Haarsträhne hinter das rechte Ohr. «Es wurde etwas spät gestern.»

«Ja, das sehe ich allerdings», meinte Herr Meier mit vorgestrecktem Kinn. «Ich würde es sehr begrüßen, wenn du dich jetzt mit dem Sinus und dem Kosinus befassen würdest. Also. Wir haben hier ein gleichschenkliges Dreieck ...»

Weiter kam er nicht, denn es klopfte. Der Lehrer legte die weiße Kreide auf den Tisch, marschierte zur Tür und öffnete sie. Die Schüler begannen zu tuscheln. Ein Junge aus der hinteren Reihe nutzte die Gelegenheit und beschoss Paul-Gerhard mit einem elastischen Gummiband.

«Hey, Schlafmütze, weilst du im Geiste schon unter uns?»

Paul-Gerhard brummte.

«Meier kapiert einfach nicht, dass ich meinen Schönheitsschlaf brauche.»

«Davon sieht man aber nicht viel», kicherte sein Nachbar, wofür er einen Ellbogenstoß in die Rippen kassierte.

«Psst», machte jemand, «Meier kommt zurück.» Tatsächlich drehte sich der Lehrer wieder der Klasse zu, während er die Tür schloss, ein schlankes Mädchen vor sich ins Zimmer schob und verkündete:

«Darf ich euch vorstellen: Deborah Lanz. Sie wird ab heute in eure Klasse gehen. Ich glaube, ein paar von euch kennen sie bereits.»

Paul-Gerhard fiel augenblicklich die Kinnlade herunter, und sein Herz begann vor Freude wild zu pochen. Er starrte das Mädchen an, als käme es von einem anderen Planeten. Deborah hatte sich kaum verändert, war nur etwas größer geworden. Aber ihr sanftmütiger Gesichtsausdruck, ihr geschmeidiges langes Haar, das ihr zu einem Zopf geflochten bis weit über die Schultern fiel, ihre klaren, blauen Augen mit den langen Wimpern, ihre elegante Haltung, alles war noch genauso, wie es Paul-Gerhard in Erinnerung hatte. Er fand, dass sie wie ein Engel aussah. Sie trug eine helle Sommerbluse und Jeans. Um ihren Hals hing ein kleines silbernes Kreuz.

«Da hinten ist noch eine Bank frei», meinte Herr Meier und deutete auf eine Bank unmittelbar hinter Paul-Gerhard. «Wir sind gerade damit beschäftigt, den Kosinus für dieses Dreieck zu berechnen. Ich bin sicher, jemand wird dir kurz erklären, worum es geht.»

Deborah begab sich zu ihrem Platz, und als sie an

Paul-Gerhard vorbeikam, strahlte sie ihn an. Paul-Gerhard liebte dieses Strahlen.

«Schön, dich zu sehen, Paul-Gerhard.»

«Hey, Deborah. Ich wusste gar nicht, dass du in unsere Klasse kommst.»

«Ich ehrlich gesagt auch nicht.»

«Klasse! Ich bin schon gespannt auf deine Geschichten von Pakistan. Hier war es ziemlich langweilig, wie du dir ja denken kannst. Nichts passiert außer dem 11. September.»

«Paul-Gerhard!» Herrn Meiers Tonfall war unmissverständlich. «Das Plauderstündchen bitte auf die Pause verschieben.»

«Natürlich, Herr Meier», nickte der Junge höflich, doch kaum hatte sich der Lehrer wieder der Tafel zugewandt und in eine seiner leidenschaftlichen Erklärungen hineingesteigert, nutzte Paul-Gerhard die Gelegenheit, um noch ein paar Worte mit Deborah zu wechseln. Es war schlicht unmöglich, damit bis nach der Stunde zu warten. Immerhin hatten sie sich zweieinhalb Jahre nicht gesehen, ganze zweieinhalb Jahre, das war nach Paul-Gerhards Empfinden mehr als ein halbes Jahrhundert! Da musste doch selbst der archaische Herr Meier ein Auge zudrücken.

«Wie lange bleibst du hier?»

«Ich weiß es nicht. Ein paar Monate, denke ich.»

«Nur ein paar Monate? Da kann ich mir ja nicht mal dein Gesicht einprägen.»

Deborah schmunzelte.

«Dann musst du eben nächstes Mal mit nach Pakistan kommen.»

Der Mathelehrer räusperte sich lautstark, und seine dicken weißen Augenbrauen schoben sich bedrohlich zusammen.

«Paul-Gerhard! Ich dachte, ich hätte mich klar ausgedrückt. Reiß dich gefälligst zusammen und konzentriere dich auf den Unterricht!»

«Tschuldigung», murmelte der Teenager ergeben, und Deborah stupfte ihn kurz in den Rücken und flüsterte:

«Du hast dich überhaupt nicht verändert, Paul-Gerhard.»

«Du dich auch nicht», flüsterte der Junge zurück, dann fasste er Bleistift und Lineal und begann hingebungsvoll Meiers Skizzen von der Wandtafel in sein Heft zu kopieren, obwohl er überhaupt nicht bei der Sache war. Die verbleibende Stunde rutschte er nur nervös auf seinem Stuhl hin und her, warf zwischendurch einen flüchtigen Blick nach hinten, ohne sich von Meier erwischen zu lassen, und jedes Mal, wenn ihm Deborah ein Lächeln zuwarf, vergrößerte sich sein Martyrium, bis zum Klingeln der Pausenglocke durchzuhalten. Es grenzte seiner Meinung nach an pure Menschenquälerei, ihm zu verbieten, mit ihr zu reden, und ihn stattdessen mit Sinus- und Kosinustheorien vollzuquasseln.

08:45 – Nur knapp überlebte er die Mathestunde, und bevor Herr Meier auf die Idee kam, sich den Teenager nach dem Klingeln nochmals vorzuknöpfen, packte Paul-Gerhard Deborah am Arm und zog sie schnell hinaus auf den Flur. Er machte erst Halt, als sie sich beim Pausenplatz auf ein abgelegenes Mäuerchen gepflanzt hatten, wo sie ungestört plaudern konnten – wenigstens für fünf Minuten. Paul-Gerhard platzte schier vor Neugier.

«Mensch, erzähl Deborah! Wie war's in Pakistan?!»

«Großartig», sagte Deborah. «Ich liebe dieses Land, das Leben, die Düfte, die Menschen. Es ist mein Zuhause geworden.»

«Ist es nicht gefährlich?»

«Gefährlich ist es überall auf der Welt.»

«Überall außer in Wiedenest. Das schlimmste Verbrechen der letzten Jahre war der mysteriöse Tod einer Katze, die ein unbekannter Täter vergiftet hat. Stand groß in den Schlagzeilen. Aber mehr läuft nicht in Wiedenest. Hier sieht man die gefährlichen Dinge nur im Fernsehen.»

Deborah schmunzelte. Paul-Gerhard war wirklich immer noch der Alte.

«Als wir am Montag vom Flughafen abgeholt wurden, waren alle so erleichtert, dass wir nach Deutschland gekommen sind», erzählte das Mädchen kopfschüttelnd. «Die Leute verstehen nicht, dass wir gar nicht aus Pakistan rauswollten.»

«Ich schätze, nach dem Attentat in Amerika ist die ganze Welt in Panik geraten. Also, mir persönlich wurde schon etwas mulmig zumute.»

«Mir auch», gestand Deborah, und in Gedanken sah sie erneut die Bilder der qualmenden Türme vor sich, wie sie im Fernsehen gezeigt wurden, und die Aufnahmen von Menschen, die sich vor Verzweiflung aus den Fenstern stürzten. «Aber ich würde trotzdem am liebsten gleich mit dem nächsten Flug zurück nach Pakistan.»

«Hast du denn keine Angst, dass dir was passieren könnte? Ich meine, vielleicht versteckt sich dieser Bin Laden sogar in Pakistan und plant von dort aus einen neuen Angriff. Wäre doch möglich.»

Deborah zog den Mund schief.

«Jetzt redest du genau wie alle andern. Ich verstehe nicht, warum alle immer glauben, es würde in Pakistan nichts als Terroristen geben. Nicht jeder, der einen Bart hat, ist mit Osama verwandt.»

Wenn sie ehrlich war, musste sie sich aber eingestehen, dass sie seit dem 11. September tatsächlich ein gewisses Misstrauen gegenüber bärtigen Männern mit Turban entwickelt hatte. Im Flieger nach Deutschland hatten mehrere Pakistanis mit langen dunklen Bärten direkt hinter ihr gesessen, und Deborah fürchtete die ganze Zeit, die Männer würden jeden Moment das Flugzeug mit Maschinengewehren und Bomben in ihre Gewalt bringen wollen.

«Stimmt es, dass Terroristengruppen ihre Trainingslager in den Bergen haben, wo sich eure Schule befindet?», wollte Paul-Gerhard wissen.

«Wer hat dir denn so was erzählt?»

«Also stimmt es.»

«Ich weiß es nicht.»

«Aber es könnte sein, nicht wahr?»

«Paul-Gerhard. Hör endlich auf damit. Die Schule hat fünfzig pakistanische Angestellte. Die meisten von ihnen sind Muslime. Aber ich mag sie. Sie sind mir alle ans Herz gewachsen, ob Christ oder Muslim. Da ist der Hausmeister, Mr. Albert, Javeed, einer der Köche, Simon Malik, der Schulmanager, und so viele andere. Es macht mich traurig, wenn die Leute alle in einen Topf werfen. Nicht jeder Moslem ist ein Fanatiker. Pakistan ist ein wunderschönes Land, und die meisten Pakistanis sind zuvorkommende und gastfreundliche Menschen. Warum kommst du nächstes Jahr nicht mit und überzeugst dich selbst?»

Paul-Gerhard lachte.

«Ich soll nach Pakistan kommen?»

«Ja», nickte Deborah, und plötzlich begann sie die Idee zu faszinieren. «Wär das nicht der absolute Hit?»

«Du hast vielleicht Ideen, Deborah. Ich kann doch nicht einfach weg hier.»

«Warum nicht? Wir sind damals als neunköpfige Familie ausgereist.»

«Aber ich gehe noch zur Schule.»

Jetzt grinste das Mädchen und streckte frech ihre kleine Stupsnase in die Luft.

«Dreimal darfst du raten, was ich in Pakistan mache. Ich gehe zur *Schule*. Die MCS *ist* eine Schule, falls du das vergessen hast. Und eine Schule ist dazu da, dass man zur Schule geht. So einfach ist das.»

«Deborah, ich warne dich, setz mir keinen Floh ins Ohr ...»

Deborahs Augen begannen vor Begeisterung zu leuchten wie zwei kleine Sterne. So war sie schon immer gewesen, wenn sie sich erst einmal in Fahrt geredet hatte. Und wenn sie sich etwas in ihren hübschen kleinen Schädel gesetzt hatte, brachte man es nicht so leicht wieder heraus, daran erinnerte sich Paul-Gerhard noch lebhaft.

«Komm schon», sagte sie und versetzte dem Jungen einen freundschaftlichen Stoß in die Seite. «Nenn mir drei plausible Gründe, warum du es nicht tun solltest. Und ich nenne dir drei Gründe, warum du es tun solltest.»

Paul-Gerhard kratzte sich nachdenklich am Kinn.

«Also, ich denke ... meine Eltern wären bestimmt dagegen.»

«Nicht, wenn meine Eltern mit ihnen reden. Meine Mutter hat ein dickes Fotoalbum mit dabei und ist Weltmeisterin im Schwärmen von Pakistan. Und meinen Vater kennst du ja. Der wäre der Erste, der deinem Vater die Idee schmackhaft machen würde.»

«Und was ist mit der Schule hier?»

«Ach, das wird sich schon finden. Viele Jugendliche machen ein Austauschjahr. Und du würdest sogar noch dein Englisch aufbessern, weil der Unterricht auf Englisch abgehalten wird.»

«Hmm», machte Paul-Gerhard und kam allmählich

ins Grübeln. «Ich dachte, die MCS wäre ausschließlich für Missionarskinder, deren Eltern in Pakistan arbeiten.»

«Vor allem Pakistan und Afghanistan», ergänzte Deborah. «Aber frag unsern Schulleiter. Ich glaube nicht, dass Mr. Morton dich ablehnen würde. Warum sollte er? Und du hast es doch selbst gesagt: Ist nichts los in Wiedenest. Also warum nicht die Gelegenheit nutzen und deinen Horizont etwas erweitern?»

Es war unschwer zu erkennen, dass Deborahs Überredungskunst zu wirken begann.

«Wiedenest oder Pakistan», sinnierte Paul-Gerhard vor sich hin, «unglaublich, da bist du keine zwei Stunden zurück, und schon krempelst du mein ganzes Leben um.»

«Keine Ursache», meinte Deborah großzügig und zwinkerte ihm munter zu. «Du ziehst also einen Tapetenwechsel in Erwägung?»

«Du lässt mir ja keine Wahl!»

«Es wird die beste Zeit deines Lebens, glaub mir.»

«Na ja, viel schief gehen kann eigentlich nicht», überlegte Paul-Gerhard mit weiser Miene. «Ich könnte höchstens von Extremisten verschleppt, für meinen Glauben ins Gefängnis gesteckt oder hingerichtet werden, mehr nicht, hab ich Recht?»

Deborah verdrehte kopfschüttelnd die Augen.

«Gott wird schon auf dich aufpassen, mach dir da mal keine Sorgen.» Und Sorgen, die machte sich Paul-Gerhard tatsächlich nicht, im Gegenteil. Deborahs Begeisterung hatte ein nicht gekanntes Fernweh in ihm geweckt, sein Abenteuerinstinkt war zum Leben erwacht. Es war Zeit, die grünen Wiesen, die Apfelbäume und das romantische Kuhgebimmel von Wiedenest für eine Weile hinter sich zu lassen und den Schritt aus der behüteten Stube in die große weite Welt zu wagen.

08:55 – Die zweite Stunde war schon wieder Mathe bei Herrn Meier – und sie waren natürlich zu spät gekommen. Unnötig zu erwähnen, dass Paul-Gerhard den alten Lehrer beinahe zur Verzweiflung brachte an diesem Morgen. Doch die Wutausbrüche des etwas verknöcherten Mannes drangen nicht mehr bis zu dem langhaarigen Teenager hindurch. Er hatte sich in Gedanken bereits abgesetzt und schwebte in höheren Sphären, viel zu hoch, als dass ein Mathelehrer ihn mit seinem Sinus und Kosinus wieder auf den Boden des Klassenzimmers zurückzubringen vermochte.

Balakot, Pakistan – zwei Monate später, Mittwoch, 21. November 2001

23:00 – Kamran war durchaus zufrieden mit seiner Karriere als Mudschahed[1]. Voller Stolz trug er seinen Bart, das äußere Zeichen seiner inneren Überzeugung. Dschihad[2] war der Weg, die Wahrheit und das Leben. Der Kampf gegen die «Ungläubigen» war Pflicht eines jeden Muslims, und es war eine Schande, dass nicht jeder bereit war, sein bequemes Leben aufzugeben und zur Waffe zu greifen, um den Worten und Taten des Propheten nachzueifern.

---

[1] Der Mudschahed ist ein Kämpfer, ein muslimischer Krieger, der in einem Dschihad kämpft.

[2] Dschihad bedeutet «Streben auf dem Weg Gottes im Kampf mit sich selbst»: der Kampf der Muslime gegen die Ungläubigen zur Verbreitung des Islams, in Europa als «heiliger Krieg» bezeichnet.

Andererseits zeichnete sich seit dem 11. September eine (seiner Meinung nach) erfreuliche Entwicklung unter jungen Pakistanis ab. Immer mehr dreizehn- bis fünfzehnjährige Knaben, die während ihrer Schulferien eingeladen wurden, militärische Trainingslager zu besuchen, kehrten nicht mehr zu ihren Familien zurück und bestanden darauf, ebenfalls am heiligen Krieg teilzunehmen.

Gerade gestern hatte eine Mutter ihren dreizehnjährigen Sohn ins Balakot-Trainings-Camp gebracht, damit er für die Sache Allahs kämpfen und gleichzeitig den Tod seines älteren Bruders rächen konnte, der in Kaschmir von indischen Truppen erschossen worden war. Stolz erfüllte sie, dass ihr Sohn als Held gefallen war, und die Mutter meinte, sie wäre auch bereit, ihre anderen Söhne für den Dschihad zu opfern.

Der Junge hatte gezittert und geweint, als ihn seine Mutter zum Abschied umarmte. Kamran erinnerte sich an die Todesfurcht, die sich in seinen Augen gespiegelt hatte. Vielleicht war er noch zu jung, um die tiefe Bedeutung des heiligen Krieges zu verstehen. In ein paar Wochen würde jedenfalls alles anders aussehen, und auch er würde seine Vorgesetzten geradezu anflehen, mit der nächsten Gruppe nach Kaschmir geschickt zu werden, um an der Waffenstillstandslinie zu kämpfen. Kamran selbst war erst zwanzig Jahre alt und hatte schon mehrere blutige Schlachten hinter sich, sowohl in Kaschmir als auch in Afghanistan.

Vor ein paar Monaten war er von seiner Separatistengruppe «Jaish-e-Mohammed» ins Balakot-Trainings-Camp versetzt worden, wo er in der Medienabteilung tätig war und Zeitungen, Radio- und Fernsehstationen kontaktierte, um die News und Artikel der «JeM» unter die pakistanische Bevölkerung zu bringen. Die militante

Organisation war in diesem Bereich äußerst aktiv und erfolgreich.[3] Sie hatte bereits siebzig Bücher und über zweihundert Broschüren veröffentlicht und produzierte eine wöchentliche Zeitschrift in Urdu[4] und Englisch mit einer Auflage von 30 000 Exemplaren, sowie eine monatliche Zeitschrift für Frauen.

Am Abend und in seiner freien Zeit hockte Kamran gerne mit seinen Freunden zusammen, und sie unterhielten sich bei einer guten Tasse Tee über Frauen, geplante Militäreinsätze, Heldengeschichten und natürlich den Dschihad. Das gemeinsame Ziel schweißte die Mudschaheddin zusammen wie Blutsbrüder, ja, sie waren so etwas wie eine Familie.

«Habt ihr schon gehört, wer morgen ins Lager kommt?»

Kamran schlürfte geräuschvoll seinen grünen Tee und wärmte sich an der Tasse die kalten Hände. Der Winter hatte Einzug gehalten. Das Himalaja-Gebirge, das das Lager von allen Himmelsrichtungen umgab, war weiß.

«Nein, wer denn?», fragte er.

«Maulana Abdul Jabbar», sagte der andere mit Ehrfurcht in der Stimme. Ein Murmeln ging durch die jungen Krieger, die in Kauerstellung wie Frösche um ein kleines Feuer hockten, die Kalaschnikow-Sturmgewehre auf dem Rücken. Sie trugen alle dieselbe Kleidung, das traditionelle pakistanische Salwar Kameez, ein weites, bis über die Knie reichendes Hemd mit luftigen Baumwollhosen, allerdings nicht im üblichen Khaki, sondern mit Camouflage-Muster, darüber eine dicke Winterjacke und einen schwarzen Turban auf dem Kopf.

---

3 Militant bedeutet: kämpferisch, für seine Überzeugungen eintretend.

4 Urdu ist die Landessprache in Pakistan.

Maulana Abdul Jabbar war ein Name, den jeder kannte. Jabbar war nach Maulana Masood Azhar der zweithöchste Befehlshaber der Jaish-e-Mohammed.

«Jabbar soll eine Krisensitzung einberufen haben», erläuterte Qari, ein muskulöser Neunzehnjähriger mit einer langen Narbe im Gesicht. «Es heißt, er hätte nur einige auserwählte Befehlshaber dazu eingeladen.»

«Hat bestimmt mit dem Angriff der USA auf Afghanistan zu tun», meinte der siebzehnjährige Nawaz, der seit wenigen Wochen seine Ausbildung zum Mudschahed abgeschlossen hatte und nur darauf wartete, gegen die Feinde eingesetzt zu werden. «Die Schweinehunde werden das bitter büßen.» Wahrscheinlich hatte das Treffen wirklich mit der Invasion der Amerikaner in Afghanistan zu tun, überlegte sich Kamran. Jabbar war nach dem Angriff zusammen mit anderen Kriegsherren unverzüglich nach Pakistan zurückgekehrt.

«Die Amerikaner werden Osama bin Laden eh nicht aufspüren», grinste Abu Bakar, ein schlanker Aktivist[5] mit Brille. «Die können ganz Afghanistan ausräuchern. Den Fuchs kriegen sie nicht.»

«Meint ihr, Masood weiß, wo sich Osama versteckt hält?», fragte Ayaz, der eben erst einen dreimonatigen Auffrischungskurs in der Handhabung von automatischen und halbautomatischen Waffen absolviert hatte, zudem ein Spezialtraining im Umgang mit Raketenwerfern und Sprengstoff.

Maulana Masood Azhar wurde von den Medien als «Heiliger und Serienkiller» bezeichnet. Er war der Grün-

---

[5] Als Aktivist (lat. *activus* = «tätig, aktiv») wird eine Person bezeichnet, die ohne finanziellen Anreiz, also aus innerer Überzeugung oder aus persönlichen Motiven, in besonders intensiver Weise für die Durchsetzung bestimmter Ziele eintritt.

der der Jaish-e-Mohammed, und es war allgemein bekannt, dass er direkte Beziehungen zu Osama bin Laden hatte, oder zumindest früher gepflegt hatte. Damals war Masood Generalsekretär der Terror-Organisation «Harkatul Ansar» und führte ohne deren Wissen geheime Verhandlungen mit Osama, um die Gruppe dem Al-Qaida-Netzwerk anzugliedern.

Doch am 11. Februar 1994 wurde der sechsundzwanzigjährige Masood bei einer Mission im besetzten Kaschmir überraschend festgenommen und kam in indische Gefangenschaft. Sein jüngerer Bruder und vier andere treue Nachfolger Masoods entführten daraufhin an Weihnachten 1999 ein indisches Flugzeug, um seine Freilassung zu erzwingen. Am 31. Dezember 1999, nach siebentägigem Geiseldrama, wurde Masood im Tausch gegen die 155 Passagiere der IC 814 auf freien Fuß gesetzt.

Masood kehrte aber nicht mehr zu den Harkatul Ansar zurück, sondern verkündete bereits einen Monat nach seiner Freilassung die Gründung seiner eigenen Bewegung, der Jaish-e-Mohammed. Maulana Masood Azhar wurde bei einer Pressekonferenz zum offiziellen neuen Oberhaupt aller pakistanischen Mudschaheddin erkoren, und alle Krieger wurden aufgefordert, sich ihm im Befreiungskampf für Kaschmir anzuschließen.

Maulana Abdul Jabbar und viele andere schworen ihm in diesem emotionalen und historischen Moment Loyalität und unbedingte Ergebenheit. Masood konnte drei Viertel seiner alten Gruppe für die Jaish-e-Mohammed gewinnen, und kurz nach deren Gründung reiste er nach Afghanistan, um sich erneut mit Osama bin Laden zu treffen. Es wurde behauptet, dass Bin Laden die Jaish-e-Mohammed mit beachtlichen Geldsummen finanzierte.

So war die Jaish-e-Mohammed, die Armee Mohammeds, entstanden, und bisher hatten sich ihr mehrere tausend junge Männer angeschlossen und in ihrem Namen in Afghanistan und vor allem in Kaschmir gekämpft und verschiedene Terrorakte verübt. Sogar der pakistanische Geheimdienst «ISI» unterstützte ihren verdeckten Krieg in Kaschmir und versorgte sie mit Geld und Waffen.

Eines war jedenfalls klar: Wenn Jabbar, der von Masood über alle militärischen Aktionen als Befehlshaber eingesetzt worden war, so kurz nach Amerikas Gegenschlag ein Treffen mit seinen engsten Vertrauten einberief, dann durfte man sich gewiss auf einiges gefasst machen.

«Vielleicht will Masood Bin Laden nach Pakistan reinschmuggeln», meinte Abu Bakar.

«Lieber nicht, sonst bombardieren uns die USA auch noch», gab Qari zu bedenken. Ayaz warf einen dürren Ast ins Feuer und winkte ab.

«Die USA werden uns niemals attackieren, solange unser Präsident die Antiterrorkampagne von Bush unterstützt.»

«Man sollte ihnen eine Lektion erteilen», knurrte Nawaz.

«Wem, Bush oder Musharraf?», fragte Kamran.

«Beiden», erwiderte Nawaz, und seine Nasenflügel bebten. «Und allen, die sich dem Islam in den Weg stellen.»

Die angeregte Diskussion ging bis nach Mitternacht. Erst als das Feuer niedergebrannt war und ein eisiger Wind von den Bergen wehte, verkroch sich einer nach dem andern in die überfüllten Massenlager, die mit dünnen Matratzen und Schlafsäcken ausgestattet waren. In den Baracken war die Luft zwar alles andere als frisch, dafür war es aber dank der vielen Krieger und angehenden Mudschaheddin, die hier auf dem Boden lagerten, einigermaßen warm.

Kamran war der Letzte, der das Feuer verließ. Er wurde den Verdacht nicht los, dass das morgige Treffen eine große Bedeutung für sie alle hatte, ja, dass ihnen ein historischer Moment bevorstand, etwas, das ihnen die Gelegenheit geben würde, als Helden in die Geschichte einzugehen. Und er brannte darauf zu wissen, was es war.

Rawalpindi, Pakistan – am nächsten Tag, Donnerstag, 22. November 2001

00:30 – Das Telefon klingelte und riss Bashir aus seinem Schlaf. Er warf einen Blick auf das Leuchtzifferblatt seines Weckers und wunderte sich, wer es sein mochte, der ihn zu so fortgeschrittener Stunde sprechen wollte. Verschlafen warf der 47-Jährige die leichte Baumwolldecke zurück, tastete im Dunkeln nach seinen Strandschuhen und zwängte sich an den Klappbetten seiner drei Kinder vorbei, die mit ihm den bescheidenen Raum teilten, der Schlafzimmer, Wohnzimmer und Küche in einem war. Das Telefon stand auf einer alten Kommode zwischen Ahnenbildern, Bügeleisen und einem geradezu antiken Fernseher. Bashir nahm den Hörer ab und raunte seinen Namen, um die Kinder nicht aufzuwecken.

«Vater?», erklang es am andern Ende. Bashir glaubte, sein Herz würde stehen bleiben. Augenblicklich war alle Müdigkeit von ihm gewichen.

«Kamran!», stieß er hervor. Seine Stimme vibrierte. «Gelobt sei Allah, du bist am Leben. Ich habe mir solche Sorgen gemacht. Wann kommst du nach Hause?»

«Ich komme nicht nach Hause», sagte Kamran, «noch

nicht, Vater. Vorher werden wir die Amerikaner in die Knie zwingen, demütigen, zerquetschen. Ich glaube, morgen wird ein großer Tag sein, Vater. Ich spüre es. Allah ist groß!»

«Was redest du da, mein Sohn?» Bashirs Hände umklammerten den Telefonhörer fester, als könnte er dadurch die Distanz zu seinem Sohn verringern.

«Hast du es nicht gesehen, Vater? Wie sie Afghanistan angegriffen haben? Wir können nicht tatenlos zusehen, wie sie unsere Glaubensbrüder abschlachten!»

«Wir?» Bashir schüttelte den Kopf. «Kamran, das ist nicht dein Kampf!»

«Oh doch, das ist es, Vater. Wann verstehst du endlich? Diese Welt wird vergehen, aber unsere Seele ist unsterblich. Wir müssen für unsere Überzeugung kämpfen, wie es der Islam lehrt. Und das tue ich. Der Dschihad ist keine Alternative. Er ist ein heiliges Gebot. Das weißt du.»

Bashir schluckte. Die Stimme seines Sohnes war viel zu zart, um solche Aussagen in den Mund zu nehmen. Es passte nicht zu seinem Wesen. Er war immer ein scheuer, unauffälliger Junge gewesen, der keinerlei Probleme in der Nachbarschaft verursachte. Mit zehn Jahren brach er die Schule ab, um seinem Vater in der kleinen Telefonzentrale zu helfen. Er hatte großen Respekt vor seinen Mitmenschen und hätte nie jemandem etwas zuleide getan.

«Was ist es, das dich so verändert hat, mein Junge?»

«Ich bin erwachsen geworden. Ich weiß jetzt, wofür es sich lohnt, zu leben und zu kämpfen.»

Bashir hatte das Gefühl, eine unsichtbare Faust würde ihm den Magen umdrehen. Er fühlte sich unendlich machtlos und verzweifelt.

«Warum tust du uns das an? Warum glaubst du diesen Radikalen mehr als deinem Vater? Ich habe dich erzogen. Ich weiß, ich hatte nicht immer Zeit für dich, aber ich habe versucht, dir ein guter Vater zu sein.»

«Das bist du auch», sagte Kamran, «und ich verspreche dir, ich werde das Richtige tun.»

«Dann komm nach Hause, Kamran! Sag mir, wo du bist, und ich komme dich holen. Ich will dich nicht auch noch verlieren.»

«Dieser Kampf ist mir vorherbestimmt seit Anbeginn der Welt», verkündete Kamran feierlich. «Es gibt kein Zurück, Vater. Ich verfolge das bis zur letzten Konsequenz. Ich bete zu Allah, dass du es irgendwann verstehen wirst. Es ist meine Berufung.»

Bashir spürte den Puls in seinem Kopf. Er suchte verzweifelt nach neuen Argumenten, fand jedoch keine, die er in den vergangenen drei Jahren nicht schon hundertmal vorgebracht hätte. Es kam ihm vor, als wäre sein gesamter Wortschatz bereits tausendfach abgegriffen und veraltet. Er erinnerte sich an den Tag, als Kamran zum ersten Mal verschwunden war. Damals war er gerade siebzehn gewesen, ein zurückhaltender Teenager, der sehr sparsam mit Worten umging und gerade deswegen nicht groß auffiel. Der frühe Tod seiner Mutter hatte viele Fragen in seinem jungen Herzen aufgeworfen; Fragen, die ihm niemand beantworten konnte.

Kamran begann vermehrt in die nahe gelegene Moschee zu gehen, den Sinn des Lebens zu suchen. Eines Tages fand Bashir ein abgegriffenes Propaganda-Heft einer fundamentalistischen islamischen Organisation zwischen seinen Kleidern. Als er seinen Sohn zur Rede stellte, beteuerte dieser, er hätte das Heft auf der Straße gefunden und nur flüchtig durchgeblättert. Der Vater verbrannte die Literatur, in der Überzeugung, die Gefahr im Keim erstickt zu haben. Doch dem war nicht so. Eines Morgens war Kamran weg, und auf dem zerschlissenen Sofa, das sein Bett gewesen war, lag ein kaum leserlicher Brief, worin der Grund seines Verschwindens stand. Bashir würde die Worte nie vergessen. Es war nur ein einziger Satz, doch er brach sein väterliches Herz in tausend Stücke.

Ich bin gegangen, um am heiligen Krieg teilzunehmen. Kamran.

Das war 1998 gewesen, vor drei Jahren. Und Bashir hatte sich unverzüglich auf den Weg gemacht, um seinen Sohn zu suchen. Ungeachtet der Gefahren reiste er nach Kaschmir, wo er Kamran schließlich in einem Ausbildungscamp einer islamischen Extremistengruppe namens «Jaish-e-Mohammed» ausfindig machen konnte.

Die Führer forderten Bashir auf, das Lager sofort wieder zu verlassen, versprachen ihm aber, sie würden seinen Sohn innerhalb der nächsten drei Tage nach Hause schicken. Unerwarteterweise hielten die Freiheitskämpfer ihr Versprechen, doch der Teenager kam verändert zurück und wartete nur auf eine neue Gelegenheit, sich aus dem Staub zu machen und einer Dschihad-Organisation anzuschließen, um für Allah zu kämpfen.

Ein paar Monate später war er wieder fort, und sein Vater fand ihn in einem Camp in der Nähe von Muzaffarabad, der Hauptstadt des pakistanisch kontrollierten Teils Kaschmirs, 138 Kilometer nördlich von Rawalpindi. Wieder kam er nach wenigen Tagen zurück, doch Bashir merkte, dass er seine väterliche Autorität endgültig an die Jaish-e-Mohammed, die «Armee Mohammeds», verloren hatte, der Kamran beigetreten war. Von da an verschwand der junge Pakistani wiederholt, ließ sich immer seltener zu Hause blicken, und nur dank seiner sporadischen Telefonanrufe wusste sein Vater, dass er noch am Leben war.

«Wie geht es meinen Geschwistern?»

Die Frage holte Bashir in die Gegenwart zurück.

«Gut», sagte er, «es geht ihnen gut. Sie vermissen dich. Wir alle vermissen dich.»

«Ich vermisse euch auch», murmelte Kamran mit einem plötzlichen Anflug von Melancholie. Doch er fasste sich rasch wieder. «Ich muss Schluss machen. Mein Akku ist fast leer. Sag meinen Geschwistern, dass es mir gut geht.»

«Kamran», flüsterte der Vater und hielt den Hörer mit beiden Händen fest, «ich werde auf dich warten.»

«Allah sei mit dir, Vater. Du wirst stolz auf mich sein.» Er legte auf.

Bashir blieb eine Weile unbeweglich in der Dunkelheit stehen, den Hörer, das einzige Verbindungsstück zu seinem Sohn, in der rechten Hand, eine tiefe Traurigkeit in seinem Herzen, eine Traurigkeit, die mehr schmerzte als eine blutende Wunde. Ob er ihn jemals wiedersehen würde?

«Ich werde auf dich warten, mein Sohn», hauchte er, dann wischte er sich mit der linken Hand über die feuchten Augen und legte den Hörer auf. Als er sich umdrehte, sah er, wie ihn alle drei Kinder unter den Decken hervor anstarrten. Sie hatten das Gespräch mit angehört und wussten Bescheid. Der siebenjährige Ahmed, der mit seinem älteren Bruder das Bett teilte, schaute seinen Vater mit großen Augen an.

«Wird er zurückkommen?», wagte er als Frage in den Raum zu stellen. Bashir strich ihm mit der Hand über den Kopf.

«Inschallah[6]», sagte er leise. «So Allah will.» Dann kehrte er zu seinem Bett zurück, drehte sich mit dem

[6] Inschallah ist Arabisch und heißt: «So Allah will».

Kopf zur Wand und versuchte zu schlafen. Doch bis zum ersten Gebetsaufruf um fünf Uhr in der Frühe machte Bashir kein Auge mehr zu.

Balakot – am selben Tag

14:00 – Die «Madressah Syed Ahmed Shaheed» war im Frühjahr 2000, unmittelbar nach der Gründung der Jaish-e-Mohammed, errichtet worden und war das größte militärische Trainings-Camp der Organisation. Sie befand sich auf äußerst schwer zugänglichem Terrain in der Nähe von Balakot, am Fuße des Himalajas. Fünf Kilometer nach dem Dorf Attar Sheesha, auf der Straße von Mansehra nach Balakot, bog ein unscheinbarer Saumpfad scharf nach links ab und schlängelte sich über unwegsames Gelände weit hinauf in die Berge.

Der Weg war derart steil und ausgewaschen, dass es für einen gewöhnlichen Personenwagen unmöglich war, dort hochzukommen. Sollte es ein normaler Bürger dennoch schaffen, die Madrasa[7] zu erreichen, wurde er nicht eingelassen. Selbst Jaish-e-Mohammed-Arbeiter konnten das Camp nur betreten, nachdem sie sich einer

---

[7] Unter Madrasa – auch Medrese, Mederse, Madrasse, Madrassa Madressah usw. – versteht man eine meist einer Moschee angegliederte Schule, in der der Koran und das islamische Recht gelehrt werden. Eine andere deutsche Bezeichnung ist Koranschule. Eine Madrasa ist eine öffentliche islamische Rechtsschule mit angeschlossenem Internat. Sie hat die Aufgabe, als religiöse Kaderschmiede zu dienen und die für den Staatsdienst vorgesehene Jugend auf den jeweils rechten Glauben einzuschwören.

Leibesvisitation unterzogen und den Registrierungsprozess durchlaufen hatten. Masood wollte sichergehen, dass keine ungebetenen Gäste das Training seiner Krieger störten. Er selbst besuchte das Camp einmal monatlich, während sein jüngerer Bruder Yusuf, der einer der Flugzeugentführer war, die ihn Ende 1999 freigepresst hatten, die militärische Ausbildung der Studenten betreute.

Der Eingang glich einer Festung. Auf der fortähnlichen Anlage wehte die stolze Flagge der Jaish-e-Mohammed, und hinter dem schweren Tor, umsäumt von hohen Bäumen, befand sich ein Posten mit breitbeinig dastehenden Wächtern, Maschinengewehre im Anschlag, die von hier aus das ganze Gebiet bequem überschauen konnten. Weitere fünfhundert bewaffnete Männer waren überall um das Gelände herum positioniert, um die Sicherheit des Lagers zu gewährleisten.

Die Madrasa diente nicht nur als Dschihadi-Trainings-Camp für Mudschaheddin, sondern auch als Konferenzstätte der Jaish-e-Mohammed-Führer. Sie bestand aus mehreren Gebäudekomplexen, Quartieren für die Studenten und Mudschaheddin, einer Küche, einem Gästehaus, einer Krankenstation und einer Moschee. Das ganze Jahr über wurden an der Schule verschiedenste militärische und religiöse Ausbildungsprogramme angeboten, und allein in den vergangenen zwölf Monaten hatten hier über siebentausend junge Männer den Koran[8] und die Kriegstechnik der Dschihadis[9] studiert.

Kamran selbst hatte seine Ausbildung vor gut einem

---

[8] Koran – das zu Rezitierende, die Lesung. Das heilige Buch des Islams.

[9] Dschihadi = Kämpfer (für den «heiligen Krieg»).

Jahr erfolgreich abgeschlossen. Achtzehn Monate hartes Training und Büffeln waren nötig gewesen, um einen Mudschahed aus ihm zu machen.

Die Ausbildung war in verschiedene Phasen aufgeteilt. Der Grundkurs dauerte dreißig Tage. In dieser Zeit fand noch kein praktisches militärisches Training statt – man lernte nur Theoretisches und die wahre Lehre des Islams. Sein Vater bezeichnete es abschätzig als Gehirnwäsche, als ihm Kamran bei einem seiner wenigen Besuche zu Hause begeistert erzählte, was er im Internat der Jaish-e-Mohammed gelernt hatte. Wahrscheinlich würde sein Vater nie kapieren, worauf es im Leben wirklich ankam, dachte Kamran. Er hatte oft versucht, ihn von seiner Ansicht der Dinge zu überzeugen, aber solche Gespräche arteten meistens in heftigen Streit aus.

«Allah hat uns ganz klar aufgefordert zu kämpfen», sagte Kamran bei seiner letzten Auseinandersetzung mit seinem Vater. «Du kennst den Missionsbefehl Allahs doch auch: ‹Und kämpft gegen sie, bis niemand mehr versucht, Gläubige zum Abfall vom Islam zu verführen, und bis nur noch Allah verehrt wird!›»[10]

Bashir schüttelte bloß den Kopf. «Darum geht es nicht, mein Sohn.»

«Und worum, bitteschön, geht es?»

«Um dein Leben, Kamran! Merkst du denn nicht, dass diese Aktivisten dich nur für ihre Zwecke missbrauchen? Sag mir, welcher deiner Vorgesetzten hat seinen eigenen Sohn in den Krieg geschickt? Welcher würde seinen eigenen Sohn für den Dschihad opfern? Welcher? Nenn mir auch nur einen einzigen, der das getan hat!» Er machte eine Pause, um seine Worte

[10] Dieser Text steht im Koran, Sure 2,193 und Sure 8,39.

wirken zu lassen. «Aber dich schicken sie an die Front, mein Sohn, und du gehst sogar freiwillig hin, weil sie dir eintrichtern, es wäre der Dschihad.»

«Allah fordert uns auf zu töten», entgegnete Kamran. «Es steht geschrieben: ‹Und wenn nun die heiligen Monate abgelaufen sind, dann tötet die Heiden, wo ihr sie findet, greift sie, umzingelt sie und lauert ihnen überall auf!›»[11]

«Kanonenfutter bist du, nichts weiter!»

«Ich bin ein Mudschahed, Vater! Der heilige Krieg ist keine Nebensache, er gehört zum Kernbereich des Islams!»

«Dschihad heißt lediglich, sich für Allah anzustrengen.»

«Ich weiß, was Dschihad bedeutet», bestätigte Kamran überlegen. «Leute wie du, die keinen Mumm in den Knochen haben, verstecken sich hinter dieser Verharmlosung und behaupten, sich für Allah anzustrengen bedeute, Gutes zu tun und friedvoll zu sein.»

«Es gibt viele Stellen im Koran, die das bestätigen.»

«Ja, etwa dreißig. Aber sechzig andere reden vom Töten! Lies es nach, wenn du mir nicht glaubst. Du redest von Gehirnwäsche, dabei weißt du nichts von der reinen Lehre des Islams. Die Christen haben höchstens fünf oder sechs Missionsbefehle in ihrer Bibel und gehen in Scharen unter die Völker. Weißt du, wie viele Verse im Koran stehen, in denen Allah uns auffordert zu kämpfen? Fast einhundert! Nicht fünf oder sechs, sondern einhundert! Und da glaubst du wirklich, ich würde so falsch liegen?»

«Kamran, ich ...»

«Gehirnwäsche», murmelte Kamran verständnislos,

[11] Dieser Text steht im Koran, Sure 9,5.

«ich kämpfe für Allah. Das sollte dich eigentlich stolz machen, Vater.»

Das war das letzte Mal, dass Kamran mit seinem Vater so energisch über den Dschihad diskutiert hatte. Seither war er einfach nicht mehr nach Hause gegangen und rief nur noch ab und zu von seinem Handy aus an, um zu hören, wie es der Familie ging.

Nach dem dreißigtägigen Grundkurs kam die zweite Phase des Trainings, die so genannte «Donnerphase», Al Ra'ad. Um in diese Stufe aufgenommen zu werden, musste der Kandidat erst mehrere psychische und physische Tests bestehen. Zudem durfte er nicht verheiratet sein, an keiner chronischen Krankheit leiden, musste lesen und schreiben können und gewillt sein, sein Leben dem Dschihad zu weihen. Die Donnerphase dauerte drei Monate und beinhaltete vorbereitende militärische Übungen sowie ein vertieftes Studium über den radikalen Islam.

Auf die Donnerphase folgte das sechsmonatige Guerilla-Training, das ein ausschließlich militärisches Training war. Nur wer sein Leben dem Dschihad verschrieben hatte, durfte daran teilnehmen. Kamran hatte schriftlich seinen letzten Willen verfassen und seinem Vorgesetzten übergeben müssen für den Fall, dass ihm etwas zustoßen würde.

Die allerletzte und schwierigste Ausbildungsphase nannte sich Jandla und dauerte neun Monate. In dieser Zeit lernte Kamran die Herstellung von automatischen Waffen und Sprengstoff sowie die Handhabung schwerer Waffen und Handfeuerwaffen. In einem Spezialkurs wurde ihm zusätzlich beigebracht, wie er Waffen bedienen musste, die von der Schulter gefeuert wurden.

Nach Abschluss aller Phasen war Kamran einsatzbereit und hielt sich für den Krieg im von Indien besetzten Kaschmir zur Verfügung.

14:15 – «Sie kommen!»

Die Nachricht verbreitete sich wie ein Lauffeuer durch das Lager. Das große Tor wurde geöffnet, und drei Geländewagen schossen mit heulenden Motoren an strammstehenden Soldaten vorbei ins Camp. Schlamm und Schneematsch spritzten nach allen Seiten.

Kamran legte den Stapel an Berichten, die er eben nach Wichtigkeit sortiert hatte, um seinem Vorgesetzten die Arbeit zu erleichtern, auf den mit Büchern, Broschüren und Dokumenten überfüllten Tisch zurück und begab sich rasch ins Freie. Es schien, als hätten sämtliche Arbeiter ihre Tätigkeit eingestellt, um der Ankunft der Warlords, der Kriegsherren, beizuwohnen.

Die Wagen machten auf dem zentral gelegenen Platz unmittelbar vor der Moschee Halt, und gut ein Dutzend vermummter und schwer bewaffneter Männer stieg aus und eskortierte Jabbar und seine Leute zur Moschee. Jabbar lief an der Spitze, und seine Schritte waren lang und zielstrebig, so als dulde die Angelegenheit, die es zu besprechen galt, keinen Aufschub.

Der Kriegsherr blickte weder nach links noch nach rechts, gab nur ein paar knappe Anweisungen an zwei seiner Begleitpersonen, die daraufhin nickten und sich im Laufschritt Richtung Hauptgebäude entfernten. Zwei Mudschaheddin öffneten das Tor der Moschee, die Männer marschierten mit ihren wehenden Turbanen hindurch, ehe die beiden Flügel der mit Schnitzarbeiten reich verzierten Holztür wieder krachend hinter ihnen zufielen. Die bärtigen Wächter stellten sich breitbeinig davor, die Kalaschnikows im Anschlag, den Blick stur geradeaus gerichtet.

20:00 – Kamran hätte zu gerne gewusst, was die edlen Herren dort hinter verschlossenen Türen so Wichtiges zu besprechen hatten, und je länger die Krisensitzung andauerte, desto neugieriger wurde er. Stunden vergingen. Der Nachmittag verstrich. Schon krochen die ersten dunklen Schatten vom Tal hoch und legten sich über das Trainings-Camp, und noch immer war der Eingang der Moschee wie eine Schatztruhe verriegelt und von denselben Männern bewacht.

Eine Gruppe junger Kämpfer kam schlammbeschmiert und müde von ihrem Militärtraining aus den Bergen zurück, und aus dem Schulgebäude der Madrasa strömten übermütige Teenager, dicke Bücher unter den Arm geklemmt. Einige Mudschaheddin scharten sich in kleinen Grüppchen um Lagerfeuer und begannen, Hühnchen zu braten und Fladenbrote zu backen. Kamran beendete seine Arbeit und gesellte sich dazu. Natürlich gab es während des Abendessens nur ein Gesprächsthema: Jabbars Krisensitzung. Alle waren sich einig, dass es sich um eine große Sache handeln musste. Und Kamran war je länger je mehr davon überzeugt, dass es direkt oder indirekt auch *sein* Leben beeinflussen würde. Er wusste bloß nicht, wie.

Wiedenest – am nächsten Tag, Freitag, 23. November 2001

13:15 – Paul-Gerhard hasste Religionsunterricht. Erstens war er der Meinung, dass die Lehrerin Frau Schmidt schon mal grundsätzlich den Beruf verfehlt hatte, und zweitens war ihre Stunde immer die letzte am Freitagnachmittag, und das erhöhte den Müdigkeitsfaktor erheblich. Doch seit Deborah aus Pakistan zurück war, war alles anders geworden. Frau Schmidt merkte schon in der ersten Stunde, dass dieses junge Mädchen ihre Rettung war. Alles begann mit der einfachen, aber durchaus berechnenden Frage:

«Deborah, warum erzählst du uns nicht etwas über Pakistan? Es ist immerhin ein muslimisches Land, da könnten wir alle eine Menge lernen, nicht wahr?»

Tja, und anständig und pflichtbewusst, wie Deborah nun mal war, erklärte sie sich sofort bereit, den Schülern etwas von ihren Erfahrungen in Pakistan zu berichten. Das war vor mehreren Wochen gewesen. Seither sorgte die Lehrerin dafür, dass am Ende jeder Stunde mindestens so viele Fragen offen blieben, dass man unbedingt eine weitere Pakistanstunde anhängen musste, und so wurde aus dem verhassten und langweiligen Religionsunterricht die spannendste Stunde der ganzen Woche. Denn Deborah erzählte mit einer Leidenschaft von ihrem geliebten Land, dass die Lehrerin nahe daran war, eine Klassenfahrt nach Pakistan vorzuschlagen. Und Paul-Gerhard war nahe daran, der Direktion vorzuschlagen, die Religionslehrerin gegen Deborah einzutauschen, denn dieses Mädchen war im Gegensatz zu Frau Schmidt die geborene Pädagogin, und das wohlverstanden ohne Schulabschluss.

«Pakistan ist am 14. August 1947 aus dem Wunsch entstanden, sich von den Hindus abzugrenzen und einen rein muslimischen Staat zu gründen», berichtete Deborah an diesem Nachmittag. «Doch die Bevölkerung eines ganzen Subkontinents aufgrund ihrer Religion in zwei verschiedene Nationen aufzuteilen, ist ziemlich problematisch, wie man sich denken kann. Stellt euch vor, man würde Europa in neue Länder aufteilen, nicht nach der Landkarte, sondern nach Religionszugehörigkeit, zum Beispiel alle Muslime in den Süden, die Christen in den Norden, die Hindus in den

Westen, Buddhisten in den Osten und alle andern irgendwo dazwischen. Und genauso ist es seither mit Pakistan und Indien.»

Paul-Gerhard war beeindruckt, mit welcher Leichtigkeit Deborah dieses komplizierte Thema erläuterte. «Das bedeutet also, die versuchten, zwei Weltreligionen geografisch aufzuteilen?», fragte er.

«Genau das. Vor allem um ein Gebiet streiten sich Indien und Pakistan seitdem wie zwei wilde Hunde um den Knochen: um den Himalajastaat Kaschmir. Beide Länder erheben Anspruch auf diese Region, und keiner gibt nach. Zum eigentlichen Konflikt kam es, weil sich der damalige kaschmirische Maharadscha, selbst ein Hindu, keinem der beiden Länder so recht anschließen wollte. Das führte 1947 zum ersten Kaschmirkrieg: Pakistan hatte kurzerhand den Fürstenstaat des unentschlossenen Maharadschas besetzt, und Indien konterte mit einem Gegenschlag seiner Armee. Zwei Jahre später einigte man sich schließlich auf einen Waffenstillstand. Kaschmir wurde entlang der Waffenstillstandslinie, auch ‹Kontroll-Linie› genannt, geteilt.»

Deborah nahm ein Stückchen Kreide und versuchte, das Ganze an der Wandtafel zu veranschaulichen. «Also, Indien kontrolliert seither zwei Drittel des Territoriums als Unionsstaat ‹Jammu und Kaschmir› der Republik Indien. Der andere Teil, ‹Azad Kashmir›, das ‹Freie Kaschmir›, und die ‹Northern Areas› werden von Pakistan als Teil der Islamischen Republik Pakistan verwaltet.»

«Dann ist diese Trennlinie jetzt die Grenze zwischen Indien und Pakistan?», fragte ein Schüler.

Deborah schüttelte den Kopf. «So ist es eigentlich gedacht gewesen. Aber die Kontroll-Linie zwischen dem pakistanischen und dem indischen Kaschmir wurde natürlich von keinem der beiden Länder jemals

als offizielle Staatsgrenze anerkannt, und so kommt es immer wieder zu kriegerischen Auseinandersetzungen zwischen der indischen und der pakistanischen Armee. Indien beschuldigt Pakistan zudem, sie würden islamische Fundamentalisten ausbilden und dann in die umstrittene Grenzregion Kaschmir einschleusen.»

«Was sind islamische Fundamentalisten?»

«Radikale muslimische Gruppen, die häufig mit Terroristen sympathisieren und selbst in terroristische Aktivitäten verwickelt sind», erklärte Deborah.

«Heißt das, Pakistan bildet Terroristen aus?», kam die schockierte Frage aus einer der hinteren Reihen.

«Präsident Musharraf lehnt das völlig ab und hat sich ja auch mit den Amerikanern verbündet, um den Terrorismus zu bekämpfen. Aber er steht auf ziemlich einsamem Posten und hat viele Gegner, die teilweise in seiner eigenen Regierung sitzen. Es bestehen zum Beispiel enge Verbindungen zwischen der pakistanischen Armee, radikal-islamischen Parteien, dem pakistanischen Geheimdienst ‹ISI› und der Taliban-Führung in Afghanistan.»

«Was hat Pakistan mit Afghanistan zu tun?»

«Pakistan hat Afghanistan im Krieg gegen die Russen geholfen. 1979 marschierten sowjetische Truppen in Afghanistan ein, und nur mit der Unterstützung von Pakistan, Saudi-Arabien und den USA gelang es ihnen schließlich, sie zehn Jahre später wieder aus ihrem Land zu vertreiben. In dieser Zeit entstanden in Afghanistan eine Reihe von militärischen Trainings-Camps zur Ausbildung von Mudschaheddin, so genannten Gotteskriegern. Osama bin Laden war übrigens auch einer von ihnen, und er und Tausende von anderen jungen fundamentalistischen Kriegern wurden also von den USA gesponsert, um gegen die Russen zu kämpfen. Doch kaum waren die Russen vertrieben und die Amerikaner zufrieden abgezogen, brach ein Bürgerkrieg aus. Zwei Gruppen versuchen seither, in Afghanistan an die Macht zu kommen: die Nordallianz, die sich seit dem Anschlag vom 11. September mit den Amerikanern verbündet hat, und die radikal-islamistischen Taliban, eine Splittergruppe der ehemaligen Mudschaheddin, die in pakistanischen Koranschulen ausgebildet wurden. Ihnen wird vorgeworfen, Terroristen, insbesondere von Al-Qaida, Unterschlupf zu gewähren. Die Taliban übernahmen 1996 die Kontrolle über ungefähr neunzig Prozent des Landes. Doch durch die Luftunterstützung der USA eroberte die Nordallianz vor zwei Wochen die wichtige Stadt Masar-e Scharif zurück, und vor elf Tagen marschierten ihre Streitkräfte in der Hauptstadt Kabul ein. Das habt ihr bestimmt durch die Nachrichten mitgekriegt.»

Ein Murmeln ging durch die Reihen der Schüler. Natürlich hatten sie es mitbekommen, es war schließlich erst vor wenigen Tagen in den Medien ausgeschlachtet worden. Ein Mädchen aus der vordersten Reihe meldete sich zu Wort.

«Und auf welcher Seite steht Pakistan?»

«Die pakistanischen Mudschaheddin kämpfen auf der Seite der Taliban gegen die Nordallianz. Viele von ihnen werden sogar in afghanischen Trainingslagern ausgebildet und lernen dort ihr Kriegshandwerk und den Umgang mit Sprengstoff.»

Ein Junge schüttelte verständnislos den Kopf. «Aber ich dachte, der pakistanische Präsident hilft den USA im Krieg gegen den Terrorismus. Wie können sie dann gleichzeitig die Taliban unterstützen, die Bin Laden decken?»

«Tja, das ist die Zwickmühle, in der sich Musharraf befindet», meinte Deborah und verschränkte die Arme. «Er spricht sich klar gegen die Taliban aus, doch deren

Gründung wurde von Pakistan finanziell und materiell unterstützt. Zudem sind das pakistanische Militär und der Geheimdienst nach wie vor eng mit ihnen verbunden. Keine Ahnung, wie sich das alles noch weiterentwickelt.»

«Jedenfalls bestimmt nicht gut», meinte Paul-Gerhard und runzelte nachdenklich die Stirn. «Ich meine, überlegt doch mal. Die USA fördern Mudschaheddin, damit sie in Afghanistan die Russen bekämpfen. Dann wendet sich Bin Laden, der selbst als Mudschahed gegen die Russen kämpfte, gegen die USA, und seine Terroristengruppe lässt zwei Flugzeuge ins World Trade Center krachen, woraufhin die USA einen Monat später Afghanistan bombardieren, weil die wiederum Bin Laden verstecken. Ich versteh ja nicht viel von Weltpolitik und all solchen Sachen. Aber meint ihr nicht, dass bei diesem Ping-Pong-Krieg als Nächstes wieder die Terroristen was aushecken werden, um den USA eins auszuwischen?»

Deborah seufzte. «Schon möglich, und bestimmt wieder auf Kosten zahlreicher Unschuldiger.»

Balakot – am selben Tag

17:00 – Saifur Rehman Saifi war ein angesehener und gefürchteter Mann. Es wurde von ihm behauptet, er könne jeden beliebigen Menschen in weniger als fünfzehn Minuten davon überzeugen, sich als Selbstmordattentäter zur Verfügung zu stellen. Mit seinen fünfundzwanzig Jahren blickte er bereits auf eine stolze Dschihadi-Karriere zurück und hatte mehr erreicht als andere in einem ganzen Leben. Dabei hatte auch er ganz unten angefangen, genauer gesagt als lausig bezahlter Arbeiter in einem Buchladen. Die zweitausend Rupien[12] monatlich reichten kaum fürs Nötigste, und schließlich verlor er den Job und stand auf der Straße ohne eine einzige Rupie in der Tasche.

Doch das Schicksal war ihm gut gesinnt. Beim Besuch in einer Moschee traf der Neunzehnjährige auf den Führer einer Miliztruppe, der ihn für den heiligen Krieg begeisterte und ihn mit einer handgeschriebenen Empfehlung an die Grenze von Afghanistan schickte, wo er auf hundert andere potenzielle Radikale traf. Von nun an ging es aufwärts mit Saifi. Das Leben als Dschihadi brachte ihm nicht nur regelmäßige Mahlzeiten und ein Taschengeld ein, sondern auch den Status als Mudschahed. Sowohl Freunde wie Familie respektierten Saifi jetzt als «Mann Allahs» – ein wahrlich steiler Aufstieg für einen Jüngling, der bis dahin nicht einmal den ganzen Koran wenigstens einmal durchgelesen hatte.

Nach einem achtunddreißigtägigen Ausbildungsprogramm und einem kurzen Besuch bei seiner Familie entschloss sich Saifi, wieder zurück nach Afghanistan zu gehen, um dort mit den Taliban gegen die Nordallianz zu kämpfen. Im Frühjahr 1997 erlitt er eine Schusswunde und lag drei Monate in einem afghanischen Krankenhaus. Kaum wieder auf den Beinen, zog es ihn wie ein Magnet zurück an die Front. 1998 erhielt der nun Zweiundzwanzigjährige das Kommando über siebzig Talibankämpfer, die beim Luftwaffenstützpunkt in Bagram, 47 Kilometer nördlich von Kabul, stationiert waren. Ein Jahr später, im Dezember 1999, kehrte Saifi

[12] 2000 Rupien sind ca. 33 US-Dollar.

nach Pakistan zurück, wo er ein Mädchen kennen lernte, das er drei Monate später heiratete.

Doch keine zehn Tage nach der Hochzeit holte ihn der heilige Krieg erneut ein. Maulana Abdul Jabbar hatte eine Krisensitzung einberufen und ihn ebenfalls dazu eingeladen. Saifi zögerte keine Sekunde, ließ seine Frau zurück und machte sich unverzüglich auf den Weg zum Balakot-Trainings-Camp, um zu hören, was der zweithöchste Befehlshaber der Jaish-e-Mohammed ausgeheckt hatte. Mit äußerster Genugtuung vernahm er, welche Rolle er in Jabbars Plänen einnehmen sollte. Große Ereignisse standen bevor, Ereignisse, die ihn zweifelsohne zum Volkshelden machen würden. Doch bis es so weit war, gab es noch eine Menge zu tun, und Saifi durfte keine Zeit verlieren.

Wiedenest – eine Viertelstunde später

17:15 (pakistanischer Zeit, 14:15 deutscher Zeit) – Nach der Schulstunde schwangen sich Deborah und Paul-Gerhard auf ihre Fahrräder und fuhren gemeinsam nach Hause.

«Du bist die geborene Lehrerin», meinte Paul-Gerhard anerkennend, während er neben dem Mädchen herfuhr. «Wie du das alles so erklärst, ist echt beeindruckend.»

«Ach wo», winkte Deborah mit einem Lächeln ab, «Pakistan ist nun mal mein Lieblingsthema. Wenn du einen Vortrag über deine Musik halten würdest, käme es genauso rüber.»

«Mit dem Unterschied, dass mir niemand zuhören würde, weil meine Musik keinen interessiert.»

«Das ist nicht wahr. Ich finde deine Musik sehr ...»

«Haarsträubend, sag es ruhig.»

«Nein, gewöhnungsbedürftig, nicht haarsträubend.»

Paul-Gerhard schmunzelte. Deborah hatte eine liebenswürdige Art, ihre Meinung zu sagen, ohne jemanden zu verletzen. Sie war überhaupt ein sehr zuvorkommendes Mädchen, äußerst korrekt und ordentlich, das pure Gegenteil von Paul-Gerhard, der gerne in den Tag hineinlebte und manchmal ein hoffnungsloser Chaot war.

Kürzlich hatten sie gemeinsam mit Pinsel und roter Farbe einen großen Schriftzug für ein Werbeplakat gemalt, und irgendwann fiel ihm auf, dass ihre Maltechniken total verschieden waren. Deborah malte immer erst hingebungsvoll den Rand des Buchstabens, und erst am Schluss, wenn sie die Umrisse exakt abgezeichnet hatte, füllte sie den Rest mit Farbe. Er hingegen schmierte immer erst eine Menge Farbe in die Mitte und verteilte diese dann bis an den Rand des Buchstabens.

Als er sie darauf ansprach, hielt sie ihm einen langen Vortrag darüber, wie sinnvoll es war, zuerst den Rand zu malen, weil sich dabei der Buchstabe praktisch von alleine mit Farbe füllte. Wie gesagt, Deborah war die geborene Perfektionistin und er der geborene Chaot, eine wirklich ungewöhnliche Kombination.

«Übrigens», sagte Deborah, als sie mit Schwung in die nächste Querstraße einbogen, «die Schule wird wieder eröffnet.»

«Ja, gleich nach dem Wochenende, um acht Uhr in der Früh, eine tragische Sache, ich weiß.»

Deborah lachte. «Nicht die Schule hier, die Schule in Murree. Mein Vater hat es mir gestern gesagt. Sie werden das Internat Anfang Februar wieder eröffnen, und mein Vater sagte, dann würden wir Ende Januar nach Pakistan zurückkehren. Ist das nicht toll?!»

Paul-Gerhard seufzte. «Das heißt, dann bin ich wieder alleine hier in Wiedenest.»

«Hey, ich dachte, du willst ein Austauschjahr machen. Dann sehen wir uns ja in Pakistan wieder.»

«Vorausgesetzt, ich krieg ein Visum.»

«Das bekommst du schon.»

«Will ich schwer hoffen. Sonst krieg ich hier die Krise mit unserer Religionslehrerin und dem Kosinusfreak Herrn Meier.»

«Ach komm, so schlimm sind die beiden jetzt auch wieder nicht.»

«Und eine Gitarre hab ich dann auch nicht mehr, wenn ihr alle fortgeht.»

«Die hätte es eh nicht mehr lange gemacht, so wie du drauf rumhämmerst», gab Deborah amüsiert zu bedenken, worauf Paul-Gerhard nur brummend erwiderte:

«Ich wusste es ja, du magst meine Musik auch nicht.»

«Quatsch!», protestierte das Mädchen energisch. «Hast du schon vergessen, dass wir uns eine ganze Nacht lang über deine Musik unterhalten haben? Zugegeben, am Anfang hörte es sich eher wie Lärm an, aber mit der Zeit fand ich sie echt stark, ich meine, einige Akkorde zumindest.»

Paul-Gerhard trat kräftiger in die Pedale und setzte sich an die Spitze. Er wusste ja, dass seine Musik nicht ihr Stil war. Metal Core, Hard Core, Progressive Metal, das war nichts fürs schwache Gemüt. Es hatte ewig gedauert, bis er Deborah endlich dazu gebracht hatte, mal mit ihm einen «Music'n'Talk» zu machen, wo es einfach darum geht, sich Musik anzuhören und darüber zu reden. Ihm zuliebe hatte sich Deborah die Mühe gemacht, sich eine ganze Nacht lang seine CDs reinzuziehen, und das, obwohl ihr der größte Teil seiner Musik wirklich nicht gefiel. Sie hatte sogar ein paar ganz bemerkenswerte Kommentare dazu abgegeben.

Das hatte ihn echt gefreut, weil er ja wusste, wie viel Überwindung es Deborah gekostet hatte, das Ganze durchzuhalten.

Paul-Gerhard liebte Musik. Er konnte sich stundenlang aufs Bett legen, das Volumen seiner Stereoanlage voll aufdrehen, dass sich die Balken bogen, und einfach mit dem Sound abheben. Am liebsten hörte er «Arson», eine Crossover-Band aus Wiedenest. Drei aus der Band waren sogar mit ihm in derselben Jugendgruppe. Paul-Gerhard war ganz verrückt nach ihrer Musik, einer Mischung aus «Linkin Park» und «Limp Bizkit» mit rockigen Liedern wie die von Toby Mac. Wenn seine Mutter es nicht heimlich entwendete und in die Waschmaschine warf, trug Paul-Gerhard täglich das T-Shirt der Band. Es war schwarz, und mit einem weißen, eckigen Schriftzug war auf der Rückseite in Englisch zu lesen: «Ich bin gekommen, um auf der Erde ein Feuer anzuzünden. Wie froh wäre ich, es würde schon brennen!» Das stand irgendwo in der Bibel, doch Paul-Gerhard wusste nicht genau, wo. Jedenfalls war es das coolste T-Shirt der Welt, wenn auch schon etwas ausgeleiert, und alle kannten es.

Nebst «Arson» war Paul-Gerhard auch ein leidenschaftlicher Fan von «Tourniquet», einer christlichen Metal-Band, sowie der berühmten «System of a Down», einer Band, die Alternative Metal spielt, harte, rockige Musik mit viel Tempo, Rhythmus und stark betonter Melodie. Natürlich gehörte auch «Dream Theater» zu seinen Lieblingsbands, die beste Progressive-Metal-Band aller Zeiten. Deren Musik war einfach absolut hammergut und brachte Paul-Gerhard jedes Mal unweigerlich zum Schwärmen.

«Weißt du, Deborah, irgendwann werde ich vielleicht selber Musik schreiben und eine CD produzieren», meinte der Fünfzehnjährige im Brustton der Überzeugung. «Du wirst natürlich die Erste sein, die eine kriegt, mit Unterschrift, versteht sich. Und wenn ich dann berühmt bin, kannst du damit angeben und allen erzählen, dass du mich persönlich kennst.»

«Dann werde ich aber auch erzählen, dass du unsere klassische Gitarre ruiniert hast.»

«Und dann versteigerst du sie an den Meistbietenden», ergänzte Paul-Gerhard mit weiser Miene, «die Leute werden sich darum reißen, nur weil ich darauf gespielt habe, du wirst sehen. So ist das, wenn man berühmt ist.»

Deborah lachte und musste sich eingestehen, dass es nicht einfach sein würde, sich Ende Januar von Paul-Gerhard zu verabschieden. Aber wenn es klappte und er sein Visum bekam, dann wären sie ja bald gemeinsam in Pakistan, und dieser Gedanke war gar nicht mal so übel.

Balakot – drei Tage später, Montag, 26. November 2001

09:00 – Über Nacht war Schnee gefallen. Die Berge um das Balakot-Trainings-Camp herum waren weiß, die Temperaturen waren weit unter Null gesunken. Auf den Dächern der Gebäude lag eine zehn Zentimeter dicke Schneeschicht. Als Kamran an diesem Montagmorgen auf dem Weg in sein Büro war, wo ihn ein Stapel uninteressanter Papiere zum Sortieren erwartete, warf er einen wehmütigen Blick auf die schneebedeckten Berge, die sich nach allen Richtungen hin majestätisch gen Himmel erhoben. Es erinnerte ihn an seinen ersten gefährlichen Einsatz, als sie sich in einem haarsträubenden Unternehmen über die Kontroll-Linie ins besetzte Kaschmir geschmuggelt hatten.

Zu Fuß hatten sie das Himalaja-Gebirge überquert, waren über fünftausend Meter hohe Bergriesen geklettert. Sie waren eine Gruppe von zweiunddreißig Leuten gewesen, davon zwei lokale Schafhirten als Führer, zwanzig Träger, die jeder mindestens acht Kilogramm an Sprengstoff, Munition, Granaten, AK-47 Kalaschnikows, ja sogar ganze Raketenwerfer in Rucksäcken mitschleppten, und zehn Mudschaheddin-Kämpfer, zu denen auch er gehörte.

Es war eine äußerst gefährliche Mission, von der behauptet wurde, dass von dreißig Männern höchstens fünfundzwanzig überlebten. Führer und Träger mussten ein Spezialhöhentraining absolvieren, damit sie auch dreitausend Meter über dem Meeresspiegel noch in guter Kondition waren, um das Team sicher über die Berge führen zu können.

Im Stützpunkt in Muzaffarabad hatten sie schriftlich ihren letzten Willen abgeben müssen, falls sie es nicht bis über die Grenze schaffen oder im Kampf fallen würden. Dann erhielt jeder von ihnen vom pakistanischen Geheimdienst eine Trekking-Ausrüstung. Sie beinhaltete warme Unterwäsche, zwei Tarn-Uniformen, eine Jacke, einen Regenmantel, einen Pullover, zwei Paar Trekkingschuhe, ein Taschenradio, ein Esspaket sowie einen schwarzen Holzstock, um Minen aufzudecken. Die Führer erhielten außerdem ein Maschinengewehr mit drei Magazinen, drei Granaten, einen Kompass, Nachtsicht-Ferngläser, Seile und zwei Funkgeräte.

Nach einem kurzen Aufenthalt im Basislager der pakistanischen Armee, wo sie auf gutes Wetter warteten, ging es los. Das Wetter war ein äußerst wichtiger Faktor für das Gelingen der Mission, und Kamran lernte, dass die günstigste Zeit, um die Berge zu überqueren, Oktober bis Januar war. In diesen Monaten schneite es zwar häufig, doch gab es weniger Schneestürme und Lawinen, und die Flüsse waren zugefroren, was das Überqueren wesentlich vereinfachte. Wegen der dicken Schneemassen war überdies die Chance geringer, dass Minen explodierten, weil diese durch heftige Schneefälle zugeschüttet waren und der Druck vom Fuß sich nicht bis zum Auslöser fortpflanzte.

Anstatt in einer acht- bis zehntätigen Wanderung über die hohen Berge zu klettern, gab es auch kurze Routen über ziemlich flaches Gebiet. Doch hier wimmelte es nur so von indischen Truppen, und die Grenze war mit Stacheldrahtzäunen und Beleuchtung ausgestattet. Die Berge und Wälder hingegen boten guten Schutz vor den Augen des Feindes.

Kamran erinnerte sich an seinen Einsatz in Kaschmir, als wäre es gestern gewesen. Er hatte viele schreckliche Szenen miterlebt, hatte gesehen, wie Leute starben, hatte getötet, um selbst nicht getötet zu werden. Früher hätte er nie gedacht, dass er zu so etwas fähig sein könnte. Doch jetzt wusste er, dass Opfer nötig waren, um einen Krieg zu gewinnen. Und es war ja nicht irgendein Krieg. Es war ein heiliger Krieg, in dem er hier kämpfte. Es war Dschihad. Und für den Dschihad musste man bereit sein, alles zu tun, auch zu töten.

Als Kamran an diesem Morgen in seinem engen Büro saß und eben ein paar langweilige Telefongespräche beendet hatte, stand plötzlich ein Mann in der Türöffnung. Er war nicht besonders kräftig gebaut, hatte aber kleine, stechende Augen, die eine unglaubliche Faszination ausübten.

«Assalam aléikum», sagte der junge Mann mit einer erstaunlich sanften Stimme und verneigte sich flüchtig. «Allahs Friede sei mit dir.»

«Wa'al'éikum salam», erwiderte Kamran den üblichen Gruß mit einer eleganten Handbewegung, «mit dir auch.»

«Mein Name ist Saifur Rehman Saifi», stellte sich der Mann vor und trat ein. «Ich nehme an, du hast schon von mir gehört.»

Kamran nickte eifrig und gab sich Mühe, seine Begeisterung etwas zurückzuhalten. Natürlich hatte er von ihm gehört. Wer hatte das nicht? Saifur Rehman Saifi war der Inbegriff eines Mudschaheds, ein angesehener und gefürchteter Kommandant, der sowohl Jabbars als auch Masoods vollstes Vertrauen genoss. Und dabei war er nur gerade mal fünf Jahre älter als Kamran.

«Saifi», sagte Kamran mit Respekt in der Stimme, «suchst du jemand Bestimmtes?»

«Ja», antwortete Saifi, «dich.»

«Mich?», sagte Kamran überrascht. «Was kann ich für dich tun?»

«Für mich nichts. Aber für den Dschihad.» Seine Augen funkelten, als er dieses Wort aussprach, und es fröstelte Kamran unweigerlich. «Ich habe mich etwas umgehört. Deine Vorgesetzten sind sehr zufrieden mit dir. Du bist mutig, entschlossen, hast Durchhaltevermögen und bist jederzeit willig, für den Dschihad zu kämpfen und zu töten, wenn es sein muss.»

«Das ist wahr», bestätigte Kamran mit gewölbter Brust. Ein Lob aus dem Munde Saifis hörte man schließlich nicht alle Tage.

«Du hast bestimmt erfahren, dass Jabbar eine Krisensitzung einberufen hat.»

«Das ganze Lager redet davon.»

«Nun, Jabbar hat mir einen Sonderauftrag erteilt», erklärte der Fünfundzwanzigjährige geheimnisvoll, «und jetzt suche ich Leute, die mir bei diesem Auftrag helfen.»

Kamran spitzte die Ohren. «Worum geht es? Ich bin für alles bereit!»

«Bist du sicher?»

«Oh ja, das bin ich.»

«Wie viele Menschen hast du bis jetzt getötet, Kamran?»

Der junge Mann zuckte die Achseln. «Keine Ahnung. Viele.»

«Was hast du dabei empfunden?»

«Empfunden?» Diese Frage hatte ihm bisher noch niemand gestellt.

«Ja. Was empfindest du beim Töten?»

«Ich weiß es nicht. Ich meine, ich habe so viele Leute sterben sehen, da gewöhnt man sich irgendwie daran, denke ich.»

Saifi nickte. «Was, denkst du, ist stärker? Hass oder Gleichgültigkeit?»

Kamran zuckte wieder die Achseln. «Das weiß ich nicht.»

«Jemand hat einmal gesagt, das Gegenteil von Liebe sei nicht Hass, sondern Gleichgültigkeit», sagte Saifi mit spitzem Mund. «Demnach wäre Gleichgültigkeit schlimmer als Hass. Denn wo Hass ist, da ist eine Beziehung da; etwas, das verbindet. Bei Gleichgültigkeit verbindet nichts mehr, da ist nur noch gähnende Leere.»

Kamran wusste nicht genau, worauf Saifi hinauswollte. Saifi setzte sich unmittelbar neben Kamran auf den Schreibtisch und kniff die Augen leicht zusammen, während er einen unsichtbaren Punkt irgendwo unterhalb der Decke fixierte. «Kennst du Khost?»

Kamran verneinte.

«Khost ist eine kleine Stadt im Osten Afghanistans, 144 Kilometer südlich von Kabul, im Sommer brütend heiß, im Winter bitterkalt, und in den Jahreszeiten dazwischen erstickt sie im Staub. Ich diente im Khalid-bin-Waleed-Camp in Khost bis 1998, als die Amerikaner das Lager am 20. August bombardierten. Ich war dort, als es passierte. Ich werde die Bilder nie vergessen. Siebzig Raketen schossen sie auf uns ab. Eigentlich hatten sie es auf Bin Laden abgesehen, der an diesem Tag sein Trainings-Camp besuchen wollte, das nur wenige Kilometer von unserem entfernt war. Doch Allah beschützte ihn, und er sagte seinen Besuch kurzfristig ab, was ihm das Leben rettete. Sie zerstörten trotzdem mehrere Trainings-Camps. Fünf unserer Männer starben auf der Stelle, die andern erlagen ihren Verletzungen auf dem Weg in pakistanische Krankenhäuser. Die Raketen trafen auch vier Moscheen, wobei zweihundert Kopien des heiligen Korans verbrannten. Ich begann sie zu hassen, die Amerikaner, den Westen, die Ungläubigen, alle, die es wagen, die muslimische Umma zu zerstören. Sie haben uns mit Tomahawk-Raketen attackiert, aber wir werden zurückschlagen, wo auch immer wir sie finden, überall auf der Welt, und sie werden keinen Baum finden, hinter dem sie sich verstecken können.»[13]

Er machte eine Pause und wandte sich dann wieder Kamran zu, der ihm aufmerksam zuhörte.

«Und vor einer Woche haben sie Khost erneut bombardiert. Jabbar erzählte uns, diesmal hätte es eine Moschee und eine Madrasa getroffen. Fünfzehn eifrige Koranschüler kamen ums Leben, und hundertfünfzig, die in der Moschee beim Gebet waren.» Er kniff die Augen leicht zusammen, und seine Nasenflügel bebten, als er weitersprach.

---

[13] Der islamische Begriff Umma bedeutet «Gemeinschaft» und bezeichnet die religiöse Gemeinschaft aller Muslime.

«Hundertfünfzig gläubige Muslime haben sie getötet, Kamran, und zwar nicht etwa aus Versehen. Es war die Zeit des Abendgebets. Die Moschee war voller Menschen, und das wussten diese Schweine genau. Sie hätten warten können, bis das Gebet vorüber war, aber nein. Sie schlugen genau dann zu, als sie wussten, dass die Moschee voller gläubiger Muslime war, genau dann. Sie sind zu weit gegangen, viel zu weit, und sie werden es bitter bereuen.»

«Und was werden wir tun?»

Saifi sah Kamran direkt an. Seine Augen glühten. «Wir werden zurückschlagen.»

«Wann?»

«Sobald wir so weit sind.»

«Und wo? Wenn du mich nach Afghanistan schicken willst, ich bin bereit. Schon heute, wenn es sein soll.»

«Nein, wir werden nicht in Afghanistan zuschlagen.»

«Wo dann?»

«Hier.»

«Hier?!»

Saifi nickte geheimnisvoll. «Ja, Kamran, hier in Pakistan.»

Kamran war völlig perplex. Das ergab nicht den geringsten Sinn. Bisher hatte er immer nur in angrenzenden Ländern gegen die Ungläubigen gekämpft: im von Indien besetzten Teil Kaschmirs und in Afghanistan gegen die mit den USA verbündete Nordallianz, aber niemals in Pakistan selbst.

«Ich verstehe nicht ganz. Pakistan ist unser eigenes Land.»

«Unser Präsident unterstützt die Amerikaner in ihrem Krieg gegen den Terrorismus. Damit hat er das pakistanische Volk an unseren größten Feind verraten. Das ist unverzeihlich.»

So hatte es Kamran noch nie betrachtet.

«Der amerikanische Einfluss auf Pakistan wird je länger je größer. Das können wir nicht länger dulden. Wir müssen ein Zeichen setzen, eines, das sowohl unsere amerikafreundliche Regierung als auch die Amerikaner selbst verstehen. Und der neuste Bombenangriff in Afghanistan schreit geradezu nach Vergeltung.»

«Was ist der Plan?», fragte Kamran ungeduldig.

«Du wirst es zu gegebener Zeit erfahren», meinte Saifi. «Vorläufig muss ich nur wissen, ob du meinem Team beitreten möchtest.»

«Natürlich, keine Frage.»

«Es wird nicht einfach sein, den Feind im eigenen Land zu bekämpfen. Du musst bereit sein, bis zum Äußersten zu gehen.»

«Das kann ich, Saifi. Ich habe keine Angst vor dem Feind.»

«Oh ja, das lese ich in deinen Augen, Kamran. Das ist gut. Du bist ein wahrer Mudschahed.» Er klopfte ihm auf die Schulter und nickte ihm anerkennend zu. «Aber eines fehlt dir noch, mein Freund.»

Kamran stutzte. «Was denn?»

Saifi fixierte ihn mit seinen kleinen schwarzen Augen. «Du bist bereit, für Allah zu töten. Bist du auch bereit, für Allah in den Tod zu gehen?»

Ohne es zu wollen, fröstelte es den Zwanzigjährigen bei dieser Frage. «Ich habe dem Tod schon oft ins Auge gesehen, Saifi.»

«Das haben wir alle», sagte Saifi, und Kamran war sich nicht sicher, worauf er hinauswollte.

«Ich habe meinen letzten Willen verfasst, falls ich sterben sollte», erklärte Kamran.

«Darum geht es nicht.» Saifi beugte sich noch näher zu ihm hinüber, so nahe, dass Kamran seinen Atem spüren konnte. «Was mich interessiert, ist: Wärst du bereit, bewusst etwas zu tun, das dich dein Leben kostet?»

Kamran zögerte mit der Antwort. «Ich weiß, es ist eine Ehre, als Märtyrer zu sterben», sagte er schließlich, doch Saifi gab sich mit seiner Antwort nicht zufrieden.

«Es ist eine Sache, im heiligen Krieg zu fallen. Es ist eine andere Sache, aus tiefster Überzeugung für den Dschihad sein Leben freiwillig zu opfern. Könntest du das, Kamran? Könntest du das? Denn das ist die Sorte Mensch, die ich für diese Mission brauchen werde.»

Kamran hielt sich an der Tischkante seines Schreibtisches fest und spürte, wie ihm etwas schwindlig wurde.

«Märtyrer zu sein ist eine Herzensangelegenheit», ergänzte Saifi. «Ich weiß, dass du das Zeug dazu hast. Ich sehe die Entschlusskraft in deinen Augen. Du hast einen starken Geist, Kamran. Aber solange du auch nur einen Funken Zweifel in dir hast oder an deinem Leben hängst, wirst du im Ernstfall zögern und die ganze Mission gefährden.»

«Ich habe keine Zweifel», sagte Kamran und richtete seinen Körper auf. «Ich bin bereit, bis zum Letzten zu gehen.»

«Gut», meinte Saifi, und ein Lächeln umspielte seine Lippen. «Heute Abend trifft sich das Team zur Besprechung. Ich erwarte dich um zwanzig Uhr in der Moschee. Sei pünktlich.»

«Ich werde da sein.»

Saifi erhob sich und ging zur Tür. Dann drehte er sich nochmals um, und mit erhobenem Zeigefinger bemerkte er:

«Ach, übrigens: Ich glaube, Hass ist stärker als Gleichgültigkeit. Weißt du, warum?»

Kamran schüttelte den Kopf.

Saifis Augen blitzten. «Gleichgültigkeit hat nicht die

Kraft, einen Krieg anzutreiben. Hass hingegen schon. Denk darüber nach.» Mit diesen Worten drehte er sich auf dem Absatz um und war verschwunden.

10:00 – Kamran war völlig in Gedanken versunken, als jemand an die offene Tür klopfte. Es war ein schlanker Mann ohne Gewehr, etwa in seinem Alter oder etwas jünger und mit erstaunlich feinen Gesichtszügen.

«Ich soll das hier abgeben», sagte er und hielt ein zusammengefaltetes Papier in die Höhe.

«Was ist das?», fragte Kamran und setzte sich aufrecht hin.

«Mein Testament», erklärte der Junge. «Es hieß, ich sollte es in der Märtyrer-Abteilung abgeben.»

«Das hier ist die Medien-Abteilung», klärte ihn Kamran auf. «Die Märtyrer-Abteilung befindet sich im übernächsten Block, gleich hinter der Finanz-Abteilung.»

«Jetzt bin ich schon wieder falsch.» Der junge Mann schüttelte verzweifelt den Kopf. «Wie viele Abteilungen gibt es denn hier? Vorhin war ich in einem anderen Gebäude, da sagten sie mir, sie wären zuständig für die Mudschaheddin in indischer Gefangenschaft.»

«Die Gefangenen-Abteilung», nickte Kamran. «Die versuchen, mit Verhandlungen unsere Gefangenen nach Hause zu bringen. Leider bis jetzt ohne Resultate. Und dann gibt es noch die Sitten-Abteilung. Die ist dafür zuständig, dass sämtliche Aktionen auf den Prinzipien der Organisation und des Gesetzes basieren. Sie ist auch für das Training und die Planung neuer Programme verantwortlich. Dieses Jahr haben wir in Pakistan und Kaschmir zweitausend Schulungsprogramme durchgeführt, fünfhundert Mudschaheddin haben ihre Ausbildung abgeschlossen. Und wir konnten Lehrer von tausend religiösen Madrasen davon überzeugen, ihre Schüler in eines unserer Trainingslager zu schicken.»

«Und wo gehe ich jetzt hin, um mein Testament abzugeben?», wiederholte der Junge seine Frage.

«Du kannst es mir geben», bot sich Kamran spontan an. «Ich bringe es ihnen in der Mittagspause kurz vorbei.»

«Danke», sagte der andere und überreichte ihm das Papier.

«Wie ist dein Name?»

«Badar», antwortete der Junge.

«Ich bin Kamran», sagte der Ältere freundlich. «Wenn du irgendwelche Fragen hast, wendest du dich einfach an mich.»

«Das ist sehr zuvorkommend», bedankte sich Badar. «Wie lange bist du schon bei der Jaish?»

«Vier Jahre», antwortete Kamran. «Ich bin von zu Hause weggelaufen, als ich siebzehn war.»

«Du bist weggelaufen?» Badar klang ziemlich erstaunt. «Warum?»

«Ich habe im Dschihad den wahren Sinn des Lebens gefunden», sagte Kamran feierlich. «Du etwa nicht?»

«Vermisst du deine Familie nicht?», fragte Badar.

«Meine Mutter ist gestorben, als ich noch klein war», erzählte Kamran. «Und mein Vater versteht mich nicht. Er denkt, die Jaish hätte mir das Gehirn gewaschen.»

«Und, hat sie das?»

Kamran lachte. «Natürlich nicht. Ich weiß ganz genau, was ich tue. Und weißt du, was als Nächstes ansteht? Saifi hat mich gebeten, an einer geheimen Mission teilzunehmen.»

«Du meinst, *der* Saifi?»

Kamran nickte stolz. «Er war soeben hier und hat es mir gesagt.»

Badar war begeistert. «Wunderbar», meinte er. «Ich

wusste nicht, dass er hier ist. Ich bin ja selber gerade erst eingetroffen.»

«Du kennst ihn persönlich?»

«Ich habe unter seinem Kommando in Afghanistan gekämpft. Mein Freund, ich sage dir, wenn mich jemand für den Dschihad inspiriert hat, dann er. Er hat so ein Feuer in sich, einen unzähmbaren Geist wie den eines wilden Hengstes. Wenn jemand als Held in die Geschichte eingehen wird, dann Saifi.»

«Ich habe das Feuer in seinen Augen gesehen», bestätigte Kamran und schweifte in Gedanken zu ihrem Gespräch zurück. «Er hat schon was an sich, das man nicht häufig sieht. Schwierig zu beschreiben, was es ist. Aber es hat mich voll in seinen Bann gezogen.»

«Saifi zieht jeden in seinen Bann», meinte Badar. «Du weißt nicht zufällig, ob er noch mehr Leute für seine Mission braucht?»

«Wenn er dich haben möchte, wird er dich bestimmt fragen», sagte Kamran. «Die erste Sitzung findet heute Abend statt.»

«Hat er gesagt, worum es geht?»

«Noch nicht. Aber es scheint etwas Großes zu sein.»

«Was Saifi anpackt, ist immer groß.» Badar nickte Kamran zu. «Also dann. Ich hoffe, wir treffen uns heute Abend.»

«Wir werden sehen», meinte Kamran.

20:00 – Pünktlich um acht Uhr betrat Kamran an diesem Abend die Moschee. Eine Gruppe von gut zwei Dutzend Kriegern hatte sich bereits eingefunden. Sie mochten alle zwischen achtzehn und dreiundzwanzig Jahren alt sein, kauerten wie Frösche auf dem Boden und unterhielten sich murmelnd. Kamran blickte sich um und entdeckte tatsächlich den jungen Mann, mit dem er sich an diesem Morgen unterhalten hatte, in der Menge. Er winkte ihn zu sich, und Kamran hockte sich neben ihn.

«Er hat dich also gefunden», meinte Kamran.

«Ja, das hat er. Kennst du all die Leute hier?»

«Ein paar», sagte Kamran.

«Ich bin wirklich gespannt, worum es geht.»

Saifur Rehman Saifi trat nun in die Mitte und gebot mit einer Handbewegung Ruhe. Augenblicklich verstummten die Männer und richteten ihre volle Aufmerksamkeit auf den Kommandanten.

«Ich danke euch, dass ihr alle gekommen seid», begann Saifi. «Ich möchte gleich sagen, warum ich euch hergebeten habe. In der von Jabbar einberufenen Sitzung ging es darum, Strategien zu entwickeln, um den immer stärker werdenden Einfluss der USA in Pakistan zu stoppen. Wir sind zur Überzeugung gekommen, dass wir härtere Maßnahmen ergreifen müssen. Amerika hat dem Islam den Krieg erklärt, also sollen sie ihn haben. Jabbar hat Atiqur Rehman als Verantwortlichen für den südlichen Punjab eingesetzt, mir hat er die Operationen im nördlichen Punjab anvertraut. Unsere Mission in den nächsten Monaten wird es sein, westliche und vor allem amerikanische Ziele für Terroranschläge ausfindig zu machen.»[14]

«Und wie sollen diese Anschläge aussehen?»

«Wir möchten ein Exempel statuieren, etwas, das sowohl unseren Präsidenten als auch den Westen warnen und einschüchtern soll. Sie müssen wissen, dass wir vor nichts zurückschrecken. Und deswegen hat mich

[14] Der Punjab ist mit 75 Millionen Einwohnern die bevölkerungsreichste Provinz Pakistans.

Jabbar bevollmächtigt, das erste Selbstmordkommando der Jaish-e-Mohammed zu gründen.»

Ein Gemurmel ging durch die Menge. Kamran war sich nicht ganz sicher, was Saifi damit meinte.

«Meine Brüder», fuhr der Kommandant fort, «ich weiß, ihr seid alles tüchtige Mudschaheddin. Ihr habt in Kaschmir und Afghanistan gekämpft. Die meisten von euch habe ich dort kennen gelernt. Ich habe mit eigenen Augen gesehen, wie tapfer ihr seid. Ihr habt eure Familien, eure Frauen verlassen, um im Dschihad zu kämpfen, im heiligen Krieg gegen die Ungläubigen. Ihr seid bereit, Opfer zu bringen für die Sache Allahs. Und deswegen habe ich jeden Einzelnen von euch hergebeten.»

Saifi schritt langsam zwischen den am Boden kauernden Kriegern hin und her und unterstrich seine Ausführungen mit leidenschaftlichen Gebärden, während ihm alle mucksmäuschenstill zuhörten.

«Die Aufgabe, die uns bevorsteht, ist nicht vergleichbar mit den Kämpfen in Kaschmir und Afghanistan. Sie ist schwieriger, und der Preis, den ihr bezahlen werdet, falls ihr euch meinem Selbstmordkommando anschließt, ist hoch. Deshalb werde ich niemanden dazu zwingen. Wer nach dieser Ansprache nicht mitmachen will, kann aufstehen und gehen. Ich werde euch nicht daran hindern und es euch nicht übel nehmen. Denn das, was ich von euch verlange, falls ihr bleibt, ist mehr, als ein Mensch verlangen darf. Aber nicht ich bin es, der es von euch verlangt, sondern Allah. Und nicht ich bin es, der euch belohnen wird, sondern Allah, der Allmächtige, der Barmherzige und Vergebende.»

Er machte eine Pause und suchte zu jedem einzelnen der Krieger Augenkontakt, ehe er weitersprach.

Als sein Blick Kamran traf, durchfuhr es diesen wie ein Blitz. Es war, als würde Saifi mitten hinein in seine

Seele blicken und etwas in ihm anrühren, das schon lange dort geschlummert hatte.

«Wer ist bereit, meinem Selbstmordkommando beizutreten?»

Ein paar Sekunden herrschte Schweigen. Doch die Luft schien zu knistern vor Spannung. Saifi streckte sein Kinn vor, und seine Frage hallte in der Moschee wider.

«Wer ist bereit, für Allah in den Tod zu gehen?»

«Ich bin es», sagte Badar und erhob sich vom Boden.

Saifis Stimme wurde lauter. «Wer ist bereit, für Allah in den Tod zu gehen?!»

«Ich!», schrie Kamran und stellte sich neben Badar.

«Ich!», erklang es von mehreren Seiten gleichzeitig.

Saifis Augen begannen zu glühen, als er zum dritten Mal in die Menge schrie: «Wer ist bereit, für Allah in den Tod zu gehen?!»

Die jungen Männer erhoben sich vom Boden, streckten ihre Fäuste in die Höhe und stimmten in ein ohrenbetäubendes Gebrüll ein. Es war ein unbeschreiblicher Moment, und bei jedem Schrei vibrierte die Luft, und der Rausch des Heldentums breitete sich in der Moschee aus, so dass Kamran glaubte, er müsste jeden Augenblick vor Stolz platzen. Saifi stand mittendrin wie ein Fürst, der soeben eine Schlacht gewonnen hatte. Und das flackernde Feuer in seinen tiefschwarzen Augen war erfüllt von Stolz und Hass; eine Kombination, die Kamran faszinierte, aber auch bis ins Innerste erbeben ließ.

Teil II
Der Auftrag

Murree – drei Monate später, Montag, 4. Februar 2002

11:00 – Murree ist ein beliebter Ferienort und wird liebevoll als «Königin der Hügel» bezeichnet. Es befindet sich auf rund 2300 Meter Höhe am Fuße des Himalajas, märchenhaft eingebettet in grüne Hügel, versteckt zwischen majestätischen Kiefern- und Pinienwäldern. Im Sommer ist es hier angenehm frisch, zwanzig Grad kühler als im schwülen Islamabad, der Hauptstadt Pakistans, die nur eine Stunde entfernt liegt. Im Juli und August hängen regenschwere Monsunwolken in den Wäldern, die manchmal so dicht sind, dass man keine zehn Meter weit sehen kann. Im Frühling und Herbst kann man dafür eine atemberaubende Aussicht auf die schneebedeckten Berge Kaschmirs genießen, und im Winter gibt es tonnenweise Schnee.

Deborah war total aus dem Häuschen, als sie Murree erreichten. Endlich war sie zurück! Sie konnte es kaum erwarten, ihre alten Freunde wiederzusehen. Diesmal würde ihnen kein 11. September dazwischenfunken und sie erneut auseinander reißen. Es würde ein herrliches Schuljahr werden, davon war sie felsenfest überzeugt. Ihr Herz begann höher zu schlagen, als sie durch das verschneite Tor des Internats fuhren.

«Hallo, Deborah!», begrüßte sie eine ihr wohlbekannte Stimme, kaum dass sie ausgestiegen war. Ein bärtiger Pakistani im Salwar Kameez und einer dicken Winterjacke winkte ihr fröhlich zu. Es war Simon Malik, der Schulmanager, ein gemütlicher Mensch mit einer warmen Ausstrahlung, der mit seinem Bart und dem immer freundlichen Lächeln fast ein wenig aussah wie der Weihnachtsmann, allerdings in junger Ausführung.

«Hallo, Mr. Simon!», rief das Mädchen zurück und ging auf ihn zu. «Schön, Sie zu sehen.»

«Schön, *dich* zu sehen», antwortete Simon auf Englisch, und Deborah genoss es, endlich wieder diesen wunderbaren pakistanischen Akzent mit dem rollenden R zu hören. «Es war sehr einsam hier in den vergangenen Monaten.»

«Das kann ich mir vorstellen. Sie haben bestimmt gedacht, wir kämen nicht zurück.»

«Ich habe gebetet, dass ihr zurückkommt», schmunzelte der Pakistani, «und Gott hat meine Gebete erhört.»

«Darin ist er gut», nickte Deborah. «Ich bin so froh, wieder hier zu sein.»

«Und ich bin froh, dass endlich wieder Leben in die Schule kommt. Es war traurig, ein ganzes Schulgelände für mich allein zu haben.»

«Sie sind die ganze Zeit hier geblieben?»

«Es gab viel zu tun», erklärte Simon. «Die pakistanische Regierung hat verlangt, dass wir unsere Sicherheitsvorkehrungen verstärken. Wir mussten eine Mauer um das Gelände bauen, wie du bestimmt schon gemerkt hast.»

«Sie ist mir nicht entgangen», seufzte Deborah mit einem wehmütigen Blick auf die zwei Meter hohe Mauer, die das gesamte Gelände umgab. «Sieht irgendwie aus wie die chinesische Mauer.»

«Sie soll uns vor Eindringlingen schützen.»

«Welchen Eindringlingen? Den Kindern, die mit uns Fußball spielen?»

Simon betrachtete das Mädchen verständnisvoll. «Ich weiß, dass sie dir nicht gefällt. Mir ist es auch schwer gefallen, sie bauen zu lassen, das kannst du mir glauben. Das Bild war doch viel freundlicher, als die pakistanischen Kinder mit euch auf dem Sportplatz herumtollen konnten.»

«Und was ist mit dem Krämerladen? Dürfen wir da nicht mehr hin?» Immer in der Pause waren die Schüler zum Krämerladen auf der anderen Straßenseite gerannt und hatten Kartoffelchips, Schokolade und Unmengen von Süßigkeiten gekauft.

«Es tut mir wirklich leid, Deborah. Jeder, der das Internat verlassen oder betreten möchte, muss sich jetzt am Tor eintragen. Ich nehme an, du hast die bewaffneten Wächter gesehen.»

«Die sind bewaffnet?», fragte Deborah entsetzt. Sie hatte die Wächter in ihren khaki-farbenen Uniformen mit den schwarzen Militär-Käppis gesehen, jedoch nicht bemerkt, dass sie Dienstwaffen trugen.

Simon nickte. «Ja, sie sind bewaffnet. Glaub mir, das hat mich am meisten Überwindung gekostet. Die Regierung hat verlangt, dass wir Sicherheitsbeamte einstellen, und so beschloss ich, dass wir sie zwar einstellen, ihnen aber keine Waffen geben. Der Gedanke, bewaffnete Wächter auf einem Schulgelände zu haben, war einfach unerträglich. Doch dann hieß es, sie müssten bewaffnet sein, also gaben wir ihnen Gewehre und Pistolen, allerdings ohne Munition. Aber die Regierung sagte, unsere Wächter müssten ausgerüstet sein, um im Notfall zu schießen. Tja, was soll man da machen? Seit dem amerikanischen Angriff auf Afghanistan meinen sie, wir als christliche Institution könnten verschiedenen Bedrohungen ausgesetzt sein.»

«Sind wir das denn?», fragte Deborah.

Simon schüttelte den Kopf. «Die pakistanische Bevölkerung in Murree ist uns sehr wohlgesonnen. Sie würden uns nie Schaden zufügen. Das Schlimmste, was uns jemals passiert ist, waren einige extremistische Studenten, die mit ihren Parolen vor der Schule demonstrierten. Vielleicht erinnerst du dich daran. Es war harmlos. Wir sind eine Schule, Deborah. Ihr seid Kinder. Also mach dir mal keine Sorgen.»

«Ich mach mir bloß Sorgen, dass ich mir die Finger abfriere, wenn ich noch lange hier in der Kälte rumstehe», kicherte das Mädchen und rieb sich ihre kalten Hände.

«Dann geh in den Speisesaal und trink eine heiße Tasse Tee.»

«Das mach ich», sagte Deborah und hüpfte davon. «Bis später, Mr. Simon.»

«Bis später, Deborah. Und noch was: Willkommen in der Schule!»

12:00 – Die Murree Christian School war 1956 gegründet worden und hatte seither Hunderte von Kindern ausgebildet. Das Gelände war umgeben von hohen Pinienbäumen und war bequem in fünf Minuten von einem Ende zum andern zu überqueren. Wenn man durch das Haupttor kam, sah man gleich auf der linken Seite eine Garnisonskirche, die von den Briten im 19. Jahrhundert erbaut worden war. Heute befand sich darin das Gymnasium, die «MCS Highschool», wie sie von allen genannt wurde. Das Kirchenschiff diente als Sporthalle und Auditorium, während das Sekretariat, die Bibliothek und sämtliche Klassenzimmer geschickt in die Kirche hineingebaut worden waren. Einige Zimmer befanden sich vier Stockwerke hoch in der turmartigen Konstruktion, inmitten der massiven Dachbalken. Von der Bibliothek und einigen Räumen aus konnte man wie von einer Tribüne in die Halle hinunterblicken. Die hohen Kirchenfenster waren kunstvoll aus dicken Glasstücken gefertigt, die aneinander gereihten Flaschenböden glichen, was zwar die Sicht nach draußen verzerrte, aber genug Licht in die Klassenzimmer gelangen ließ.

Ging man draußen am Haupteingang der Kirche vorbei, stieß man auf ein paar Tische und Picknickbänke. Hier tranken die Lehrer und Angestellten im Sommer in der Großen Pause gemütlich ihren Tee, während sie gleichzeitig die Kinder auf dem Basketballplatz im Auge behalten konnten. Der Basketballplatz war sozusagen eingeklemmt zwischen dem Gymnasium und der Grundschule. Hinter dem Grundschulgebäude kam das dritte große Internatsgebäude, in dem sich die Küche, der Speisesaal sowie die Schlafräume der Kinder und Hauseltern befanden.

Ein paar Schüler, Lehrer und Betreuer wohnten wegen Platzmangels außerhalb des Internats, gute zwanzig Minuten entfernt in einem alten Herrenhaus namens «Sandes». Doch tagsüber waren alle in der Schule, und zusammen mit Kindern, Lehrern, Betreuern, Köchen und sämtlichem Personal mochten etwa zweihundert Leute die internationale Schule bevölkern.

«Hey, Deborah!»

Deborah drehte sich um und sah Jenny auf sich zustürmen.

«Hey, Jenny! Wie geht's dir?»

«Jetzt, wo die Schule wieder eröffnet ist, prächtig! Und dir?»

«Ausgezeichnet.»

«Wir sehen uns dann beim Mittagessen, Deborah. Ich muss noch meine Koffer ins Zimmer bringen.»

«Okay, bis dann!»

Beim Mittagessen glich der Speisesaal einem einzigen Ameisenhaufen, und Deborah platzte schier vor Freude, als sie all ihre alten Freunde entdeckte. Die stürmische Begrüßung nahm kein Ende. Und es gab ja so viel zu erzählen!

«Hey, Deborah, kommst du in unsere Mathegruppe? Du kannst immer alles so toll erklären!»

«Deborah, wir sind zusammen im Zimmer!»

«Hast du wieder deinen supertollen Weihnachtstee mit dabei?»

«Hey, verstehst du überhaupt noch Englisch?»

Es quietschte, klapperte, lärmte, lachte und plauderte an allen Tischen, und die muntere Schar erinnerte Deborah an die Bücher von «Hanni und Nanni», die sie früher immer verschlungen hatte. Ach, wie hatte sie dieses aufregende Internatsleben vermisst! Simon hatte Recht: Wer sollte es schon auf eine Gruppe fröhlicher, übermütiger Schüler wie sie abgesehen haben?

Rawalpindi – zehn Tage später, Donnerstag, 14. Februar 2002

22:00 – «Meine Brüder, das Ziel ist erfasst! Jabbar hat uns grünes Licht gegeben. In einem Monat schlagen wir zu.»

Mit diesen Worten platzte Saifi in dieser Nacht in das verlassene Kellergeschoss eines leer stehenden Hauses in Rawalpindi, wo vier ungeduldige Aktivisten ihn bei Kerzenlicht erwarteten. Die Operation war streng geheim, und selbst Jabbar hatte unmittelbar nach der Sitzung im vergangenen November einen Zwischenmann eingeschaltet, der die Aktion überwachen und ihn laufend über die neusten Entwicklungen informieren sollte. Er selbst würde ab sofort keinerlei persönlichen Kontakt mehr zu den beauftragten Führern pflegen und auf Tauchstation gehen, so hatte er verkündet.

«Wir können uns keinen Fehler leisten», hatte er mehrmals betont, «ich erwarte Resultate, und zwar solche, die es auf die Titelseiten der Zeitungen schaffen. Je größer der Schaden, desto erfolgreicher unsere Aktion. Wir werden schockierende Attacken ausführen, die Geschichte machen werden.»

Saifi hatte die Mudschaheddin daraufhin in kleine Zellen von vier bis sieben Leuten aufgeteilt und ihnen verschiedene Verantwortungsbereiche übertragen. Während die einen sich auf die Suche nach möglichen Zielen machen sollten, würden die andern damit beschäftigt sein, finanzkräftige Partner für die Mission zu finden; wieder andere waren zuständig für die Beschaffung von Waffen und Sprengstoff. Seit drei Monaten arbeiteten die eifrigen Gotteskrieger rund um die Uhr. Sie vermieden es, zwei Nächte am selben Ort zu bleiben, bewegten sich nur in kleinen Gruppen vorwärts, und die jeweiligen Einheiten waren nicht über die Pläne und Aufenthaltsorte der anderen informiert, um keine wichtigen Informationen ausplaudern zu können.

Sie mussten vorsichtig sein, denn im vergangenen Monat hatte die pakistanische Polizei bereits mehrere Mitglieder der Jaish-e-Mohammed verhaftet, weil ihnen vorgeworfen wurde, das indische Parlament in Neu-Delhi überfallen zu haben. Masood war sogar unter Hausarrest gestellt worden, und jeder seiner Schritte wurde überwacht. Amerika hatte die Organisation auf die schwarze Liste gesetzt. Es galt also, keine Zeit mehr zu verlieren. Etwas musste geschehen, und Saifis Selbstmordkommando war bereit, um bald zuzuschlagen.

Insgesamt hatte Saifi zwanzig junge Männer für seine Mission ausgewählt. Er kannte jeden persönlich und hatte alle Charaktere genau studiert, bevor er sie auf den gefährlichen Auftrag ansprach. Er musste auf Nummer sicher gehen. Es durfte kein Fehler passieren. Dazu war die Mission zu wichtig. Die Mudschaheddin kamen fast ausschließlich aus armen Familien, die meisten von ihnen waren Analphabeten oder hatten nur wenige Jahre in einer Grundschule verbracht und waren stattdessen schon im Teenageralter dem Ruf Allahs gefolgt, um im Dschihad gegen die Ungläubigen zu kämpfen. Jetzt waren sie Anfang zwanzig und bereits Kriegsveteranen aus Afghanistan und Kaschmir, die ohne jede Furcht für ihre Überzeugung kämpften, töteten und sogar bereit waren, dafür ihr eigenes Leben zu opfern.

Das war der Schlag Mensch, nach dem Saifi Ausschau gehalten hatte. Und die fünf Krieger, die sich in dieser Nacht in dem verlassenen Haus in Rawalpindi eingefunden hatten, waren von dieser harten Sorte.

Da war zum Beispiel der vierundzwanzigjährige Ayaz, ein ziemlich mürrischer Bursche mit kantigem Gesicht. Ayaz war der Sohn eines Lastwagenfahrers und war erstmals im Jahr 2000 nach Afghanistan gereist, wo er nach einem kurzen militärischen Training an der Front gegen die Nordallianz gekämpft hatte. Ein Jahr später kehrte er nach Pakistan zurück und absolvierte im Balakot-Trainings-Camp einen dreimonatigen Auffrischungskurs in der Handhabung von automatischen und halbautomatischen Waffen sowie von Raketenwerfern und Sprengstoff. Danach war er bei einigen Unternehmungen in Kaschmir dabei, bis ihn Saifi bat, seinem Selbstmordkommando beizutreten. Er zögerte keinen Augenblick.

Einer, der geradezu begierig war auf den Dschihad und auf den Saifi ein besonderes Auge geworfen hatte, war der zwanzigjährige Abu Bakar. Nachdem er die Grundschule in seinem Dorf abgeschlossen hatte, besuchte Abu Bakar für acht Jahre eine Madrasa in Multan, wo er den Koran auswendig lernte und in Kontakt mit extremistischen Gruppen kam, die junge Männer für den Dschihad anwarben. Vier Monate kämpfte Abu Bakar unter Saifis Kommando in Afghanistan gegen die Nordallianz, bis der amerikanische Bombenangriff im Oktober die Taliban zum Rückzug zwang und auch er das Land verlassen musste. Er wollte sich unverzüglich nach Kaschmir versetzen lassen, doch seine Pläne änderten sich abrupt, als ihm Saifi im Balakot-Trainings-Camp von dem neu gegründeten Selbstmordkommando erzählte: Spontan schloss er sich der Gruppe an.

So war es auch bei Hasan. Er war gerade zwanzig geworden und hatte nie eine gewöhnliche Schule besucht. Sein Vater war der Imam einer Moschee und hatte ihn und seine sieben Geschwister schon früh dazu erzogen, die Religion ernst zu nehmen und zu praktizieren. So schickte er Hasan von klein auf in eine Koranschule, wo er den Koran auf Arabisch auswendig lernte und mit den Gesetzen und Vorschriften des Islams vertraut gemacht wurde. Hasans Brüder und Schwestern waren ebenfalls streng religiös. Sein ältester Bruder war Lehrer an einer Madrasa, und zwei von Hasans Schwestern unterrichteten an einem Seminar für Mädchen. Mit siebzehn reiste Hasan zum ersten Mal nach Afghanistan. Nach vier Einsätzen im Krieg kehrte er nach Pakistan zurück und wurde von Masoods Bruder im Balakot-Trainings-Camp als Funker eingestellt. Auch er war begeistert davon, in Saifis Selbstmordkommando aufgenommen worden zu sein.

Der Letzte der vier, Sarfaraz, entstammte einer sehr armen Familie aus Karachi. In der neunten Klasse wurde er von einem Mitglied einer radikal-islamistischen Bewegung gebeten, Literatur in der Schule zu verbreiten und Spenden für die Gruppe zu sammeln. So wurde er mit dem Gedankengut des Dschihads vertraut gemacht und begann sich selbst dafür zu begeistern. Sein älterer Bruder war der Jaish-e-Mohammed gleich nach ihrer Gründung beigetreten und arbeitete für Masood. Sarfaraz folgte seinem Beispiel und ließ sich in einem Trainings-Camp in Kaschmir ausbilden. Ein paar Monate später wurde ihm mitgeteilt, dass sein Bruder von indischen Truppen aufgegriffen und in ein Gefängnis in Srinagar gebracht worden war. Niemand wusste, ob er noch lebte. Doch Sarfaraz betete jeden Tag zu Allah, dass er ihn eines Tages wiedersehen würde. Er hatte Saifi im Trainings-Camp in Kaschmir kennen gelernt, und als Saifi ihn kontaktierte und ihn aufforderte, sich seinem Selbstmordkommando anzuschließen, sah der Zwanzigjährige darin eine willkommene Möglichkeit, seine Trauer zu verarbeiten und gleichzeitig seinen Bruder zu rächen.

Die vier jungen Männer hatten Saifi bereits vor Stunden erwartet. Doch keiner fragte, warum er nicht früher gekommen war. Gespannt lauschten sie stattdessen beim Schein der Kerzen, was ihr Anführer ihnen zu berichten hatte.

«Die Ereignisse der vergangenen Monate zwingen uns zum Handeln», erklärte Saifi, während er sich zu ihnen setzte. «Wie ihr wisst, hat Amerika schon im Oktober befohlen, die Konten unserer Organisation einzufrieren. Und nach unserem Anschlag auf das indische Parlament in Neu-Delhi und dem verstärkten Druck der USA hat das pakistanische Außenministerium dies tatsächlich getan. Aber wenn sie glauben, das würde uns aufhalten, liegen sie falsch. Ein hungriger Löwe ist aggressiver als ein vollgefressener. Sie haben uns auf die Liste der verbotenen Terroristengruppen gesetzt, um uns einzuschüchtern. Doch damit haben sie indirekt nur zugegeben, wie mächtig wir in Wirklichkeit sind. Sie haben Angst vor uns, und das sollten sie auch. Denn in einem Monat schlagen wir zu. Und ich garantiere euch, nach diesem Anschlag werden sie sich nicht nur vor uns fürchten, sondern zittern, wenn sie nur schon den Namen Jaish-e-Mohammed hören.» Er machte eine kurze Pause, um seinen Worten mehr Gewicht zu verleihen.

«Das Attentat findet am 17. März statt. Vergangenen Oktober haben die Amerikaner eine Moschee mit hundertfünfzig Gläubigen in die Luft gejagt. Jetzt ist die Zeit gekommen, es ihnen zurückzuzahlen, ganz in ihrem biblischen Sinn: Auge um Auge, Zahn um Zahn.»

«Du willst eine Kirche überfallen?», fragte Sarfaraz.

Saifi lächelte voller Genugtuung.

«Das ist das Mindeste, was wir tun können, findet ihr nicht?»

Murree – am selben Tag

22:30 – Die Garnisonskirche war mit einer dicken Schneeschicht überzogen. Zwischen den Schulgebäuden türmten sich beinahe drei Meter hohe Schneeberge, und die Schüler der MCS mussten sich fast wie Maulwürfe durch die weiße Pracht graben, um von einem Gebäude zum andern zu gelangen. Natürlich war das Wetter herrlich geeignet für Schneeballschlachten und haarsträubende Rodelaktionen. Doch die meiste Zeit saßen die Kinder mit zehn Kleiderschichten übereinander dicht gedrängt um Kerosinöfen und büffelten wie die Weltmeister. Da sie durch den ungewollten Unterbruch ein halbes Schuljahr verloren hatten, mussten sie eine Menge nachholen und gleichzeitig für die Abschlussprüfungen im Mai lernen.

Wegen der großen Kälte wurde der Unterricht nicht in den Klassenzimmern abgehalten, sondern überall, wo es Kerosinöfen gab. Aber keiner beklagte sich, weder über die Kälte noch über den vielen Lehrstoff. Ja, die Zehntklässler besuchten sogar freiwillig zusätzliche Mathestunden, um aufzuholen, und lernten mit einem unglaublichen Ehrgeiz.

«Mir reicht's, ich kündige», meinte David eines Abends, als sie wieder bis in die Nacht hinein Mathe gebüffelt hatten. «Wenn ich jetzt nicht aufhöre zu lernen, wird mein Gehirn explodieren.»

«Welches Gehirn?», grinste Matt, worauf ihm David einen heftigen Boxhieb verabreichte.

«Ich finde, wir sollten einen Club gründen», meldete sich der Koreaner Sung Guk zu Wort, «den Club der größten Streber.»

«Streber? Ich sehe keine Streber», warf Sascha ein.

«Vielleicht hilft es, wenn du deine Brille putzt», meinte Kris.

«Streber», sinnierte Daniel, der ebenfalls eine Brille trug, «eine Person, die sehr konsequent und mit allen Mitteln auf ein oder mehrere Ziele hinarbeitet, insbesondere durch hohen Arbeits- und Zeitaufwand.» Er rückte seine Brille zurecht. «Wir sind wohl schuldig im Sinne der Anklage.»

«Möchte jemand Tee?» Das war Deborah.

«Hast du auch Kekse?»

«Eine ganze Menge.»

«Dann nichts wie her damit!»

Deborah setzte Wasser auf und warf den Jungs ein Päckchen Schokoladenkekse zu, das in wenigen Sekunden bis auf den letzten Krümel vernichtet wurde.

«Hey, Deborah. Könnten wir eine zweite Bestellung aufgeben?»

«Ihr seid schlimmer als hungrige Wölfe.»

«Wölfe müssen auch nicht Mathe lernen.»

Deborah schmunzelte und warf ein zweites Päckchen unter die gierige Meute. Sie liebte ihre Klasse, obwohl sie als einziges Mädchen nicht immer einen leichten Stand hatte. Am Anfang war es etwas schwierig gewesen, denn keiner der Jungs hatte sich dazu bequemt, sie in der Schule herumzuführen oder ihr zu verraten, in welchem Zimmer die nächste Stunde abgehalten wurde. Dabei war die Highschool ein wahres Labyrinth, weil sie jeden Winkel der alten Kirche bis in das Turmgewölbe in einen Klassenraum verwandelt hatten.

Ein anderes Problem war die Sprache gewesen. Alle redeten Englisch, und jeder in einem anderen Slang. Die Kanadier und Australier waren am schwierigsten zu verstehen. Aber in der Zwischenzeit konnte sich Deborah glänzend verständigen und sich auch durchsetzen, wenn es sein musste. Die Jungs aus ihrer Klasse waren manchmal echte Chaoten, doch Deborah verstand sich prima mit ihnen.

Die zwei, die die meisten Streiche ausheckten, waren Matt und David. Matt war aus den USA, und David aus Neuseeland. Beide waren sehr sportlich und jagten häufig mit ihren Luftgewehren irgendwelche Tiere. Matt hatte auch oft seine Steinschleuder dabei. Einmal hatte er sich einen Riesenspaß daraus gemacht, zwei Vögel zu schießen und sie ihrem Englischlehrer tot vor die Tür zu legen. Es machte ihm auch nichts aus, Tiere zu quälen. So steckte er einmal im Hauswirtschaftsunterricht zehn Nadeln in einen noch lebendigen Käfer. Für solche Späße hatte Deborah allerdings gar nichts übrig.

Ansonsten kamen sie gut miteinander aus, und Matt hörte sogar manchmal auf sie, wenn sie ihm auf ihre liebenswürdige Art die Leviten las. Matt war auch Klassensprecher und wurde von allen aus Spaß «Diktator» genannt, obwohl er eigentlich nie groß etwas machte und Deborah die Arbeit überließ, wenn es etwas zu organisieren gab.

Daniel McKelvie war aus Kanada, spielte gerne Fußball und hatte eine Leidenschaft fürs Fotografieren. In der siebten und achten Klasse war er eher unbeliebt und oft das Opfer von Hänseleien gewesen. Aber jetzt war das Schnee von gestern, ja, der «Künstler» hatte sich zu einem humorvollen Geschichtenerzähler entwickelt. Kein Auge blieb trocken, wenn er die vergangenen Patzer seiner Mitschüler wieder aufleben ließ oder die vielen Macken der Lehrer schamlos in den Mittelpunkt rückte. Einen etwas älteren Lehrer fragte er zum Beispiel mit gespielter Unschuldsmiene: «Mr. Newmarch, was ich Sie schon immer fragen wollte ... Sind Sie schon einmal einem Dinosaurier begegnet?»

Der zweite Daniel in der Klasse trug eine Brille, kam aus Deutschland und war ein äußerst gemütlicher Junge, der sich vor allem für Pflanzen, Tiere und die Natur interessierte. Sein Spitzname war «Greenpeace», weil er ständig dabei war, alle möglichen Insekten zu retten und Streit zu schlichten.

Der Kanadier Kris war der Träumer in der Klasse. Er war ein wahrer Gentleman und überaus zuvorkommend und ritterlich. Hätte Robin Hood einen Nachfolger gebraucht, so wäre Kris der erste Kandidat gewesen, der die Welt von allen Bösewichten gesäubert und wieder Friede und Gerechtigkeit geschaffen hätte. Er pflegte abwesend irgendwohin zu starren und dann unglaublich tiefgründige Gedanken zu formulieren. Ein Spruch, der es ihm angetan hatte, seit sie in Geschichte Julius Cäsar durchgenommen hatten, war der berühmte lateinische Satz: «Veni, vidi, vici», was so viel heißt wie: «Ich kam, ich sah, ich siegte.» Manchmal, wenn Kris eine seiner träumerischen Phasen hatte und seinen Blick in die Ferne schweifen ließ, zitierte er den Vers auf seine Art: «Ich kam, ich sah, ich sah ... ich sah ... ich sah.»

Sung Guk kam aus Korea und liebte Basketball und Musik. Er schlenderte oft einsam mit seinem Discman durch die Gegend und vergaß dabei die Welt um sich herum.

Sascha war Deutscher und trug ebenfalls eine Brille. Er orientierte sich stark an Matt, und was immer Matt cool fand, fand auch er cool.

Der Letzte im Bunde war Elliot aus Amerika. Elliot war alles, was man sich als Mädchen von einem Jungen erträumen konnte: Er war sportlich, verständnisvoll, hatte Sinn für Humor und war ein absoluter Gentleman. Wenn er Deborah mit seinen stahlblauen Augen ansah, wurde sie jedes Mal ein wenig verlegen und musste sich Mühe geben, um nicht rot anzulaufen. Doch niemand in der Klasse hatte dies jemals bemerkt, und Deborah fand das auch ganz gut so.

22:45 – «Möchte noch jemand Tee?», fragte Deborah und streckte die Teekanne in die Höhe.

«Danke, ich glaube, es wird Zeit für meinen Schönheitsschlaf», winkte Daniel ab.

«Den hast du auch bitter nötig», grinste Matt, doch Daniel war zu müde, sich deswegen mit ihm herumzubalgen.

«Hey, Leute, nächsten Monat predigt mein Vater in der ‹Protestant International Church› in Islamabad», wechselte Deborah das Thema. «Er meinte, die Zehnt- und Elftklässler könnten mitkommen und ein paar Lieder vortragen.»

«Ich kann nicht singen», sagte Matt.

«Ich auch nicht», schloss sich ihm Sascha an.

«Ihr könnt ja die Pausen singen.» Und als sie ihn nur ratlos anstarrten, fuhr Sung Guk kopfschüttelnd fort: «Hallo! Erde an Matt und Sascha: Pausen singen – gleich: *nicht* singen!» Dann wandte er sich Deborah zu. «Sag deinem Vater, dass wir kommen. Wann genau ist es denn?»

«Am 17. März», antwortete das Mädchen. «Aber die Elftklässler wollen schon am Samstag runterfahren. Dann haben wir ein ganzes Wochenende in Islamabad.»

«Cool», sagte Greenpeace. «Wir werden bestimmt eine Menge Spaß haben.»

Deborah nickte. «Das bezweifle ich nicht einen einzigen Augenblick.»

Leider wusste keiner von ihnen, was an diesem Tag geschehen sollte. Niemand wusste, welche tragischen Vorfälle sich anbahnten, und keiner hatte auch nur den leisesten Schimmer, dass die menschlichen Bomben bereits zu ticken begonnen hatten ...

Rawalpindi – einen Monat später, Sonntag, 17. März 2002

05:00 – «Im Namen Allahs, des Allerbarmers, des Barmherzigen.» Mit diesen Worten begann Sarfaraz die rituelle Waschung, um sich auf seinen Märtyrertod vorzubereiten. Dreimal wusch er sich die Hände und Handgelenke, dreimal spülte er den Mund aus, reinigte das Gesicht, einschließlich Stirn und Kinn, dann den rechten und linken Unterarm vom Ellbogen bis zum Handgelenk, und schließlich fuhr er sich dreimal mit den nassen Händen über sein Kopfhaar und wusch sich den rechten und dann den linken Fuß bis zu den Knöcheln.

Anschließend brachte ihm Saifi einen westlichen Anzug, und nachdem sich der Zwanzigjährige schweigend angekleidet hatte, brachte Saifi den Sprengstoff an seinem Körper an. Mit ruhiger Hand legte er die hochexplosiven Zylinderrohre in zwei Reihen übereinander und befestigte sie mit Klebeband auf Sarfaraz' Bauch. Über eine Kontaktstrecke, deren Drähte in einer Batterie mündeten, konnte die Explosion ausgelöst werden.

Dann befestigte Saifi ein Dutzend russischer Handgranaten an Sarfaraz' Gürtel und versteckte alles fein säuberlich unter dessen schwarzem Hemd. Er fragte ihn, ob er noch einen letzten Wunsch hätte, bevor sie aufbrachen, aber Sarfaraz verneinte abwesend. Er wirkte ruhig, doch sein Blick war gläsern, vielleicht wegen der intensiven geistlichen Übungen, die er in der Nacht vollzogen hatte, um sich auf die Bedeutung seiner Tat zu besinnen. Am Abend hatte er mit Saifi über gemeinsame Freunde und Märtyrer geredet, denen sie im Krieg in Afghanistan begegnet waren. Danach hatte Saifi sich für ein paar Stunden aufs Ohr gelegt, während Sarfaraz die ganze Nacht gebetet hatte. Um vier Uhr in der Früh waren sie aufgestanden, um die letzten Vorbereitungen für den großen Tag zu treffen. Kurz nach fünf Uhr brachen sie auf.

Es war wenig Verkehr auf der Straße. Saifi begleitete Sarfaraz bis zur Busstation, und kurz bevor der junge Märtyrer den Bus bestieg, der ihn nach Islamabad bringen sollte, hielt Saifi ihn am Arm fest und blickte ihm ein letztes Mal in die Augen.

«Allah sei mit dir», verabschiedete er sich, «Allah schenke dir Erfolg, auf dass du das Paradies erlangst.»

«So Allah will», antwortete Sarfaraz leise, «wir sehen uns im Paradies.» Er löste sich aus Saifis Griff, stieg in den Bus ein und nahm auf der hintersten Bank neben einem alten Mann Platz. Ein paar Minuten später setzte sich der Bus schwerfällig in Bewegung.

Als die Sonne am Horizont aufging und die Landschaft mit ihren Strahlen zu kitzeln begann, wusste Sarfaraz, dass er nicht mehr lange leben würde. Und auf einmal spürte er, wie seine Knie weich wurden.

Islamabad – am selben Tag

09:15 – «Aaron, hast du dich schon umgezogen?»

«Ja, Mom!»

«Hast du den Computer schon ausgeschaltet?»

«Ich bin dabei, Dad!»

«Beeil dich bitte, wir sind spät dran.»

«Ich hab ein neues Laser-Schwert kreiert. Willst du es sehen?»

«Nach dem Gottesdienst, Aaron. Wir müssen jetzt wirklich gehen!»

«Na schön, dann eben nicht. Aber es ist wirklich superstark, Dad. Ich könnte es an die Filmemacher von ‹Star Wars› verkaufen.»

«Aaron! Wir warten nur noch auf dich!»

«Ich komm ja schon.»

Schweren Herzens löste sich der Zwölfjährige vom Computer im Souterrain und stürmte die Treppe hoch ins Erdgeschoss. Seine ältere Schwester Anita und seine Eltern Diane und Dennis warteten bereits ungeduldig beim Auto.

«Na, Brüderchen, hältst du es zwei Stunden ohne Computer aus, oder kriegst du während der Sonntagsschule wieder Entzugserscheinungen?»

«Das verstehst du eben nicht», meinte Aaron genervt, während er sich neben sie auf den hinteren Sitz pflanzte und die Augen verdrehte. «Du weißt ja nicht mal, was ein Jedi-Ritter ist.»

«Natürlich weiß ich das», konterte Anita, ganz die große Schwester, «dafür weißt du nicht mal, was ein Fußball ist.»

«Ha-ha», machte ihr Bruder und drehte elegant den Kopf auf die andere Seite. «Du spielst ja auch nicht Fußball.»

«Dafür kann ich meine Freunde anfassen, während du von einem andern Planeten kommst.»

«Anita, Aaron, hört auf, euch zu zanken!»

«*Sie* hat angefangen!»

«Er wird immer gleich sauer!»

«Ruhe, alle beide!» Diesmal war es der Vater. «Eure Mutter und ich leiten heute die Anbetungszeit, und es wäre wirklich nett, wenn wir die Kirche erreichen, ohne euretwegen schon völlig entnervt zu sein.» Das wirkte, und die Kinder schwiegen für den Rest der Fahrt.

Rawalpindi – fünf Minuten später

09:20 – Nachdem Saifi Sarfaraz in den öffentlichen Bus nach Islamabad gesetzt hatte, nahm er selbst einen Bus nach Lahore. Er schaltete sein Taschenradio auf Empfang, um in aller Ruhe auf die Nachricht zu warten, die er in wenigen Stunden zu hören hoffte. Er wusste, dass Sarfaraz erfolgreich sein würde. Deswegen hatte er ihn angeheuert. Und damit der größtmögliche Schaden entstehen würde, hatte er nebst Sarfaraz einen zweiten Attentäter mit dieser heiligen Mission beauftragt. Es war Badar. Er würde Sarfaraz kurz vor dem Zielobjekt treffen und die rechte Flanke übernehmen. Seine Aufgabe war es, möglichst viele Granaten in die Menge zu werfen und sich dann unbemerkt aus dem Staub zu machen. Saifi stellte sich das Chaos bereits vor, und ein Lächeln huschte über sein Gesicht. Niemand würde jetzt die Mission noch aufhalten können.

Der Terror hatte begonnen, und Allah war mit ihnen.

Islamabad – zehn Minuten später

09:30 – Badar saß zusammen mit Kamran in einem Straßencafé in Islamabad und rauchte bereits die vierte Zigarette. Er war angespannt. Das Haar hatte er sich mit Gel zurückgekämmt, den Bart rasiert, und die Granaten trug er gut versteckt unter seiner westlichen Kleidung an einem Gürtel befestigt. Kamran hatte dem Neunzehnjährigen geholfen, sich an diesem Morgen auf seine Heldentat vorzubereiten, und hatte ihn sogar in die Stadt begleitet, wo sie früher als berechnet eintrafen und deshalb noch Zeit für einen Kaffee hatten.

Kamran und Badar verstanden sich ausgezeichnet. Seit ihrer ersten Begegnung vor vier Monaten war eine tiefe Freundschaft zwischen ihnen entstanden, und sie versuchten deshalb, wann immer es ging, Aufträge gemeinsam zu erledigen. So sah es auch Kamran als seine Pflicht an, seinen Freund so weit zu begleiten, wie es eben möglich war.

Badar kam aus einer extrem armen und kinderreichen Familie. Seine Eltern hatten ihn im Alter von vierzehn Jahren einer militanten Organisation übergeben, weil sie dann ein Maul weniger zu stopfen hatten. Badar trug immer ein Familienfoto mit sich herum, und wenn er glaubte, niemand würde ihn beobachten, holte er das abgegriffene Schwarzweiß-Bild unter dem Hemd hervor und strich darüber, als wäre es ein kostbarer Schatz. Die Prozedur dauerte meistens mehrere Minuten, bevor er ein paar unverständliche Worte murmelte, das Bild küsste und wieder unter seinem gemusterten Salwar Kameez verschwinden ließ. Kamran hatte ihn ein paar Mal dabei beobachtet, ihn aber nie darauf angesprochen.

Badar war irgendwie anders als die andern, ein wenig schüchtern und blass, aber mit einem unglaublichen Durchhaltevermögen und einem unerschütterlichen Glauben ausgestattet. Er war es, der an Lagerfeuern uralte Heldensagen zum Besten gab und sich derart mit den Helden identifizierte, dass ihn die Geschichten jedes Mal selbst neu beflügelten. Kamran erinnerte sich an jede einzelne der Sagen, denn Badar erzählte sie mit einer Lebendigkeit, die keinen Zweifel an der Echtheit der doch eher fantastischen Begebenheiten zuließ. Die Geschichte, die Kamran am meisten beeindruckte, war die von den glimmenden Füßen. Sie sei am 9. Dezember 1999 über Funk vom Lager unterhalb des 8611 Meter hohen Berges K2 durchgegeben worden, so berichtete Badar.

«Es war in einer stockdunklen Nacht in Kaschmir», sagte er. «Drei Mudschaheddin kämpften sich ihren Weg durch dichte Wälder hindurch, als plötzlich die Füße des vordersten Mannes zu leuchten begannen wie eine Laterne. Als der Hinterhergehende die Schuhe des Ersten berührte, begannen seine Hände zu leuchten. Und dann sprang das Licht auch auf den Dritten über und wurde stärker. Sie versuchten, ihre Schuhe mit Gras zu bedecken, da begann auch das Gras auf wundersame Art zu glimmen, als wäre es mit Leuchtfarbe in Kontakt gekommen. Das Leuchten hielt so lange an, bis die Kämpfer ihren Weg durch die Dunkelheit gefunden hatten. Wer zu Allah gehört, dem schenkt er den Sieg. Allah wird uns immer den Sieg schenken, solange wir seine Gebote beachten.»

Das war Badars feste Überzeugung, und daran klammerte er sich fest. Trotzdem war er am heutigen Morgen unglaublich aufgeregt und paffte eine Zigarette nach der andern, obwohl er sonst nur selten rauchte.

«Danke, dass du mich begleitet hast», murmelte er, während er den Espresso mit einem Schluck hinunterkippte. «Ich bin schrecklich nervös. Du hast ja keine Ahnung, *wie* nervös ich bin.»

«Entspann dich, Badar», sagte Kamran und nippte an seinem Kaffee. «Es wird alles gut gehen. In zehn Minuten brichst du von hier auf, in einer halben Stunde triffst du auf Sarfaraz, und dann kann euch nichts und niemand mehr aufhalten.»

«Und wenn doch etwas schief geht?»

«Nichts wird schief gehen. Du gehst rein, wirfst die Granaten und kommst wieder raus.»

«Ich weiß nicht, ob ich das kann», sagte Badar.

«Granaten werfen? Du warst in Afghanistan, mein Freund.»

«Das hier ist anders.»

«Hast du Angst?»

«Nein ... es ist nur ...»

«Was, Badar?»

«Tue ich das Richtige, Kamran?»

Kamran stutzte. Badar hatte noch nie an irgendetwas gezweifelt, was mit dem Dschihad zu tun hatte.

«Natürlich tust du das Richtige. Du weißt, dass du das Richtige tust.»

«Kamran», sagte Badar und sah seinen Freund eindringlich an. «Du kennst mich. Ich habe keine Angst zu töten, ich habe auch keine Angst zu sterben, wenn es Allahs Wille ist. Aber ich habe Angst ...» Er brach mitten im Satz ab und schluckte.

«Wovor?», fragte Kamran. «Wovor hast du Angst?»

«Davor, den Tod unschuldiger Menschen zu verursachen», gestand Badar leise.

Kamran schüttelte verständnislos den Kopf. «Es geht hier nicht um unschuldige Menschen», meinte er bestimmt.

«Es sind Zivilisten, die ich angreifen werde», flüsterte Badar. «Zivilisten, verstehst du?» Er beugte sich weiter über das kleine runde Tischchen, damit das Gespräch von niemandem belauscht werden konnte. «Ich ... ich weiß einfach nicht, ob sich das mit dem Koran vereinbaren lässt.»

«Du bist nervös, Badar, das ist alles», versuchte ihn Kamran zu beruhigen. «Saifi weiß, was er tut. Wir rächen uns an den Amerikanern für ihren Angriff auf Afghanistan.»

«Ich bezweifle, dass die Leute, die heute sterben werden, etwas damit zu tun hatten.»

«Die einhundertfünfzig betenden Muslime, die in der Moschee in Khost bei dem Bombenangriff der Amerikaner ums Leben kamen, hatten auch nichts damit zu tun!», ereiferte sich Kamran. «Hasst du diese Schweine nicht für das, was sie unseren Brüdern in Afghanistan angetan haben?»

«Doch», murmelte Badar, «das tue ich.»

«Dann konzentriere dich, mein Freund. Hier geht es

um mehr als ein paar Zivilisten. Es geht um Gerechtigkeit! Bei jeder Granate, die du ihnen vor die Füße wirfst, denk an Afghanistan. Es geht um Vergeltung.»

Badar nickte. «Vergeltung», wiederholte er und atmete tief durch. «Du hast Recht. Sie haben nichts anderes verdient. Es tut mir leid, dass ich für einen Moment gezweifelt habe.» Er warf einen Blick auf seine Armbanduhr. «Ich glaube, ich sollte jetzt aufbrechen.»

Sie bezahlten und gingen zur nächsten Bushaltestelle.

«Sag Sarfaraz, dass wir alle stolz auf ihn sind.»

«Ich werde es ihm sagen», versprach Badar, und er kämpfte sichtbar gegen seine Gefühle an, als Sarfaraz' Name fiel. «Wir sehen uns heute Abend, so Allah will.»

«So Allah will», sagte Kamran und umarmte seinen Freund, bevor er den Bus bestieg. «Du tust das Richtige, vergiss das nicht.»

«Ich tue das Richtige», murmelte Badar. Kamran wartete, bis der Bus außer Sichtweite war. Dann spazierte er in der entgegengesetzten Richtung davon.

10:00 – Die Protestant International Church in Islamabad befand sich in einem Diplomatenviertel, nur wenige Häuserblocks von der amerikanischen und chinesischen Botschaft entfernt. Nach dem 11. September hatten viele Geschäfte und diplomatische Missionen ihre Arbeiter aus Pakistan zurückgezogen, und die Kirche, deren Besucher vorwiegend Diplomaten, Lehrer, Repräsentanten nichtstaatlicher Organisationen und Geschäftsleute waren, schrumpfte von zweihundert Mitgliedern auf gut die Hälfte. Trotzdem wurden die Gottesdienste nach wie vor auf Englisch abgehalten und in Koreanisch, Urdu und zwei afghanische Dialekte übersetzt.

Pünktlich um zehn begann die Versammlung, und

weil Aarons Eltern sie leiteten, saßen sie nicht auf ihren Stammplätzen in der vierthintersten Reihe, sondern vorne neben dem Altar. Diane spielte Klavier, und Dennis führte die Gemeinde durchs Programm. Diane wunderte sich, warum ausgerechnet heute so wenig eigene Leute zum Gottesdienst gekommen waren. Ungefähr achtzig Leute zählte die Kongregation, doch Diane vermisste mindestens fünfzehn treue Kirchgänger, Leute, die sonst nie fehlten. Dafür entdeckte sie andere, die sich nur selten blicken ließen. Auf ihren Stammplätzen saßen die Frau eines amerikanischen Diplomaten und ihre siebzehnjährige Tochter. Auch die Frau eines japanischen Diplomaten war zugegen sowie Besucher aus Deutschland, Großbritannien, Kanada, Äthiopien, Afghanistan, aus dem Iran und dem Irak und aus der Schweiz.

Sie begannen den Gottesdienst mit ein paar alten Chorussen, deren Text auf dem farbigen Programmblättchen abgedruckt war. Diane begleitete die Gemeinde auf dem Klavier, während Dennis vor dem Altar stand und Rhythmus und Geschwindigkeit angab.

10:30 – Kurz vor der Predigt wurden die Sonntagsschüler gebeten, ins Kellergeschoss zu gehen, wo sie wie jeden Sonntag eine biblische Geschichte hören durften. Auch Aaron und seine Schwester folgten der Kinderschar ins untere Geschoss, doch schon auf der Treppe war der Junge in Gedanken bei seinen virtuellen Schwertern und studierte an einem neuen Knauf herum, den er heute nach dem Frühstück im Computer seines Vaters entwickelt hatte. Sein Vater war im Medienbereich tätig und arbeitete oft zu Hause an neuen Filmprojekten. Aaron war das nur allzu recht. So hatte er Zugang zu Vaters Spitzencomputer und konnte darauf seine eigenen Videoclips entwickeln.

Für sein Alter hatte Aaron ganz schön was auf dem Kasten. Er war ein begeisterter Fan von «Der Herr der Ringe» und «Star Wars». Früher hatte er sämtliche Hauptfiguren aus «Herr der Ringe» bis ins winzigste Detail in Knetmasse nachgeformt, und heute saß er stundenlang vor dem Computer und kreierte neue Schwerter, Kampfkleidung und Utensilien für «Star Wars», dreidimensional wohlverstanden.

Aaron war ein kleines Genie, und wie jedes Genie war auch er ein etwas merkwürdiger Kauz, der sich lieber in seiner Computerwelt verkroch, als mit anderen Jungs in seinem Alter Videogames zu spielen oder gar Sport zu treiben.

Anita meinte immer spöttisch: «Du siehst erbärmlich aus, Brüderchen – blass, spindeldürr, schlaksig, mit einer dicken Brille und Zahnspange. So wirst du nie ein Mädchen finden.»

Und Aaron entgegnete jedes Mal verständnislos: «Wer sagt denn, dass ich eins finden will?»

Nein, er hatte wirklich nicht die Absicht, irgendjemanden zu beeindrucken, Mädchen schon gar nicht. Die waren seiner Meinung nach völlig überflüssig, seine Schwester allen voran. Aber am meisten ärgerte er sich, wenn fremde Leute behaupteten, er würde wie Harry Potter aussehen. Nicht, dass er die verblüffende Ähnlichkeit leugnete, doch irgendwann konnte er den Vergleich einfach nicht mehr hören.

10:50 – Ein lauter Knall riss Aaron aus seiner Gedankenwelt. Anita sah ihn erschrocken an.

«Was war das?»

«Keine Ahnung, es kam von oben.»

Ein weiterer Knall ertönte, dann noch einer. Gleichzeitig waren Schreie und das Splittern von Glas zu hören.

«Mein Gott, was geht hier vor?»

Die Kinder warfen der Sonntagsschullehrerin fassungslose Blicke zu, als müsste sie wissen, was der ohrenbetäubende Lärm zu bedeuten hatte. Doch sie war genauso verwirrt, wenn nicht noch mehr.

«Kinder, bleibt hier unten. Ich werde nachsehen, was da oben los ist», sagte sie, «Anita, pass bitte auf die Kids auf. Rührt euch bloß nicht von der Stelle, ja?» Mit diesen Worten stürmte sie zur Tür hinaus und war sogleich verschwunden.

Die Kinder verharrten ein paar Sekunden in entsetztem Schweigen, bis es wieder krachte, diesmal so laut, dass sie meinten, ihr Trommelfell müsste platzen. Die kleineren begannen zu weinen. Anita tauschte ein paar Blicke mit ihrem Bruder, der sie durch seine dicken Brillengläser bloß anstarrte, als befürchtete er das Schlimmste. Dann drehte er sich kurz entschlossen um, und ehe ihn seine Schwester zurückhalten konnte, begann er zu laufen.

«Aaron, bleib hier! Aaron!»

Doch der Zwölfjährige hörte nicht auf sie.

10:51 – Nur ein Gedanke ging ihm durch den Kopf: Seine Eltern waren da oben! Was auch immer passiert war, er musste sich vergewissern, dass seine Eltern in Ordnung waren.

Weißer Qualm kam ihm entgegen, als er die Treppe ins Erdgeschoss hochspurtete. Es roch verbrannt, und überall hörte er Rufe, Stöhnen und Wimmern. Ihm wurde speiübel, als er Blut auf dem Boden entdeckte. Die Flügeltür zum Versammlungsraum war offen, und

Aaron sah Menschen auf dem Boden liegen. Es war ein so schrecklicher Anblick, wie er ihn nur von Actionfilmen kannte. Doch das hier war Wirklichkeit! Die Menschen waren echt, das Blut war echt, die Verletzten waren wirklich verletzt. Ein fürchterlicher Gedanke raubte ihm fast die Besinnung: Was, wenn seine Eltern …

«Mom? Dad?» Seine Lippen bebten, als er so laut wie möglich nach seinen Eltern rief. Allein die Vorstellung, dass ihnen etwas zugestoßen sein könnte, ließ ihn innerlich erzittern.

«Mom? Dad?!» Er krächzte die Worte geradezu, während er sich durch den Schutt und die Verletzten einen Weg nach vorne bahnte, dorthin, wo er seine Eltern zum letzten Mal gesehen hatte.

«Gott, mach, dass sie am Leben sind!», betete er leise vor sich hin. «Bitte mach, dass sie am Leben sind!»

Er trat in eine Scherbe und dann auf ein scharfes Metallstück, das wohl von einem Stuhlbein stammte. Gleich daneben lag eine blutüberströmte junge Frau, die so röchelte, dass es Aaron angst und bange wurde. Die Fenster der Kirche waren zerstört, die farbigen Programmblättchen segelten durch die Luft und verloren sich zwischen Trümmern und Glas. Die Seitenwände bis hin zur zehn Meter hohen Decke waren mit Blut befleckt. Der Kronleuchter hing schief in der Verankerung und schaukelte gefährlich hin und her. Aaron entdeckte etwas Zerfetztes, Blutbeschmiertes daran, von dem er lieber nicht wissen wollte, was es war. Ein bisschen weiter vorne, nur wenige Meter vor dem Altar, lag etwas, das aussah wie ein Körper – oder was davon übrig geblieben war. Aaron schluckte und wandte angeekelt den Blick ab. Auf dem Altar stand ein Messingkreuz, und auch daran klebte Blut.

10:52 – Wo der Junge auch hinblickte, überall sah er sich einer grauenvollen Realität gegenübergestellt, die für den Zwölfjährigen nicht zu ertragen war und ihm die Kehle zuschnürte. Aus allen Ecken hörte er laute und murmelnde Gebete, die sich mit dem Stöhnen und Weinen der Verletzten mischten. Verzweifelt hielt er Ausschau nach seinen Eltern, doch außer dem Klavier auf der rechten Seite des Altars war nichts übrig geblieben, und von seinen Eltern fehlte jede Spur. Langsam glaubte Aaron, den Boden unter den Füßen zu verlieren. In diesem Moment schrie dort, wo vorher der Mittelgang gewesen war, jemand entsetzt auf.

«Eine Granate! Hier liegt noch eine Granate! Um Himmels willen! Geht in Deckung, sie könnte jeden Moment hochgehen!»

Die Leute, die sich eben erst vom Boden aufgerappelt hatten, kreischten auf, legten schützend die Hände über den Kopf und versuchten, sich so rasch wie möglich in Sicherheit zu bringen. Doch es gab nichts, wo sie sich hätten verstecken können, nicht einmal mehr Stühle. Die lagen in messerscharfe Einzelteile zersplittert auf dem Boden und hatten bei der Explosion jedem, der in der Nähe war, tiefe Schnittwunden ins Fleisch gerissen. Aaron fühlte, wie ihm schwindlig wurde.

«Mom? Dad?! Seid ihr da?!!»

Jemand wirbelte ihn herum. Es war eine stämmige Schwarze, die mit Aarons Familie befreundet war. Blut rann ihr übers Gesicht.

«Aaron, geh weg hier! Die Granate!»

«Hast du meine Eltern gesehen?»

«Geh in Deckung, um Gottes willen!» Sie schob ihn mit ihrem ganzen Körpergewicht in Richtung Eingang zurück.

«Ich muss zu meinen Eltern!», schrie Aaron. «Wo sind sie?!»

«Ich weiß es nicht.»

«Aber ich muss sie finden!»

«Keine Angst, wir werden sie finden. Aber jetzt mach, dass du hier rauskommst.»

Aaron stiegen die Tränen in die Augen. Panik ergriff ihn. «Wo sind sie? Hast du sie gesehen? Bitte sag mir, wo meine Eltern sind!»

10:53 – Die dicke Frau zog ihn mit sich hinaus in den Gang, und dann fand er ihn. Er lag zusammen mit anderen Verletzten auf dem Boden, und das Erste, was Aaron sah, war eine Menge Blut. Er glaubte, ihm würde das Herz stillstehen.

«Dad!»

«Aaron!»

Der Junge stürzte sich zu seinem Vater und kniete sich neben ihn. «Dad, bist du okay?» Er schnappte nach Luft wie ein Fisch auf dem Trockenen, und ohne es zu wollen, begann er zu weinen. «Ich ... ich hab geglaubt, ihr wärt tot! Ich hab geglaubt, ihr wärt tot ... Wo ist Mom?»

«Sie ist am Leben, mein Sohn. Das Klavier hat sie vor der Explosion geschützt.»

«Wo ist sie?»

«Sie ist in der Toilette, um sich das Blut aus dem Gesicht und aus den Augen zu waschen. Sie wird gleich hier sein.»

«Und du? Wirst du ... wirst du es schaffen, Dad?»

Der Vater hielt Aarons Hand fest. Tränen standen in seinen Augen. «Ja, ich werde es schaffen, Aaron. Es ist nur mein Bein und die Schulter. Ich hab ein paar Splitter abgekriegt.»

«Tut es sehr weh?»

«Als es passierte, hab ich nur Gott gelobt, dass ich am

Leben war», antwortete der Vater einfach. «Eine der Granaten explodierte fast unmittelbar neben mir. Ich müsste tot sein, verstehst du? Gott hat mein Leben verschont.» Er lächelte schwach, doch Aaron sah, dass er höllische Schmerzen ausstand. «Ist Anita in Ordnung?», fragte sein Dad.

«Sie ist unten bei den Kindern geblieben», erklärte Aaron und wischte sich die Tränen aus dem Gesicht. «Wir haben nur einen Riesenkrach gehört, und dann bin ich hochgerannt, um euch zu suchen. Was ist denn eigentlich passiert?»

«Es waren zwei junge Männer, so um die zwanzig», sagte der Vater. «Deine Mutter und ich saßen in der vordersten Reihe, gleich neben dem Klavier. Mitten in der Predigt hörten wir hinten beim linken Eingang einen lauten Knall. Wir drehten uns um, und da sahen wir sie. Der eine warf drei Granaten in den linken Flügel, der andere stand in der rechten Tür und begann, die Leute auf der rechten Seite mit Granaten zu bewerfen. Deine Mutter hechtete geistesgegenwärtig Richtung Klavier. Und ich saß wie versteinert da, als drei Granaten genau in meine Richtung flogen. Sie blieben auf unserer Seite des Saales liegen, eine davon keinen Meter von mir entfernt. Ich sprang auf und stürmte ebenfalls aufs Klavier zu. Und dann rissen mich die ersten zwei Explosionen zu Boden. Ich spürte einen stechenden Schmerz in meinem Bein. Deine Mom war ebenfalls von einigen Splittern getroffen worden, bevor wir uns hinters Klavier retten konnten.»

«Und die Männer?»

«Der eine war plötzlich verschwunden. Und der andere ... er ist in Richtung Altar gerannt und hat sich in die Luft gejagt.»

Aaron erinnerte sich an den Körper, den er vor dem Altar gesehen hatte, und an das blutverschmierte Kreuz.

«Ich glaube, ich hab seinen Körper gesehen», sagte er angewidert, «sein Blut ist bis zum Messingkreuz gespritzt.»

«Wenn er doch verstanden hätte, was Jesus am Kreuz für ihn getan hat», bemerkte Dennis leise und presste die Lippen aufeinander. «Wenn er doch verstanden hätte, dass Jesus sein Blut *auch für ihn* vergossen hat. Dann würde sein Blut jetzt nicht an diesem Kreuz kleben. Wenn er doch verstanden hätte ...» Er schloss die Augen und verzog das Gesicht vor Schmerzen.

10:54 – Aaron schluckte besorgt. «Dad, du brauchst einen Arzt!»

«Ein Krankenwagen ist bereits unterwegs», beruhigte ihn der Vater. «Als wir hinter dem Klavier am Boden lagen, hab ich per Handy die amerikanische Botschaft verständigt. In ein paar Minuten sind sie hier. Also mach dir keine Sorgen um mich.»

«Und Mom? Ist sie schlimm verletzt?»

Der Vater verneinte. «Wir haben zwar beide stark geblutet, als wir von den fliegenden Trümmern getroffen wurden, aber es ist Gott sei Dank nichts Lebensgefährliches. Weißt du, Aaron, es ist ein Wunder, dass wir leben. Gott hat seine Hand über uns gehalten. Die Granate war so nah an uns dran. Doch er hat nicht zugelassen, dass sie uns tötet.»

Er presste erneut ein Lächeln hervor, obwohl es ihm äußerst schwer fiel. «Das Einzige, was wir tun konnten, während wir am Boden hinter dem Klavier lagen, war, Gott laut zu loben, dass wir noch am Leben sind. Es ist ein Wunder, dass uns nicht mehr passiert ist. Ich kann es nicht anders erklären. Es ist ein Wunder, Aaron.»

In diesem Moment spürte der Junge eine Hand auf seiner Schulter, und als er sich umdrehte, war es seine

Mutter. Augenblicklich sprang Aaron auf und schlang seine dünnen Arme um sie. Dann begann er wieder zu weinen, während er sie einfach festhielt, als wollte er sie nie mehr loslassen.

10:55 – «Mom! Dad!» Anita kam durch den Mittelgang gestürmt und fiel ihrer Mutter in die Arme. Sie versuchte tapfer zu sein, als sie die blutenden Striemen im Gesicht ihrer Mutter und das blutgetränkte Hosenbein ihres Vaters sah, doch dann liefen auch ihr die Tränen über die Wangen.

«Ich hab die Explosionen gehört», wimmerte sie mit stockender Stimme. «Es war furchtbar. Ich hatte solche Angst, dass euch etwas passiert ist. Wie schlimm ist es denn?»

«Mach dir keine Sorgen, Schatz», beruhigte sie Diane und küsste ihre Tochter liebevoll auf die Stirn. «Es wird alles gut werden.»

«Was ist geschehen?»

«Es waren Selbstmordattentäter», berichtete die Mutter. «Sie haben bestimmt neun Granaten in die Kirche geworfen, bevor sich der eine dann selbst in die Luft sprengte.»

«Gibt es ... gibt es Tote?»

«Ich weiß es nicht. Es ... es ist möglich.»

«Warum haben sie das getan, Mom?» Sie wischte sich mit dem Handrücken über die feuchten Augen, aber es nützte nicht viel. Ihre Mundwinkel vibrierten, und Empörung schwang in ihrer Stimme mit. «Warum haben sie das getan?»

«Gott hat es zugelassen», antwortete Dennis leise.

Anita sank in die Knie und betrachtete ihren Vater besorgt. «Sieh doch, was sie dir angetan haben, Dad. Wie kann ein Mensch so etwas Schreckliches tun?»

Ihr Vater sah sie liebevoll an. «Weißt du, worüber die heutige Predigt war? Über Psalm 103. Weißt du, was da steht? *Er bewahrt mich vor dem sicheren Tod und schenkt mir das Leben neu.* Und weißt du, was da noch steht? *Er vergibt mir meine ganze Schuld.*»

Dennis fasste die Hand seiner Tochter und blickte sie eindringlich an. «Wir wussten nicht, was heute passieren würde, Anita, niemand von uns. Aber Gott wusste es. Und weißt du, welches Thema er sich für diesen Gottesdienst ausgesucht hat? Vergebung.»

Seine Augen füllten sich mit Tränen. «Verstehst du, mein Liebes? Gott möchte, dass wir ihnen vergeben. So wie Jesus es tat, als er am Kreuz hing und sagte: Vergib ihnen, denn sie wissen nicht, was sie tun. Und wer auch immer hinter diesem Attentat steckt: Sie wissen nicht, was sie tun.» Ein starker Schmerz durchfuhr seinen Körper, doch er biss die Zähne aufeinander und zog seine Tochter ganz dicht zu sich heran.

«Das ist es, was wir als Christen tun sollen», flüsterte er ihr zu. «Wir sollen vergeben, sogar unseren ärgsten Feinden.»

«Ich weiß aber nicht, ob ich das will, Dad», gestand Anita, und eine Träne kullerte ihr über die Wange und tropfte auf das blutverschmierte Hemd ihres Vaters.

Dennis schluckte und kämpfte sichtbar gegen die Schmerzen in seinem Bein und in der Schulter. «Es ist schwierig», gab er ihr Recht, ohne sie loszulassen, «aber du musst es versuchen, Anita. Versprich mir, dass du es versuchst.»

Sie nickte schwach. «Ich ... ich werd's versuchen, Dad. Und du kommst wieder auf die Beine, okay?»

«Versprochen», lächelte der Vater schwach, und da lächelte Anita auch.

20:00 – «Darf ich reinkommen?»

«Die Tür ist offen.» Deborah war übers Wochenende zu Hause bei ihren Eltern, die während des Neuanfangs in Pakistan in einem kleinen Haus in der Nähe von Murree wohnten, das ihre Missionsgesellschaft ihnen zur Verfügung gestellt hatte. Die Sechzehnjährige hockte im Schneidersitz auf ihrem Bett und starrte trübsinnig vor sich hin. Ihr Vater kam ins Zimmer, blieb eine Weile stehen und setzte sich dann neben sie. Lange sagte keiner ein Wort. Sie saßen einfach nur schweigend da und ertrugen die Trauer über das Vorgefallene gemeinsam. Vierzig Menschen waren bei dem Anschlag verletzt und fünf getötet worden, darunter die Frau eines amerikanischen Diplomaten und ihre siebzehnjährige Tochter. Deborah hatte sie gekannt.

«Sie war nur etwa ein Jahr älter als ich», brach Deborah schließlich die Stille. «Es hätte mich treffen können, Dad.»

«Es hätte jeden von uns treffen können», sagte Eddy. «Ich hatte nicht mal einen konkreten Grund, die Predigt abzusagen. Ich hab den Termin abgesagt. Einfach so.»

Das war vor ungefähr zwei Wochen gewesen. Und weil Deborahs Vater seinen Predigtdienst in der Protestant International Church abgesagt hatte, waren auch die Neunt- und Zehntklässler nicht nach Islamabad gefahren, sondern im Internat geblieben. Als sie die Nachricht des Attentats erreichte, waren sie zutiefst schockiert. Viele Missionare, die in Islamabad arbeiteten, besuchten diese Kirche, und Deborah kannte die meisten von ihnen. Einige waren im Schulvorstand der Murree Christian School.

«Ich hab mit Dennis gesprochen», berichtete ihr Vater. «Er und Diane werden über Nacht im Krankenhaus bleiben. Dennis wird wohl eine Weile das Bett hüten. Und Diane muss ihren gebrochenen Finger operieren lassen. Aber ansonsten sind sie okay, und Aaron und Anita sind mit einem Schock davongekommen.» Er machte eine Pause, um das, was er sagte, erst mal selbst zu verarbeiten.

Deborah hörte ihm nur schweigend zu. Sie konnte das alles noch nicht richtig begreifen. Es war die eine Sache, von solchen Attentaten im Radio zu hören oder in der Zeitung zu lesen. Doch es war etwas anderes, wenn man die Menschen kannte, die betroffen waren.

«Dennis meinte, es wäre ein Wunder, dass sie überhaupt noch lebten», erzählte Eddy. Viele hätten laut zu beten begonnen, als die erste Granate explodierte. Sie lagen auf dem Boden, die Hände über dem Kopf, und beteten. Und als ein paar von ihnen aufsahen, lag eine Granate unmittelbar vor ihrer Nase. Sie war scharf, doch sie ging nicht hoch. Eine andere flog einer 81-jährigen Lehrerin aus Chicago direkt vor die Füße. Doch nichts passierte. Die dritte blieb unter dem Kopf einer Verletzten liegen, und erst als die Sanitäter die Frau hochhoben, sahen sie die Granate. Doch sie explodierte nicht. Einfach so.»

Der Vater rutschte etwas näher zu seiner Tochter, die nach wie vor einen imaginären Punkt auf ihrem Bettüberwurf fixierte. «Deborah, ich muss mit dir über etwas reden, worüber ich noch nie gesprochen habe.»

Das Mädchen strich sich eine Haarsträhne aus dem Gesicht und drehte ihm verwundert den Kopf zu. «Worüber?»

Er zögerte und atmete tief durch. «Es geht um uns und unsere Zukunft hier in Pakistan.»

Deborah zuckte kaum merklich zusammen. Ein schrecklicher Gedanke schoss ihr durch den Kopf. «Heißt das, wir müssen zurück nach Deutschland?»

Eddy verneinte. «Nein, das müssen wir nicht. Darum geht es nicht, mein Liebes.» Er seufzte, als würde es ihm schwerfallen, das Thema aufzugreifen. «Es geht um mich, Deborah. Es geht darum, was mir hier in Pakistan zustoßen könnte.»

Deborahs Herz begann automatisch höher zu schlagen. «Was willst du damit sagen, Dad? Was sollte dir denn zustoßen?»

«Ich will ehrlich zu dir sein», sagte ihr Vater. «Das Attentat auf unsere Glaubensgeschwister gibt mir zu denken, Deborah. Wir leben in einem muslimischen Land. Die Lage spitzt sich seit dem 11. September ständig zu. Und seit Amerika letzten Oktober Afghanistan angegriffen hat, scheint sich der Hass gegen die Christen verstärkt zu haben. In den Augen einiger radikal-islamischer Gruppierungen tragen wir wohl die Verantwortung für jeden einzelnen Muslim, der in Afghanistan ums Leben kam.»

«Das ist doch absurd», wandte Deborah ein. «Wer sagt, dass wir überhaupt mit dem Angriff einverstanden waren? Bush hat uns nicht um unsere Meinung gefragt. Und jetzt sollen wir dafür bezahlen? Was haben wir Christen damit zu tun?»

«Jeder definiert das Wort Christ nun mal auf seine Weise. Für die Muslime ist jeder, der im Westen lebt, ein Christ.»

«So ein Blödsinn. Es geht um eine Beziehung zu Jesus und nicht darum, wo ich geboren bin oder wo ich lebe. Ich kann in Amerika geboren sein und Buddhist sein, Atheist oder auch Muslim.»

«Das ist richtig», bestätigte ihr Vater. «Trotzdem ändert es nichts an ihrer Einstellung dem Westen und vor allem Amerika gegenüber. Für sie sind und bleiben wir ‹Ungläubige›, die bekämpft werden müssen, wie es ihnen Mohammed gebot. Wir müssen den Tatsachen ins Auge sehen. Wir leben in einem gefährlichen Land zu einer gefährlichen Zeit.»

«Das weiß ich», murmelte Deborah. «Aber Gott hat uns hierher gebracht. Das hast du immer gesagt, Papa. Und ich weiß, dass es so ist.»

«Ja», nickte der Vater, und ein Lächeln huschte über sein angespanntes Gesicht. «Gott hat uns ein Brennen für Pakistan ins Herz gelegt. Ich liebe dieses Land, deine Mutter liebt dieses Land, und ich weiß, das tust auch du. Und wo immer ich hingehe und von Gott rede, spüre ich dieses Brennen in mir, weißt du, dieses Verlangen, den Menschen Gottes Liebe zu bringen. Ich kann es nicht erklären. Aber es ist so, und das würde ich gegen nichts in der Welt tauschen.»

«Du bist ein guter Prediger», bestätigte Deborah. Und das war er wirklich. Deborah liebte es, ihrem Vater beim Predigen zuzuhören. Sie liebte es überhaupt, ihm zuzuhören, nicht nur beim Predigen. Wann immer sie eine Frage oder ein Problem hatte, nahm sich ihr Vater Zeit für sie. Das war echt toll. Alle drei bis vier Wochen kamen ihre Eltern sie außerdem in Murree besuchen, und dann hatten sie immer eine Menge Spaß zusammen. Oft dachte Deborah, sie müsste die Gespräche mit ihrem Vater aufzeichnen, um seine Überlegungen und weisen Ratschläge nicht zu vergessen. Manchmal redeten sie stundenlang über tiefgründige Themen, vor allem über den christlichen Glauben, und Deborah lernte eine Menge dabei. Doch an diesem Abend war es anders. Ihr Gespräch war überschattet von einer Ernsthaftigkeit, die Deborah fast ein wenig Angst machte. Was um alles in der Welt wollte ihr Vater ihr mitteilen?

«Mein Liebes», rückte er schließlich damit heraus. «Seien wir ehrlich. Was heute in der Protestant International Church passiert ist, kann sich wiederholen. Und das nächste Mal stehe vielleicht *ich* auf der Kanzel.»

«Sag so was nicht, Vater.»

«Es ist die Wahrheit, Deborah. Und ich als Prediger muss mir dessen bewusst sein. Jesus hat nie verschwiegen, dass Schwierigkeiten kommen werden. Aber er sagte uns auch, wir sollten den leiblichen Tod nicht fürchten, sondern das, was über unser ewiges Leben entscheidet. Wenn es sein soll, dass ich für meinen Glauben getötet werde, dann bin ich dazu bereit. Mein Leben ist in Gottes Hand.»

Deborah spürte ihren Pulsschlag bis in den Kopf. Die Worte ihres Vaters schnürten ihr die Kehle zu. «Ich möchte dich aber nicht verlieren, Papa», sagte sie leise.

«Ich dich auch nicht», antwortete ihr Vater und legte ihr die Hand auf die Schulter. «Und vielleicht geschieht ja auch nichts dergleichen. Aber es ist mir wichtig, dass du darauf vorbereitet bist. Deborah, was auch immer passieren sollte, ich möchte, dass du eines weißt: Ich bin bereit, für Jesus in den Tod zu gehen.»

Er sagte es nicht heldenhaft oder um ihr Eindruck zu machen. Er sagte es aus einer tiefen Überzeugung heraus, und Deborah wusste, dass es ihm ernst war, todernst. Sie schluckte und musste sich Mühe geben, ihre Gefühle zurückzuhalten. Seine Worte hallten in ihrem Kopf wider. Ihr Vater war bereit, für Jesus in den Tod zu gehen. Er war bereit, als Märtyrer für Jesus zu sterben. Woher nahm er bloß diesen Mut, diese Gewissheit? Wie konnte er sich so sicher sein, dass er im Angesicht des Todes standhaft bleiben würde?

Und sie? Wäre sie bereit dazu? Oder wäre sie ein elender Feigling, wenn es hart auf hart käme? War sie bloß einer von jenen Christen, die zu Jesus stehen, solange alles gut läuft, und abfallen, sobald Schwierigkeiten kommen? Wie hart konnte der Wind blasen, ohne sie umzuwerfen? Wie tief war sie in Jesus verankert? Wie tief waren ihre Wurzeln? Hatte sie das Zeug zu einem Märtyrer?

Ihr Vater hatte ja so Recht: Es könnte jeden von ihnen treffen. Im vergangenen Oktober waren hundert Christen in einem Gottesdienst in Bahawapur zusammen gewesen, als unbekannte Männer auf Motorrädern kamen und begannen, wild in die Menge zu schießen. Sie nahmen weder Rücksicht auf Frauen noch auf die kleinsten Kinder, die getroffen wurden. Sie schossen einfach erbarmungslos weiter und töteten achtzehn Menschen.

Und jetzt hatten Terroristen die Protestant International Church attackiert. Was würde als Nächstes kommen? Würde es ihren Vater treffen? Oder sie? Warum hatte sie bloß dieses unangenehme Gefühl, dass sie sterben würde? Sie hatte dieses Gefühl schon oft gehabt. Es war ein Gefühl, als würde etwas Unheimliches in der Luft liegen, etwas, das niemand aufhalten oder verhindern konnte. Bereitete Gott sie auf eine Katastrophe vor? Oder bereitete ihr Vater sie darauf vor? Aber worauf konkret? Was war es, das ihr bevorstand? Ihr Tod?

«Weißt du, Deborah, wenn Gott es zulassen sollte, dass ich mein Leben verliere, weil ich sein Wort predige, dann bin ich bereit dazu. Jesus hat sein Leben für mich gegeben. Er wurde verspottet, bespuckt, ans Kreuz geschlagen. Er hat nicht einen Moment gezögert, für mich zu sterben. Er liebt uns so unendlich, dass er bereit war, alles für uns zu geben. Alles. Ich kenne keinen anderen Gott, der das für seine Geschöpfe getan hätte. Aus reiner Liebe. Er ist sogar für diejenigen gestorben, die ihn ans Kreuz nagelten. Er ging für seine Feinde bis in den Tod. Und was tun wir? Wir lieben diejenigen, die uns lieben, und hassen diejenigen, die uns Böses wollen. Warum tun wir das? Hat uns Jesus nicht ein Beispiel gegeben? Sollten wir nicht seinem Beispiel folgen? Wenn es sein muss, bis in den Tod?»

Deborah biss sich auf die Lippe. Ihre Augen waren feucht geworden. «Ich weiß nicht, ob ich das könnte», murmelte sie betreten. «Ich bin kein Superchrist, Papa.»

«Das brauchst du auch nicht zu sein, mein Liebes. Wenn es so weit kommen sollte, wird dich Gott dafür ausrüsten.» Ihr Vater schloss sie in die Arme und hielt sie lange fest.

«Ich hab dich lieb, Deborah», sagte er.

«Ich hab dich auch lieb, Papa», murmelte sie, und dann begann sie doch zu weinen. Es war einfach zu viel. Die Gedanken an Terroristen und Märtyrertum erdrückten sie. Was, wenn in diesem Augenblick bewaffnete Männer ins Haus stürmen und alle erschießen würden? Wäre sie bereit? Könnte sie alles hinter sich lassen? Könnte sie gehen, ohne sich von ihren besten Freunden zu verabschieden? Sie hoffte, sie würde die Kraft dazu haben. Aber wenigstens ihre Freundin Christine wollte sie vorher nochmals sehen, und Jana, wenn es ginge, und Paul-Gerhard. Warum eigentlich?, überlegte sie. Sie würde sie doch alle im Himmel wiedersehen!

In diesem Augenblick hörte sie Schritte vor der Tür, und Deborahs Pulsschlag raste in die Höhe, als würde ihr letztes Stündlein schlagen. Warum hatte sie bloß solche Angst? Sie wusste doch, dass Gott keine Fehler machte. Sie wusste doch, dass Gott einen Plan für ihr Leben hatte, einen guten Plan, den besten, den es gab. Und sie selbst hatte auch so viele Pläne und Träume, die sie zu verwirklichen hoffte. Sie wollte Jesus ausstrahlen, sie wollte anderen seine Botschaft bringen, sie wollte etwas bewirken in dieser Welt. Sie wollte Menschen helfen, sie wollte ihnen zeigen, wie wertvoll jedes einzelne Leben war.

«Oh Herr Jesus, hilf mir», schrie sie in ihrem Herzen. «Trage mich! Führe mich in diesem, deinem Leben, wohin du willst!»

23:30 – Nachdem ihr Vater das Zimmer verlassen hatte, war Deborah fix und fertig. Schon lange hatte sie sich nicht mehr so elend gefühlt. Tausend Gedanken schossen ihr durch den Kopf. Bei jedem kleinsten Geräusch schreckte sie auf. Sie legte sich ins Bett und fiel in einen unruhigen Schlaf. Sie träumte von einem Terroranschlag und Granaten, die unmittelbar neben ihr explodierten. Es war ein schlimmer Alptraum, und mitten in der Nacht wachte Deborah schweißgebadet auf, gerade als Paul-Gerhard von einer Maschinengewehrsalve getroffen worden war. Von einem Strudel von Emotionen hin und her gerissen, stand sie auf, setzte sich im Pyjama an ihren Schreibtisch, die Bettdecke wie einen Mantel um die Schultern gelegt, und mit klopfendem Herzen schrieb sie alles, was sie bewegte, in ihr Tagebuch. Dann kroch sie zurück in ihr Bett und hoffte, dass es bald hell würde. Doch die Nacht schien eine Ewigkeit zu dauern.

Karachi, Pakistan – drei Tage später, Mittwoch, 20. März 2002

11:00 – «Meint ihr, Sarfaraz ist jetzt wirklich im Paradies?» Die Frage kam von Badar. Er saß zusammen mit Kamran und zwei anderen Mudschaheddin auf der

Ladefläche eines Geländewagens und hatte die ganze holprige Fahrt seit Karachi geschwiegen, während sich seine Mitstreiter angeregt über die vergangenen Ereignisse unterhalten hatten. Hinter dem Wagen, der sich durch unwegsames Gelände seinen Weg bahnte, hing eine aufgewirbelte Staubwolke in der Luft. Die Piste war übersät mit Schlaglöchern und Steinen, und der Motor heulte jedes Mal auf, wenn der Fahrer den Gang wechselte.

«Was willst du damit sagen?», fragte Kamran. «Natürlich ist er im Himmel.»

«Bist du sicher?»

«Hinterfrag nicht so viel», brummte Qari, ein muskulöser Bursche mit blitzenden Augen und dicken Augenbrauen. «Freue dich an dem Resultat, Bruder. Durch eure Heldentat gab es fünf Tote, sechsundvierzig Verletzte, davon dreiunddreißig aus dem Ausland, und die Regierung sieht sich einem neuen Phänomen gegenüber, das es in der Geschichte Pakistans noch nie gab: Selbstmordattentate.»

Qari Zarin Khalid war zwanzig und die geborene Führernatur. Er hatte eine lange Narbe, die von seinem rechten Auge schräg über die Wange bis zum Kinn verlief; ein Andenken an den Krieg in Afghanistan, wie er zu sagen pflegte, ohne näher darauf einzugehen. Kamran hatte gehört, dass er sich die Wunde selbst genäht hatte, natürlich ohne Narkose. Er galt als unglaublich zäh und stellte hohe Ansprüche an sich und die ihm Anvertrauten. Er war ein Draufgänger, der ohne weiteres über Leichen ging, um eine Mission zum Erfolg zu führen, der aber auch bereit war, dafür Opfer zu bringen. Einmal hatte er einen angeschossenen Kameraden an der Grenze zum von Indien besetzten Kaschmir in der Schusslinie des Feindes hundert Meter durch ein Minenfeld getragen, so erzählte man sich, und als sie sich endlich im schützenden Wald zu ihrer Gruppe gesellten, ärgerte sich Qari bloß darüber, dass er unterwegs seine Uhr verloren hatte.

«Und wenn Allah ihn doch nicht im Himmel aufnimmt?», fragte Badar weiter.

«Kleingläubiger!», brummte Nawaz. «Jeder weiß, dass Märtyrer in den Himmel kommen, und das auf dem kürzesten Weg. Indem man den Detonationsknopf drückt, stößt man sozusagen die Tür zum Paradies auf. Wie kannst ausgerechnet du daran zweifeln?»

Rab Nawaz Gujjar war ein drahtiger Achtzehnjähriger, der bereits mit sechzehn in Kaschmir gekämpft hatte und von einem schier unersättlichen Hass gegen die Ungläubigen angetrieben wurde. Überhaupt machte es ihm Spaß zu töten. Einmal hatte Kamran gesehen, wie er einen Affen gefangen und zu Tode gequält hatte. Das Tier hatte geschrien wie am Spieß, und je lauter es schrie, desto mehr genoss Nawaz das grausame Spiel. Es war, als bräuchte er die Genugtuung, jemandem Leid zuzufügen, als würde er sich dadurch besser fühlen.

Ein anderes Mal waren sie zusammen in einem Club, und Nawaz hatte plötzlich die glorreiche Idee, mit Granaten Billard zu spielen. Natürlich versicherte er dem Clubbesitzer, er würde den Splint nicht ziehen, aber der arme Mann und sämtliche Gäste ängstigten sich zu Tode, wohl wissend, dass die Explosion einer einzigen Handgranate in einem geschlossenen Raum für alle Anwesenden tödlich wäre. Nawaz amüsierte sich unglaublich dabei. Doch Kamran hatte ihn nie nach dem Grund seiner Schadenfreude gefragt. Es war nicht seine Art, im Leben anderer herumzustochern. Und es ging ihn ja auch nichts an.

Was ihm allerdings schon zu schaffen machte, war Badars plötzlicher Stimmungswandel. Seit dem Attentat in der Kirche in Islamabad schien sein glühender

Heldenmut wie erloschen. Jedenfalls grübelte er schon die ganze Reise still vor sich hin. Außerdem hatte er auf der gesamten Fahrt fast nichts gegessen oder getrunken. Sie waren seit zwei Tagen unterwegs, um in der Nähe von Karachi auf neue Anweisungen ihres Kommandanten zu warten.

In Karachi, einer Hafenstadt am arabischen Meer, die mit gut vierzehn Millionen Einwohnern die größte Stadt Pakistans war, befand sich das größte Zentrum der Jaish-e-Mohammed. Hier hatte Masood Azhar die Bewegung vor zwei Jahren ins Leben gerufen, und in der Zwischenzeit hatte sie sich über mehr als 78 Distrikte in Pakistan verbreitet. Allein in Karachi gab es hundert Zweigstellen der Organisation. Hier befanden sich auch mehrere Madrasen der Jaish-e-Mohammed, und es war in einer dieser Schulen, in der Jabbar, Masoods rechte Hand, unverzüglich nach dem erfolgreichen Terroranschlag in Islamabad eine Sitzung einberufen hatte, an der nebst Saifi auch Atiqur Rehman, der zuständige Kommandant des südlichen Punjab, und Nazir Adil, der Vorgesetzte der beiden, teilnehmen sollten.

Der Fahrer des Geländewagens legte eine Pinkelpause ein, ehe er die holprige, staubige Reise fortsetzte. Kamran spielte an seinem Mobiltelefon herum, und Badar war noch immer in seinen Gedanken gefangen.

«Überlegt doch mal», meinte er mit gerunzelter Stirn. «Es steht geschrieben, dass wir uns nicht selbst töten sollen.[15] Das steht doch geschrieben! Der Prophet erklärte den Selbstmord ganz klar als Sünde. Er sagt, dass jeder, der sich selbst das Leben nimmt, in die Hölle kommt, und zwar bis in alle Ewigkeit.»

---

[15] Sure 4,29.

«Sarfaraz war kein Selbstmörder», verbesserte ihn Kamran, «er starb als Märtyrer im heiligen Krieg.»

«Er hat sich trotzdem das Leben genommen.»

«Aber Badar, das ist doch nicht dasselbe.»

«Und wo liegt der Unterschied?»

«Er hat es für Allah getan», meinte Nawaz. «Und wer sagt immer, dass Allah uns den Sieg schenken wird, solange wir seine Gebote beachten? Der Spruch ist von dir, Badar.»

Badar seufzte und rutschte nervös auf der Ladefläche hin und her. «Das ist es ja, wovon ich rede. Allah fordert uns auf, seine Gebote zu beachten. Und eines dieser Gebote lautet, wir sollen uns nicht das Leben nehmen, das er uns geschenkt hat. Und zwar unter keinen Umständen, versteht ihr?»

«Der Tod eines Selbstmordattentäters ist ein heiliges Opfer.»

«Seid ihr sicher?»

«Ziehst du jetzt plötzlich alles in Zweifel, was wir gelernt haben?», warf Nawaz ein. «Was soll eigentlich der Unsinn?»

«Nein, ich ... ich mache mir bloß Gedanken.»

«Das solltest du lieber lassen und auf das hören, was unsere Führer sagen», meinte Qari. «Selbstmordanschläge sind durchaus vereinbar mit dem Islam. Wer sich mit Sprengstoff bepackt in die Luft jagt und dabei Feinde tötet, der ist ein Märtyrer, dem Allah die Freuden des Paradieses zuteil werden lässt. Der Anschlag darf sich bloß nicht gegen Frauen, Kinder und alte Menschen richten.»

«In der Kirche in Islamabad *waren* aber Frauen, Kinder und alte Menschen!»

«Es waren *Ungläubige*, Badar!»

«Ich habe sie gesehen, verstehst du? Sie haben gebetet, während die Granaten explodierten.»

«Es sind trotzdem Ungläubige. Ihr Gott ist nicht unser Gott.»

«Das weiß ich.»

«Dann reiß dich zusammen und hör auf, sentimental zu werden», knurrte Qari. «Ich kann ja verstehen, dass dich Sarfaraz' Tod etwas mitnimmt. Du hast ihn gemocht, da ist es nur verständlich, dass du ihm nachtrauerst. Aber stell deswegen nicht seine Tat in Frage. Er ist ein Held, genauso wie die Helden, von denen du immer so begeistert erzählst. Und eines Tages wirst du ihn im Paradies wiedersehen.»

«Da bist du dir absolut sicher, ja?»

«Absolut», bestätigte Qari und legte Badar kameradschaftlich den Arm um die Schultern. «Stell dir bloß vor, was für ein herrliches Leben im Paradies auf dich wartet. Siebzig Jungfrauen, nur für dich allein, Goldschmuck, Gewänder aus Brokat und Seide und dazu eine herrliche Krone, deren Steine kostbarer sind als die ganze Welt. Es wird Früchte geben und Fleisch, Wasserquellen, Milch, Honig und berauschenden Wein. Bruder, es wird fantastisch werden.»

Badar schien noch immer nicht ganz beruhigt zu sein. «Glaubst du, es ist schmerzvoll, sich in die Luft zu jagen?», fragte er.

Qari lachte. «Natürlich nicht. Es heißt, sobald dein erster Blutstropfen die Erde berührt, spürst du keinerlei Schmerzen mehr, und alle Sünden sind dir vergeben. Du wirst weder die Qualen des Todes noch die Qualen des Gerichts erleiden, und du kannst außerdem noch für siebzig deiner Familienmitglieder das Paradies einlösen. Eine garantierte Freikarte in den Himmel für dich und deine ganze Familie. Ist das nicht tausendmal besser, als das ganze Leben lang mühsam Punkte zu sammeln, und am Ende weißt du doch nicht, ob es für das Paradies reicht?»

Kamran fand, dass Qari es auf den Punkt gebracht hatte. Es hieß ja im Koran, dass am Tage des jüngsten Gerichts alle Menschen vor Allah versammelt werden, auf der einen Seite die Gläubigen und auf der anderen die Ungläubigen. Alle Menschen müssen sich dann auf eine Waage stellen, wo ihre guten Taten, die im Gehorsam an das islamische Gesetz vollbracht wurden, gegen die schlechten aufgewogen werden. Ein Verhältnis von 51 zu 49 Prozent zu Gunsten der guten Werke reicht aus, um den Himmel noch zu öffnen, wobei es im Grunde keine Garantie gibt, dass die guten Werke auch wirklich ausreichen, denn dies würde letztendlich der Allmacht Allahs widersprechen. Allah selber entscheidet, ob jemand ins Paradies eingeht oder nicht. Diese Ungewissheit lässt sich nur auf eine einzige Art umgehen: durch einen Märtyrertod im Dschihad. Denn demjenigen, der im Einsatz für seinen Glauben stirbt, sagt der Koran den unmittelbaren Zugang zum Paradies zu. Kamran kannte die Stelle sogar auswendig: «Wer jedoch im Kampf für Allah gestorben ist, kommt direkt ins Paradies.»[16]

Nach islamischer Überlieferung kommt hinter der Waage eine Brücke, die über das Feuer der Hölle zum Paradies führt. Sie ist dünner als ein Haar und schärfer als ein Schwert, und der Gerechte wird wie ein Blitz über sie gehen, der Böse aber herunterfallen. Als Nächstes wird den Menschen ein Buch in die Hand gegeben, in dem alle seine Taten vermerkt sind. Bekommt der Mensch dieses Buch in seine rechte Hand, so ist er gesegnet. Bekommt er es in die linke Hand, dann gehört er zu den Verfluchten.

Kamran wusste, dass er nicht zu den Verfluchten,

---

[16] Sure 2,154; 47,4–6.

sondern zu den Gesegneten gehören würde, die unmittelbaren Eingang ins Paradies erlangten. Denn er würde genau wie Sarfaraz bis zum Äußersten gehen, so viel stand fest. Seine Gedanken schweiften zu Maulana Masood Azhar, der Flamme, die das Feuer der Gerechtigkeit Allahs, den reinen, den wahren Islam, durch die Gründung der Jaish-e-Mohammed wieder zum Leben erweckt hatte. Die dynamische Rede, die Masood im Juni 2001 gehalten hatte, um alle Tätigkeiten der Organisation zu rechtfertigen, bewegte Kamran noch heute.

«Jaish-e-Mohammed ist eine internationale islamische Bewegung, gegründet auf den Prinzipien der Scharia. In einem einzigen Jahr ihres Bestehens leuchtet ihr Licht durch die Gnade Allahs bereits bis weit über die Landesgrenzen hinaus. Unsere Bewegung bringt das Ende der Bosheit und die Souveränität des Glaubens. Es ist uns gelungen, einen neuen, einen perfekten Muslim zu schaffen. Unser höchstes Ziel ist es, die unterdrückten Muslime zu beschützen und die verlorenen Muslime zur Umkehr aufzurufen. Unser Motto ist Dschihad gegen die Feinde des Glaubens und die Untreuen. In dieser Zeit der religiösen Hurerei redet unsere Bewegung vom reinen Islam, und durch die Gnade Gottes wird ihre Stimme gehört und akzeptiert werden. Wir lassen uns nicht hinreißen von emotionalem Gerede übers Töten und Schlachten, denn unser Kampf beruht auf dem Gehorsam des Glaubens. Um Reformen durchzusetzen, ziehen wir Verträge und Reden dem Schwert vor, aber wo die Scharia verletzt wird, greifen wir zur Waffe. Es ist ein Privileg, in dieser Organisation zu arbeiten. Es ist ein solches Vorrecht, dass keiner, der es hat, sich jemals vorstellen könnte, es aufzugeben. Was kann ein Muslim sich mehr wünschen, als ein Verkünder des Glaubens zu sein, ein Kämpfer, der bereit ist, sich selbst als Opfer hinzugeben? Was kann es höheres

geben, als ein erleuchtetes Herz zu haben mit der Sehnsucht des Märtyrertums?»[17]

Oh ja, Kamran hatte diese Sehnsucht. Und wann immer Saifi ihn auswählen würde, um die nächste menschliche Bombe zu sein: Er, Kamran, würde keinen Moment zögern, sich für die heilige Mission zur Verfügung zu stellen. Es war eine Ehre, zu so etwas Großem berufen zu sein. Es war eine Ehre, für den Glauben zu kämpfen – und zu sterben. Und Kamran fürchtete sich nicht davor.

Karachi – am nächsten Tag, Donnerstag, 21. März 2002

14:00 – Saifi wurde ungeduldig. Jabbar hatte ihn, Atiqur Rehman und Adil zu einer dringenden Sitzung nach Karachi gebeten, und jetzt ließ er sie bereits eine Stunde in der Madrasa der Jaish-e-Mohammed warten. Saifi kannte Atiqur nur flüchtig. Seit der ersten Sitzung, die Jabbar vor vier Monaten einberufen hatte, hatte er Atiqur nicht mehr gesehen. Atiqur Rehman war ein kräftiger Mann mit einem dichten Bart. Er stammte aus einer streng religiösen Familie. Sein Vater war ein Imam, ein Vorbeter in einer Moschee und Gelehrter des Islams. Sein älterer Bruder war ein Lehrer an einem Seminar in Khanewal.

Rehman studierte den Koran in einer Madrasa in

[17] Die Scharia, das islamische Recht, ist eine religiöse Pflichtenlehre, die die Regelung *aller* Bereiche des menschlichen Daseins anstrebt. Sie bestimmt die Rechte und Pflichten des Menschen gegenüber anderen und gegenüber Allah.

Mahmood Kot, als ein Gastredner die Schule besuchte und die Studenten ermunterte, sich den Taliban in Afghanistan anzuschließen. Jedem, der sich für den Dschihad interessierte, gab er die Telefonnummer eines Kontaktmannes, der sie weitervermitteln sollte. Innerhalb von vierundzwanzig Stunden saßen Rehman und fünfzig andere junge Männer bereits in einem Bus nach Kandahar.

In Afghanistan wurden sie von Maulana Abdul Jabbar empfangen und für ein militärisches Training ins Khalid-bin-Waleed-Trainings-Camp geschickt. In einem vierzigtägigen Schnellkurs lernte Atiqur alles, was er wissen musste, um leichte und schwere Geschütze bis hin zu Raketenwerfern bedienen zu können. Im Mai 1997 belegte er außerdem einen zusätzlichen Spezialkurs für Kriegstaktik. Die nächsten drei Jahre verbrachte er als Trainer eines Militärlagers und als Kämpfer im Krieg gegen die Nordallianz. Dann trat er, angespornt von seinem Mentor Jabbar, der Jaish-e-Mohammed bei und engagierte sich als Ausbilder im Balakot-Trainings-Camp. Er war einer der Ersten, den Jabbar für seine Mission auswählte.

Nazir Ahmed Adil war der Manager einer Jaish-Zelle in Dera Ghazi Khan, einer Stadt am Indus, und ein enger Vertrauter Jabbars. Er war von Jabbar als Zwischenmann eingesetzt worden und somit der Einzige, der ihn in den vergangenen Monaten persönlich getroffen hatte. Saifi wusste wenig von ihm, außer dass er mit seiner kleinen runden Brille und der spitzen Nase sehr intellektuell wirkte und sich immer äußerst vornehm auszudrücken pflegte. Man munkelte, dass Adil Kontakte bis in die höchsten Ränge des ISI hatte, und wahrscheinlich war es das, was Saifi vom ersten Moment an in seinen dunklen Augen sah: eine etwas herablassende Überheblichkeit.

Das Sitzungszimmer, in das man die drei gebeten hatte, war lediglich mit einem langen ovalen Konferenztisch und bequemen Lederstühlen ausgestattet. An den Wänden hingen kunstvolle Teppiche, und auf dem Tisch stand ein Telefon.

14:20 – Jabbar ließ auf sich warten, und selbst Adil wusste nicht, warum er sich derart verspätete.

«Es ist ihm wohl etwas dazwischen gekommen», meinte er einfach. «Er wird bestimmt bald hier sein.»

«Das Attentat in Islamabad war ja ein voller Erfolg», sagte Atiqur mit einem Anflug von Eifersucht. «Kompliment an deine Selbstmordtruppe, Saifi.»

Saifi nickte bescheiden mit dem Kopf. «Das war nur der Anfang», erklärte er. «Ich habe große Pläne für die Zukunft. Musharraf wird es bald bitter bereuen, dass er mit den USA gemeinsame Sache macht. Und die USA ebenfalls.»

«Ich habe seit einiger Zeit ein Missionskrankenhaus im Visier», berichtete Atiqur. «Mein Leutnant hat das Gebäude schon mehrere Male inspiziert und in der angebauten Kirche, der Bibliothek und im Hauptgebäude nach Ausländern Ausschau gehalten. Allerdings hat er nur ein einziges Mal welche gesehen, und er konnte nicht herausfinden, wann und ob sie wiederkommen.»

«Keine Sorge», ermutigte ihn Saifi und klopfte ihm kameradschaftlich auf die Schulter. «Die kommen schon wieder. Und dann schlägst du zu.»

«Ich habe bereits Waffen gekauft, einen Raketenwerfer, sechs Raketen und 490 Sprengkapseln.»

Saifi lächelte. «Das hört sich gut an.»

Das Telefon in der Mitte des Tisches klingelte. Adil hob den Hörer ab und nahm augenblicklich eine straffe

Haltung ein, als hätte soeben ein General den Raum betreten.

«Jabbar, wann dürfen wir mit deiner Anwesenheit rechnen?» Er drückte einen Knopf am Telefon, um den Lautsprecher einzuschalten. Jabbars Stimme kratzte etwas, doch sie war gut zu verstehen.

«Ich hielt es für sicherer, nicht persönlich vorbeizukommen», sagte er. «Sind alle da? Saifi? Atiqur?»

«Wir sind alle hier, Jabbar», bestätigte Atiqur.

«Gut», meinte der Kriegsherr. «Dann möchte ich euch aufklären, warum ich euch so dringend sprechen wollte.» Jabbar räusperte sich. «Erst möchte ich dir, Saifi, meine tiefste Anerkennung aussprechen. Ich habe die Zeitung gelesen und Nachrichten gehört. Das Massaker in Islamabad entspricht ganz meinen Vorstellungen. Selbst wenn ich ehrlich gesagt mehr Tote erwartet hätte bei einem solchen Granatenhagel.»

«Nun, aus uns unerklärlichen Gründen sind drei Granaten nicht hochgegangen», versuchte Saifi das Ganze zu verteidigen.

«Irgendwelche Vermutungen, warum sie versagten?»

«Nein. Es waren ganz normale Granaten. Sie hätten eigentlich explodieren sollen.»

«Es scheinen auch bedeutend weniger Leute in der Kirche gewesen zu sein als üblich. Kannst du dir erklären, warum?»

«Nein, eigentlich nicht. Wir rechneten mit hundert Menschen, aber es waren nur achtzig da. Zwanzig waren wohl verhindert.»

«Verhindert. Zwanzig Leute. Einfach so. Findest du das nicht etwas merkwürdig?»

«Schon, aber ... ich kann es nun mal nicht ändern.»

«Bist du sicher, dass niemand von dem Attentat wusste?»

Saifi schüttelte den Kopf. «Natürlich bin ich sicher,

Jabbar. Du kennst mich lange genug, um zu wissen, dass ich nichts durchsickern lasse.»

«Ich weiß, ich vertraue dir, Saifi. Es ist nur ... drei nicht explodierende Granaten und zwanzig nicht erscheinende Leute: Denkst du nicht, das ist eine Spur zu ungewöhnlich für einen Zufall?»

«Schicksal», gab Atiqur seinen Kommentar dazu. «Ich würde es Schicksal nennen. Das Schicksal wollte es so.»

«Außerdem», fügte Saifi hinzu, «hätte jemand einen Tipp bekommen, wäre bestimmt niemand zur Kirche gegangen.»

«Wie dem auch sei», meinte Jabbar, «Faktor Schicksal beiseite, dein Selbstmordkommando hat gute Arbeit geleistet. Und ich bin sehr zufrieden.»

Saifis Brust wölbte sich voller Stolz. «Ich wusste, dass es dir gefallen wird.»

«Hat man die Familie des Märtyrers schon verständigt, wie ich es befohlen habe?»

«Wurde gestern erledigt.»

«Und die Entschädigung?»

«Die Märtyrer-Abteilung kümmert sich darum.»

Die Märtyrer-Abteilung war im Januar 2001 gegründet worden und unterstand Jabbars Kommando. Die Abteilung führte nicht nur Listen über alle Märtyrer, die in Kaschmir, Afghanistan und Indien ihr Leben geopfert hatten, sondern auch detaillierte und komplette Berichte über die Laufbahn jedes einzelnen Mudschaheds auf seinem Weg zur Front und zurück nach Hause. Es gab verschiedene Verantwortungsbereiche, um die sich die Abteilung kümmerte.

Nach dem Tod eines Märtyrers wurde unverzüglich seine Familie verständigt und über Zeit und Ort des Geschehens informiert. Die Organisation teilte der Familie den letzten Willen des Verstorbenen mit und würdigte sie mit einer Auszeichnung. Die Erben eines

Märtyrers erhielten als erste Entschädigung 15 000 Rupien[18]. Wenn die Familie besonders arm war, wurden ihnen zusätzlich 1500 Rupien monatlich zugeteilt. Bisher erhielten rund 130 Familien diesen Bonus. Dann erhielten die Hinterbliebenen auch sämtliche Zeitschriften und Publikationen der Jaish-e-Mohammed gratis ins Haus geliefert. Die Familien von 535 Märtyrern profitierten bisher von diesem Angebot. Zu guter Letzt organisierte die Märtyrer-Abteilung auch innerhalb von zwanzig Tagen nach seinem Tod eine Gedenkfeier zu Ehren des Märtyrers und bewahrte die Videobänder mit den letzten Aufzeichnungen seiner flammenden Märtyrerrede auf.

«Die Baptist International Church war das perfekte Zielobjekt, um alle in Panik zu versetzen: die Christen, den Westen, die Amerikaner und unsere Regierung», drang Jabbars Stimme feierlich durch den Telefonlautsprecher. «Es war ein glorreicher Schlag. Wir haben ein deutliches Zeichen gesetzt, wir haben die Flagge der Gerechtigkeit Allahs gehisst, so hoch, dass es die ganze Welt sehen kann!»

Ein zufriedenes Lächeln zog sich über die Gesichter der drei Kommandanten.

«Wir haben bereits Pläne geschmiedet», nahm Atiqur die Gelegenheit wahr, «es gibt ein paar potenzielle Zielobjekte, die für weitere Attentate gut geeignet wären.»

«Genau darüber wollte ich mit euch sprechen», sagte Jabbar. «Ich möchte, dass ihr alle Tätigkeiten einstellt und unverzüglich ins Balakot-Trainings-Camp zurückkehrt.»

---

[18] 15 000 Rupien sind ca. 250 US-Dollar.

Die Anwesenden zogen erstaunt die Augenbrauen in die Höhe und starrten das Telefon ungläubig an.

«Aber ... die Vorbereitungen sind bereits im vollen Gang.»

«Abbrechen», erwiderte Jabbar knapp.

«Warum?»

«Weil ich es sage.»

«Das ergibt keinen Sinn», meinte Atiqur verwirrt. «Du hast doch selbst gesagt, dass die Mission ein Erfolg war.»

«Und genau deshalb möchte ich, dass ihr aufhört. Ich wollte ein Exempel statuieren, und das haben wir getan.»

«Bei allem Respekt», meldete sich Saifi wieder zu Wort, ohne die Enttäuschung und Empörung in seiner Stimme zu verbergen, «der Auftrag lautete, westliche Ziele in Pakistan ausfindig zu machen, um diese anzugreifen.»

«Ich kenne den Auftrag. Schließlich habe ich ihn gegeben. Und jetzt sage ich als euer Befehlshaber: aufhören.»

«Das kannst du nicht machen!», rief Saifi und erhob sich vom Stuhl. «Ich habe auf deinen Befehl hin ein Selbstmordkommando gegründet, das erste in der Geschichte der Jaish-e-Mohammed. Und wir sind gut. Wir sind wirklich gut. Wir können eine Menge bewirken.»

«Das habt ihr bereits getan.»

«Eben! Dann lass uns weitermachen!»

«Nein», sagte Jabbar.

«Warum?!»

«Wisst ihr, welche Sportler mich immer am meisten beeindruckt haben? Diejenigen, die auf dem höchsten Punkt ihrer Karriere, nach ihrem größten Erfolg, einen Schlussstrich zogen und sich zur Ruhe setzten.»

«Was willst du damit sagen? Willst du dich zur Ruhe setzen?»

«Ich weiß, wann es Zeit ist, aufzuhören.»

«Das ist doch völlig absurd.»

«Das ist Politik, mein Lieber.»

Saifi begann wie ein Tiger im Käfig nervös hin und her zu laufen. «Ist es wegen der zwanzig fehlenden Kirchgänger?», überlegte er. «Glaubst du, wir haben einen Maulwurf in unserer Mitte? Ist es das, was du befürchtest?»

«Nun, ich habe die Möglichkeit in Betracht gezogen.»

«Es gibt keinen Informanten in unserer Gruppe! Ich schwöre es bei meinem Leben. Ich habe jeden Einzelnen persönlich ausgesucht. Ich habe ihre Gesinnung geprüft. Sie sind bereit, für die Sache in den Tod zu gehen, jeder Einzelne von ihnen. Sie würden uns nicht verraten.»

«Wenn es dich beruhigt: Das ist nicht mein Motiv.»

«Und was *ist* dein Motiv?»

«Wie ich schon sagte, ich bin der Meinung, das Zeichen, das wir setzen wollten, ist gesetzt. Wir haben das beste Gift verbreitet, das es in dieser Welt gibt: Terror. Terror lähmt ganze Nationen und macht sie gefügig wie winselnde Hunde. Du brauchst sie nur noch an die Leine zu nehmen und kannst mit ihnen hinspazieren, wohin du nur möchtest. Durch die Attacke in Islamabad haben wir die Regierung in Angst und Schrecken versetzt. Sie rätseln noch immer, wer hinter diesem Attentat steckt, und diese Ungewissheit schürt die Panik umso mehr. Ich glaube, sie haben die Botschaft klar und deutlich verstanden, die wir signalisieren wollten. Und sie wissen, dass jederzeit weitere Terroranschläge folgen können, falls sich ihre amerikafreundliche Politik nicht ändern sollte.»

«Gerade deshalb sollten wir neue Anschläge planen», wandte Atiqur ein.

«Wir werden wieder zuschlagen», beruhigte sie Jabbar. «Nur nicht jetzt. Ich erwarte nicht, dass ihr meine Entscheidung versteht. Aber ich verlange, dass ihr sie respektiert und befolgt. Zieht euch ins Balakot-Trainings-Camp zurück und wartet dort auf weitere Befehle. Das ist mein letztes Wort. Habe ich mich klar ausgedrückt?»

Saifi, Atiqur und Adil warfen sich vielsagende Blicke zu. Keiner war von Jabbars Entschluss begeistert. Es ergab keinen Sinn.

«Irgendwelche Einwände?»

Die drei schwiegen.

Saifis Nasenflügel bebten.

Atiqur tippte nervös mit den Fingern auf der Tischplatte herum.

Und Adil saß steif in seinem Stuhl, die Ellbogen auf den Tisch gestützt, die Hände vor dem Kopf zusammengefaltet, und brütete dumpf vor sich hin.

«Gut», ertönte Jabbars Stimme. «Ich erwarte Bescheid, sobald ihr in Balakot eintrefft. Adil, du weißt, wie du mich erreichen kannst. Ich wünsche euch eine gute Rückreise. Allah sei mit euch.» Mit diesen Worten legte er auf.

15:00 – Es dauerte eine Weile, bis sich die drei Kommandanten einigermaßen gefasst hatten. Saifi ergriff das Wort als Erster.

«Ich kann nicht glauben, dass er uns das antut.»

«Vielleicht hat er Angst, es könnte seinem Ruf schaden», meinte Atiqur.

«Jabbar steht über der Sorte Mensch, die auf einen guten Ruf angewiesen sind», gab Adil seine Ansicht weiter. «Wenn du es so weit gebracht hast wie er, gibt es nur noch eines, das wirklich zählt.»

«Und das wäre?», fragte Atiqur.

«Macht und Wohlstand», antwortete Adil.

«Und wo bleibt Allah?», warf Saifi ein. «Wo bleibt der Eifer für Allah? Der gerechte Kampf des Glaubens?»

Adil zog den Mund schief. «Ein Mittel zum Zweck.»

«Wie meinst du das?»

«Leute wie Jabbar sind weder religiöse Fanatiker noch überzeugte Muslime. Es geht ihnen doch nur ums Geschäft. Sie geben nichts auf Allah.»

«Versündige dich nicht, Bruder», murmelte Atiqur. «Das ist ein gefährlicher Gedanke, den du da formulierst.»

«Gefährlich, aber nicht mal so abwegig.» Er rutschte etwas näher an den Tisch heran. «Es ist wie beim Schachspiel. König und Dame stehen schwerfällig und gut geschützt hinten, während die Bauern, die an der Front für sie kämpfen, sehr rasch ihr Leben verlieren.»

«Du meinst damit uns.»

«Nein, ich meine damit die Tausenden von Kindern, die wir zu Kanonenfutter heranzüchten.»

«Kinder?»

«Ja, Kinder. Mit dreizehn begeistern wir sie an ihrer Schule für den Dschihad, in ihren Schulferien besuchen sie eines unserer Trainings-Camps, schreiben sich ein, mit fünfzehn stehen sie mit einem Maschinengewehr an der Front, und wenn sie nicht vorher draufgehen, binden wir ihnen mit achtzehn eine Bombe um den Bauch und lassen sie als Märtyrer verrecken.»

«Wir lassen sie nicht verrecken», knurrte Saifi und wandte sich ihm mit blitzenden Augen zu. «Die Liebe zum Märtyrertum ist in ihr Herz gepflanzt. Sie wissen, worauf sie sich einlassen. Diese Jugendlichen haben mehr Courage als drei Viertel der Menschheit, möchte ich sagen.»

«Das will ich ihnen nicht absprechen.»

«Es sind Helden.»

«Ja, das sind sie.»

«Sie kämpfen für Allah, und sie sterben für Allah.»

«Gewiss. Meine Frage ist: Wofür kämpfen unsere religiösen Führer? Warum lassen *sie* sich nicht als Selbstmordattentäter in die Luft jagen, wo es doch der einzig garantierte Weg ins Paradies ist, wie sie immer proklamieren?»

«Adil, du hörst jetzt besser auf», warnte ihn Atiqur mit erhobenem Zeigefinger. «Du bist messerscharf an der Schwelle zur Blasphemie.»

«Bin ich nicht. Ich nenne die Dinge bloß beim Namen. Was braucht ein junger Mensch, um zum Märtyrer zu werden? Und ich rede jetzt nicht von den knapp 6000 Rupien Materialkosten für Schießpulver, Nägel, Quecksilber, Aceton, eine Batterie und einen Lichtschalter.» Er sah von einem zum andern und lächelte geheimnisvoll.

«Den Glauben», beantwortete er die Frage selbst. «Er braucht den Glauben daran, das Richtige zu tun. Er braucht die tiefe Überzeugung im Herzen, dass das, was er tut, einen Sinn hat. Und dieser Sinn muss im Jenseits liegen, sonst würde er sich nicht freiwillig in die Luft jagen. Richtig?»

«Ihr einziges Ziel ist es, Allah zufrieden zu stellen», bestätigte Saifi. «Und das geht am einfachsten und schnellsten, indem sie ihr Leben für Allah hingeben.»

«Eben das ist der Unterschied zwischen den Bauern und dem König auf dem Schachbrett», kam Adil auf seinen Vergleich zurück. «Die Motivation. Die an der Front kämpfen für göttliche Ziele, und die Drahtzieher im Hintergrund? Sie verstecken sich hinter dem Islam, um sich die Ergebenheit der Massen zu sichern. Sie schwingen zwar große Reden über Religion, Allah, den heiligen Krieg, aber doch nur, um die Selbstlosigkeit des Kanonenfutters zu gewährleisten und damit ihren fetten Hintern zu polstern. Geschäft! Islam und Dschihad sind für sie pures Geschäft. Und wir sind so dumm und spielen mit, nicht unbedingt als Bauern, eher als Springer, Läufer oder Türme, aber wir sind trotzdem Spielfiguren in einem Spiel, in dem Allah bloß noch Mittel zum Zweck ist, um es vorsichtig auszudrücken.»

«Du glaubst also, Jabbar hält uns zum Narren?»

«Ich möchte ihm nichts unterstellen. Aber es wird so einiges gemunkelt hinter verschlossenen Türen. Es heißt, sowohl Jabbar wie auch Masood hätten keinerlei Interesse am Dschihad, sie wären nur scharf auf das Vermögen der Jaish.»

«Glaubst du, da ist etwas Wahres dran?»

«Nun, es ist kein Geheimnis, dass die beiden in letzter Zeit einige Differenzen hatten. Beide wollen sich offensichtlich das größere Stück vom Kuchen abschneiden. Tja, wie ich schon sagte, es geht ihnen nur darum, sich selbst zu bereichern. Und wir haben das Nachsehen.»

«Glaubst du, Masood weiß davon, dass Jabbar die Mission gestoppt hat?»

Adil zuckte die Achseln. «Ehrlich gesagt ist die Angelegenheit etwas außer Kontrolle geraten. Ich persönlich glaube, keiner will im Moment die Verantwortung übernehmen, weil sie viel zu beschäftigt sind mit ihrem internen kalten Krieg um die Macht. Tja, so viel zum Thema: die Vision aus den Augen verlieren.»

«Und was sollten wir deiner Meinung nach tun?»

«Das, was jeder vernünftige Muslim an unserer Stelle tun würde: Wir machen weiter.»

«Wie stellst du dir das vor?», fragte Atiqur. «Jabbar hat uns soeben nach Balakot zurückbeordert.»

«Wir tun es auf privater Basis.»

«Vergiss es. Ohne Rückendeckung ist die Sache eine Nummer zu groß für uns», fügte Saifi hinzu. «Ganz abgesehen davon möchte ich nicht Jabbar oder Masood zum Feind haben.»

«Die wären uns sogar dankbar», meinte Adil überzeugt. «Dann brauchen sie sich nicht die Finger schmutzig zu machen, und die Sache wird trotzdem erledigt. Etwas Besseres könnte ihnen nicht passieren.»

«Was schlägst du vor?»

Adil erhob sich, schritt nachdenklich durch den Raum und blieb beim Fenster stehen. Atiqur saß nach wie vor am Tisch, während Saifi sich mit verschränkten Armen hinter ihn gestellt hatte. Beide blickten ihren Vorgesetzten erwartungsvoll an. Er ließ sich Zeit.

«Ich kenne da einen Mann», meinte er geheimnisvoll. «Sein Name ist Fazal Karim, ein alter Freund, mit dem ich an der Front in Kabul gekämpft habe. Er wohnt hier in Karachi, ich habe seine Adresse.»

«Und der könnte uns weiterhelfen?»

Adil blickte zum Fenster hinaus, und ohne sich umzudrehen, sagte er verheißungsvoll: «Er nicht. Aber er könnte uns zu jemandem bringen, der es kann.»

19:00 – Fazal Karim war ein eifriges Mitglied der Jaish-e-Mohammed und kein unbeschriebenes Blatt, was Terrorismus anbelangte. Er war an der Entführung und Ermordung des amerikanischen Journalisten Daniel Pearl beteiligt gewesen. Karim half mit, Pearl außerhalb eines Restaurants in Karachi zu entführen, nachdem man dem Wall-Street-Journalisten vorgegaukelt hatte, der Führer einer militanten Organisation würde ihm ein

Interview gewähren. Das Haus, in dem man Pearl gefangen hielt, gehörte einem Geschäftsmann namens Saud Memon, und Karim war Memons Chauffeur.

Sechs Tage nach Pearls Entführung kamen drei Araber mit einer Videokamera in das Haus. Karim begrüßte sie mit einem Händeschütteln, und während die Araber Pearl zu filmen begannen, holte einer von ihnen ein scharfes Messer hervor. Karim merkte, dass die Araber andere Pläne hatten als vereinbart und wandte sich an einen seiner Mitentführer, der ihm zu verstehen gab, er solle den Mund halten und alles tun, was man ihm sagte. Karim hielt Pearls Arm auf dem Rücken fest, während diesem vor laufender Kamera die Kehle durchgeschnitten wurde. Das schockierende Video seiner Hinrichtung wurde der Presse übergeben, und die Welt hielt einmal mehr den Atem an. Das war vor knapp zwei Monaten gewesen.

Als Karim die drei Kommandanten vier Stunden später in seinem Haus im Vorort Nazimabad empfing, drehte sich das Gespräch nur wenig um Daniel Pearl, und nachdem sie ein paar Minuten in gemeinsamen Erinnerungen vom Krieg in Afghanistan geschwelgt hatten, brachte Adil ihr eigentliches Anliegen vor. Karim war sofort bereit, den dreien zu helfen.

«Ihr seid an der richtigen Adresse», meinte er. «Ich kenne ein Dutzend finanzkräftiger Araber, die nur darauf warten, den Amerikanern und dem Westen die Zähne zu zeigen, um alte Rechnungen zu begleichen. Sie wohnen alle in den Außenbezirken Karachis, und ihr Motto lautet: Tun oder beim Versuch sterben.»

«Könntest du uns mit einem von ihnen bekannt machen?», fragte Adil.

Karim nickte und griff unverzüglich nach seinem Handy. «Ich glaube, das lässt sich einrichten. Wo kann ich euch erreichen?»

Adil gab ihm seine Kontaktnummer. Karim versprach, ein paar Telefongespräche zu führen und ihnen noch am selben Tag Bescheid zu geben. Saifi hatte ein gutes Gefühl, als sie Karims Haus verließen. Endlich kam die Sache ins Rollen. In Gedanken sah er schon die nächste Bombe explodieren, und die Vorstellung erregte ihn.

Karachi – am nächsten Tag, Freitag, 22. März 2002

11:00 – Als sich das Eisenportal wie von Geisterhand beiseite schob, kam hinter einer parkähnlichen Anlage eine Villa wie aus poliertem Granit mit hohen vergitterten Fenstern zum Vorschein. Karim, Adil, Atiqur und Saifi parkten das Fahrzeug neben einem Marmorspringbrunnen, und ein pakistanischer Diener mit weißen Handschuhen öffnete ihnen die Wagentür.

«Scheich Raschid hat mich gebeten, Sie in Empfang zu nehmen», sagte der Diener und verbeugte sich dabei ehrerbietend, «wenn Sie mir bitte folgen würden.» Er führte sie in einen Flachbau gleich neben der Villa, eine Art gigantisches Wohnzimmer mit einem Schwimmbad in der Mitte und einem Fußboden aus Glas. Die Luft war gesättigt mit Aprikosenessenz. Saifi war mächtig beeindruckt vom Prunk dieses Palastes, und Karim zwinkerte ihm zu und murmelte:

«Na, zu viel versprochen?»

«Woher kennst du diesen Mann?»

«Jeder hat seine Geheimnisse», winkte Karim ab. «Scheich Raschid ist genau der Mann, den wir jetzt brauchen.»

«Bitte nehmen Sie Platz», sagte der Diener und deutete auf einen riesigen cremefarbenen Diwan. Entspannt lehnten sich die Männer in dem bequemen Sofa zurück und bewunderten die Porzellangeparde, die ihnen gegenüber an der Wand standen.

«Darf ich den Herren eine Erfrischung anbieten?», erkundigte sich der Diener.

«Süßer Tee wäre nicht schlecht», meinte Karim.

«Haben Sie Kaffee?»

«Kommt sofort.» Der Diener verbeugte sich erneut in demütiger Ergebenheit, verschwand und kam wenig später mit den gewünschten Getränken und einer Fruchtschale zurück. Er schenkte jedem persönlich ein und entfernte sich mit den Worten:

«Scheich Raschid wird Sie sogleich empfangen.»

Die Männer schlürften gemütlich ihren Tee und Kaffee und genossen es, wie Maharadschas aus Tausendundeiner Nacht behandelt zu werden. Eine Viertelstunde später erschien ihr Gastgeber. Mit wallendem weißen Gewand und traditionellem Turban betrat er majestätisch den Raum, und seine eifrigen Diener erstarrten automatisch in ehrfürchtiger Haltung. Karim, Adil, Saifi und Atiqur sprangen vom Diwan hoch, aber der Scheich gab ihnen mit einer eleganten Handbewegung zu verstehen, sie sollten sich wieder setzen.

«Entschuldigt bitte, dass ich euch habe warten lassen», sagte der Araber und pflückte ein paar Trauben aus der Fruchtschale, die auf einem silbernen Tablett auf einem kleinen gläsernen Tischchen stand. Mehrere funkelnde Ringe zierten seine Finger, und Saifi vermutete, dass wohl jeder einzelne ein kleines Vermögen wert war. Der Scheich steckte sich die Trauben genüsslich in den Mund, doch im nächsten Augenblick verzog er das Gesicht und begann seine Diener auf Arabisch anzuschreien, als ginge es um Mord und Totschlag. Dabei fuchtelte er wie wild mit den Armen in der Luft herum. Seine Diener nickten nur fortwährend, ließen das feurige Geschimpfe geduldig über sich ergehen und zogen sich dann mit der Fruchtschale und mehreren Verbeugungen zurück. Der Araber wandte sich seinen verwirrten Gästen in völliger Ausgeglichenheit zu.

«Die Trauben sind zu sauer», klärte er sie lächelnd auf. «Ich mag es nicht, wenn meinen Gästen zweitklassige Ware vorgesetzt wird.» Er nahm in einem Sessel mit Leopardenfellüberzug Platz und ließ sich eine Tasse Tee einschenken.

«Nun, meine Brüder, womit kann ich euch dienen?»

Karim übernahm die Wortführung. In kurzen Sätzen schilderte er die Situation und dass sie einen finanzkräftigen Partner suchten, der sie in ihrem Vorhaben unterstützen würde.

Raschid hörte sich ihr Anliegen interessiert an, nickte ab und zu, machte ein paar flüchtige Bemerkungen über die Amerikaner, den pakistanischen Präsidenten und Al-Qaida, zu denen er, wie er sagte, engen Kontakt hatte, und hüllte sich dann für einen Moment in Schweigen, als müsste er sich alles nochmals durch den Kopf gehen lassen, um keine überstürzte Entscheidung zu treffen. Schließlich sah er die bärtigen Männer an und verkündete mit einer überraschenden Selbstverständlichkeit:

«Ich bewundere euren Elan und schätze eure Bemühungen. Sagt mir, wie viel und auf welches Konto, und ich werde es noch heute überweisen.»

Saifi hätte nicht damit gerechnet, dass es so einfach sein würde, den Araber zu überzeugen, und er staunte noch mehr, als der Scheich im selben Atemzug einen Betrag nannte.

«Reichen einhunderttausend für den Anfang?» Dann griff er mit einer eleganten Handbewegung zur neuen

Früchteschale, die ein Diener gegen die erste ausgetauscht hatte, kostete eine der Trauben und wirkte äußerst zufrieden.

«Na bitte. Vortrefflich. Möchte noch jemand etwas Tee?»

Wiedenest – drei Monate später, Samstag, 15. Juni 2002

20:00 – Paul-Gerhard las den Zeitungsartikel schon zum dritten Mal durch und versuchte, seine Gedanken etwas zu ordnen.

Eine Autobombe vor dem US-Konsulat in der pakistanischen Hafenstadt Karachi tötete mindestens zwölf Personen und verletzte fünfzig weitere. Die pakistanische Polizei, die mit FBI-Agenten zusammenarbeitet, sagt, es wäre eine einhundert Kilogramm schwere Bombe verwendet worden. Sie sind nicht sicher, ob die Detonation über eine Fernbedienung ausgelöst wurde oder ob die Explosion das Werk eines Selbstmordattentäters war. Dies ist bereits der dritte Terroranschlag in Pakistan seit Jahresbeginn. Am 17. März kamen bei der Explosion mehrerer Granaten in einer protestantischen Kirche in Islamabad fünf Menschen ums Leben. Unter den Toten befanden sich zwei US-Bürgerinnen. 46 Menschen wurden verletzt, davon 33 aus dem Ausland.

Am 8. Mai riss ein Selbstmordattentäter vierzehn Menschen in den Tod. Der Attentäter lenkte ein mit Sprengstoff beladenes Auto gegen einen mit französischen Ingenieuren besetzten Bus vor dem Sheraton-Hotel in Karachi. Unter den Toten waren elf Franzosen. Sie hatten zusammen mit Pakistanis am Bau von drei Agosta-U-Booten gearbeitet. Der pakistanische

Präsident Musharraf zeigte sich bestürzt und drückte dem französischen Präsidenten Jacques Chirac sein tiefes Beileid aus. Er versprach, eine rigorose Untersuchung einzuleiten, um die Schuldigen zu bestrafen. Gegenüber seinem Sicherheitschef äußerte Musharraf, Pakistan wäre das Opfer einer systematischen Terroristenkampagne geworden. Provinz-Polizeichef Kamal Shah hielt es für möglich, dass ausländische Drahtzieher hinter dem Terroranschlag stehen. «Wir werden auf jeden Fall mögliche Verbindungen zu Osama bin Ladens Al-Qaida untersuchen», sagte er.

Die Polizei hat im Zusammenhang mit dem Anschlag vom 8. Mai neben anderen einen Verdächtigen namens Fazal Karim festgenommen, der vom pakistanischen Geheimdienst verhört wurde, genauso wie vom FBI wegen seiner Verwicklung in die Entführung und Ermordung von Daniel Pearl im vergangenen Januar. Fazal Karim gestand, dass wenigstens zwei Gruppen religiöser Extremisten dabei wären, neue Attentate zu planen, davon einige gegen Schlüsselpersonen der pakistanischen Regierung. Die Attentate würden alle noch in diesem Jahr stattfinden. «Die Vorbereitungen sind bereits voll im Gang, und niemand wird sie aufhalten können», so Karim.

Paul-Gerhard legte die Zeitung vor sich auf den Tisch und fuhr sich nervös durchs Haar. Seitdem er beschlossen hatte, sein elftes Schuljahr an der MCS in Pakistan zu verbringen, erlebte er alles, was irgendwie auch nur entfernt mit Pakistan zu tun hatte, viel intensiver. Und Schreckensnachrichten wie diese waren nicht gerade sehr ermutigend, um überhaupt einen Fuß in dieses Land zu setzen…

Schon als Deborah ihm per E-Mail von dem Überfall auf die Protestant International Church geschrieben hatte, war ihm etwas mulmig zumute gewesen. Ob es wirklich die richtige Entscheidung war, ausgerechnet nach Pakistan zu gehen?

Deborah (rechts) und ihre Freundin Erica

Paul-Gerhard

Albert Sadiq, der Hausmeister

Sung Guk Moon

Deborah, Rahel und Daniel Lanz

Die damaligen Neuntklässler

Damaris Kofmehl mit einer Krankenschwester aus Taxila

Muslime beim Gebet

Oben und unten: Markt in Murree, Pakistan

Der Vordereingang der Garnisonskirche mit dem Haupttor im Hintergrund, durch das die Terroristen das Gelände zuerst betraten

Die alte Garnisonskirche, in der u. a. die Highschool, das Auditorium und die Bibliothek untergebracht sind

Das Auditorium der alten Kirche. Es wird bei schlechtem Wetter auch als Turnhalle verwendet

Im Vordergrund das Picknickareal, links die Kirche,
hinten das kleine Schulgebäude

Das Basketballfeld, das die Attentäter überquerten,
links das Grundschulgebäude

Juliet Visitacion am oberen Ende der Treppe, über die sie vor den Attentätern flüchtete. Links auf der Außentreppe des kleinen Schulgebäudes: Ann Lock, die Therapeutin

Ein Einschussloch im Pfeiler, neben dem Juliet Visitacion steht

Simon Malik, der Schulmanager, neben dem gleichen Pfeiler

Blick vom oberen Ende der Treppe auf den Seiteneingang der Garnisonskirche. Rechts außerhalb des Bildes die externen Toiletten, in denen Simon Malik zuerst Zuflucht suchte

Blick auf das Seitentor und das Grundschulgebäude, in das sich Albert Sadiq flüchtete

Die Toilette, in der sich Albert Sadiq versteckte

In der Mitte die Verbindungstür zum Nebenzimmer, in dem sich die Dritt- und Viertklässler mit Mrs. Sneddon versteckt hielten. Die Toilette ist rechts außerhalb des Bildes

Das Internatsgebäude: Rechts neben dem Baum befindet sich der Eingang, durch den die Attentäter sich keinen Zutritt verschaffen konnten

Kurz nach dem Anschlag traf die Presse ein

Ein höherer Dienstgrad zeigt den offiziellen Vertretern, in welche Richtung die Terroristen geflüchtet sind

Zwei Polizisten aus Murree

Die restlichen Mitarbeiter warten neben dem Seitentor auf das Ende der Untersuchungen

Die Tür zum Internatsgebäude, die den Terroristen wunderbarerweise standhielt

Blick auf das Seitentor, das von einem Wachmann gegen die von außen angreifenden Terroristen erfolgreich verteidigt wurde

Oben und unten: Die Ermordeten werden abtransportiert

Ohne Worte ...

Zwei Wachleute vor dem Haupttor

Das Leben geht weiter – der Speisesaal

Juliet Visitacion

… und ihre Tochter Jenny

DJ Visitacion bei der Graduation mit seiner Therapeutin Ann Lock

Rahel (vorne in der Mitte kniend) und Deborah (hinter ihr)

Das Basketballteam mit Deborah (sitzt links vom rechten Baum) und Rahel (vorne Mitte)

Beim Barbeque: Rahel (ganz vorne)

Naemi Lanz

Deborah, Rahel und Daniel

Sung Guk mit seinem Kumpel Lance

Paul-Gerhard

Deborah

Seine Schulkameraden erklärten ihn logischerweise für verrückt. Seine Eltern hingegen unterstützten ihn voll, und seine Mutter half ihm sogar, einen formellen Brief an den Schuldirektor Mr. Morton zu schreiben, um zu sehen, ob sie Platz für ihn hätten.

Wenige Tage später kam eine E-Mail von Mr. Morton zurück, worin er schrieb: «Ich bin überzeugt davon, dass unsere Schule sehr davon profitieren wird, dass du kommst.» Auch die Schule in Wiedenest hatte keinerlei Einwände gegen ein Jahr im Ausland. So hatte Paul-Gerhard sich schließlich durchgerungen, ein Studienvisum zu beantragen, und stürzte sich in den dafür unumgänglichen Papierkram. Der Flug war bereits gebucht, und am 17. Juli sollte das Abenteuer beginnen.

Doch als er diesen Zeitungsartikel in den Händen hielt, kamen ihm ernsthafte Zweifel, ob er nicht lieber die Finger davon lassen sollte. Was war, wenn ihn Terroristen entführten? Was war, wenn er in einem Bus sitzen würde, den ein Selbstmordattentäter in die Luft jagte? Und wie sicher war die Schule in Murree? Tausend andere Möglichkeiten schossen ihm durch den Kopf, was ihm in Pakistan Gefährliches passieren könnte. Aber dann musste er auf einmal über sich selbst lachen.

«Mann, Paul-Gerhard, ich dachte, du hättest Gottvertrauen», murmelte er, «wenn Gott nicht will, dass du gehst, dann wird er es verhindern, ganz einfach. Er ist schließlich Gott. Er wird zum Beispiel dafür sorgen, dass du kein Visum kriegst, oder du stürzt die Treppe runter und brichst dir den großen Zeh ...» Er kratzte sich am Kopf. «Na ja, Letzteres lieber nicht.» Kurz entschlossen faltete er die Zeitung zusammen und legte sie feierlich beiseite.

«Hey, Gott», betete er, «wenn du nicht möchtest, dass ich nach Pakistan gehe, dann lass dir einfach etwas einfallen, okay? Du hast einen Monat Zeit, sonst sitze ich im Flieger.» Er überlegte eine Weile und fügte dann hinzu: «Ach ja, und falls du die Idee gut findest, dass ich gehe, wäre es vielleicht geschickt, einen Engel abzuordern, nur für alle Fälle ... es können auch zwei sein.» Er drehte die Lautsprecher seiner Stereoanlage auf, ließ sich zufrieden auf sein Bett fallen, und innerhalb weniger Sekunden schaltete er ab und blieb mit seinen Gedanken irgendwo zwischen Mond und Milchstraße hängen, weit weg von Terroristen und explodierenden Bussen.

Murree – am selben Tag

16:00 – Die Nachricht der einhundert Kilogramm schweren Autobombe, die am 14. Juni in Karachi hochging, brachte ein zufriedenes Lächeln auf die Gesichter der Mudschaheddin aus Saifis Selbstmordkommando. Saifi hatte sie gleich nach der Besprechung mit Scheich Raschid in seine neuen Pläne eingeweiht und ihnen mitgeteilt, dass sie für ihre Arbeit künftig von ihm persönlich und nicht mehr von der Jaish-e-Mohammed bezahlt würden, da Jabbar sich angeblich zurückgezogen habe. Kamran und den andern war das ziemlich egal. Hauptsache, sie konnten weitermachen. Und ihr nächster Auftrag war ganz nach ihrem Geschmack.

«Saifi hat Recht, es wäre eine Schande gewesen, einfach aufzuhören», war Kamrans Kommentar zu dem neusten Selbstmordattentat in Karachi. Er saß zusammen mit Ayaz, Badar, Nawaz, Qari, Hasan und Abu Bakar im unmöblierten Wohnzimmer eines zweistöckigen Hauses in Murree und putzte an seinem

Maschinengewehr herum. Das Haus war im Umbau, und sie hatten es für 15 000 Rupien von ihrem Kontaktmann in Murree gemietet, um sich in aller Ruhe auf ihre nächste Mission vorzubereiten. Jetzt warteten sie nur noch auf Saifis Kommando, um loszulegen.

«Wenn die wüssten, was als Nächstes kommt», grinste Hasan. «Islamabad und Karachi werden dagegen armselig erscheinen.»

«Wie viele Schüler, sagtest du, sind an der Schule?», erkundigte sich Nawaz.

«Einhundertfünfzig», sagte Qari, «außerdem etwa fünfzig pakistanische und ausländische Mitarbeiter.»

«Also zweihundert Leute», wiederholte Nawaz. «Bruder, das wird ein hübsches Feuerwerk werden.»

«Wir haben genug Sprengstoff, um nicht nur die Schule, sondern auch die gesamte Umgebung in die Luft zu jagen», berichtete Qari. «Die Schule wird dem Erdboden gleichgemacht. Und alles, was davon übrig bleiben wird, ist ein Krater von der Größe eines Meteoriten.»

Die Männer nickten sich gegenseitig zu und putzten dann seelenruhig ihre Gewehre weiter. Der große Tag würde kommen, schon bald, sehr bald, und sie konnten es kaum erwarten.

Teil III
Fünfzehn Minuten

Murree – sechs Wochen später, Montag, 29. Juli 2002

11:00 – Paul-Gerhard kam es vor, als würde er träumen. Er war tatsächlich hier! Er war in Pakistan, in Murree, an der Murree Christian School, und das, obwohl er beinahe geglaubt hatte, Gott würde ihm tatsächlich das Visum vermasseln. Sein Flug war für einen Donnerstag gebucht, doch eine Woche vorher hatte er noch immer keinen Bescheid von der pakistanischen Botschaft. Langsam wurde er nervös, und am Samstag beschloss er kurzerhand, selbst nach Berlin zu fahren, um die Sache zu regeln.

Am Sonntag nahm er den ICE-Zug nach Berlin, am Montag ging er auf die pakistanische Botschaft und traf auf einen äußerst netten Botschafter, der ihm ohne irgendwelche Probleme ein fünfmonatiges Visum ausstellte. Am Dienstag fuhr er nach Hause, am Mittwoch wurde gepackt, und am Donnerstag flog er. Und jetzt saß er hier, in der Garnisonskirche aus dem 19. Jahrhundert, zusammen mit hundertfünfzig anderen Schülern aus sechzehn verschiedenen Nationen, und lauschte der schwungvollen Ansprache des Schuldirektors zur Eröffnung des neuen Schuljahres.

Natürlich bekam Paul-Gerhard fast nur die Hälfte der Rede mit, denn erstens ließ sein Schulenglisch etwas zu wünschen übrig, und zweitens sprach Mr. Morton mit einem so starken australischen Akzent, dass ihn der

Sechzehnjährige nun wirklich unmöglich verstehen konnte. Aber er ging davon aus, dass dies keinen gravierenden Einfluss auf seine Noten haben würde, und so nützte er die Zeit während der festlichen Begrüßungszeremonie, um die anderen Schüler eingehend zu mustern.

Die meisten waren mit ihren Eltern da, und Paul-Gerhard sah die Aufregung und die großen Erwartungen in fast allen Kinderaugen leuchten. Die jüngeren zappelten unruhig auf ihren Stühlen hin und her, die älteren saßen in strammer Haltung da, herausgeputzt und geschniegelt von Kopf bis Fuß, die Haare ordentlich gekämmt und die Schuhe poliert. Die ganze feierliche Atmosphäre erinnerte Paul-Gerhard unweigerlich an die erste Szene aus dem Film «Der Club der toten Dichter» («Dead Poets Society») und daran, wie die jungen Studenten bei Dudelsackmusik erhobenen Hauptes die Schulbanner in die Kathedrale trugen.

Nach der Feier und der Verabschiedung der Eltern von ihren Kindern folgte das ungezähmte Chaos. Hundertfünfzig nervöse Schüler stürzten sich auf das Anschlagbrett, wo sie sich für ihre Kurse in diesem Semester einschreiben mussten. Alle schrien und plauderten wild durcheinander, und Paul-Gerhard kam sich zwischen all den englischsprechenden Kindern und Teenagern fast ein wenig verloren vor. Außerdem hatte er keine Ahnung, was er eigentlich tun musste, während alle andern sich völlig zielstrebig nach vorne drängten und sich in die vielen Listen eintrugen, gerade so, als hätten sie ihr ganzes Leben nichts anderes getan als das. Irgendwann kam ihm Deborah zu Hilfe und erklärte ihm, wie das Schulsystem funktionierte und was er zu tun hatte.

«Du kannst dir den Stundenplan selbst zusammenstellen», erklärte sie ihm, «einige Fächer sind obligatorisch, aber andere kannst du frei wählen. Wenn du dieselben Fächer wählst wie ich, dann sehen wir uns in jeder Stunde.»

Paul-Gerhard blies sich eine lose Haarsträhne aus dem Gesicht. Seine Haare fielen ihm jetzt bis über die Schultern, und er hatte sie sich im Nacken zusammengebunden.

«Deborah, du bist meine Rettung», bedankte sich der Teenager. «Hier geht's ja zu und her wie an der Börse. Ich glaube, ich bin im falschen Film.»

«Ich kenn das Gefühl», schmunzelte sie, «an meinem ersten Schultag hier an der MCS war es genauso.»

«Ich sehe echt alt aus mit meinem Schulenglisch. Stell dir vor, vorhin hat mich jemand gefragt, woher ich komme, und ich Idiot hab ihm geantwortet, wie ich heiße. Die sprechen alle so unglaublich schnell.»

«Englisch ist ihre Muttersprache», erklärte Deborah. «Jedenfalls bei den meisten. Aber mach dir keine Sorgen. In ein paar Wochen verstehst du fast alles.»

«Hoffentlich», seufzte Paul-Gerhard. «Das ist die Strafe dafür, dass ich im Englischunterricht immer geschlafen habe.»

«Hast du das, echt?»

«Na ja, wenigstens im Geiste. Aber das lag an unserer Lehrerin, ich schwör's. Die hat sich nämlich immer nur mit denen unterhalten, die sowieso schon Englisch konnten.»

«Jedenfalls wirst du hier vierundzwanzig Stunden am Tag Gelegenheit haben, dein Englisch aufzubessern, und außerdem werde ich dir die erste Zeit das, was du nicht verstehst, übersetzen», meinte Deborah. «Komm, ich helf dir erst mal beim Aussuchen der Fächer.»

Sie bahnten sich in dem Gedränge einen Weg zum

Anschlagbrett, und Deborah begann, Paul-Gerhard die verschiedenen Kurse zu erklären.

«Hey, Deborah!», rief jemand und tippte dem Mädchen von hinten auf die Schulter. «Ist das dein Freund, von dem du erzählt hast?»

Deborah drehte sich um. «Hey, Matt!», sagte sie. «Ja, das ist Paul-Gerhard. Er wird ein halbes Jahr in unserer Klasse sein.»

«Hallo, Paul», nickte der Amerikaner und schüttelte seine Hand. «Deborah hat viel von dir erzählt.»

«Keine Schauermärchen, hoffe ich.»

«Stimmt es, dass du Spinnen zum Frühstück isst und geblümte Unterhosen trägst?»

«Matt!», rief Deborah empört.

Der Junge grinste. «War nur ein Scherz, Paul. Ich wollte dich eigentlich fragen, ob du in unser Basketballteam kommen willst.»

Paul-Gerhard nickte. «Sehr gerne.»

«Cool», meinte Matt und versetzte Paul-Gerhard einen leichten Fausthieb gegen die Brust. «Willkommen in der MCS. Ich hoffe, du wirst uns überleben. Wir sind die Schlimmsten.»

«Sind alle ziemlich verrückt hier», meinte Deborah und drehte erklärend ihren Zeigfinger neben ihrer Schläfe.

«Das sehe ich», schmunzelte Paul-Gerhard. «Dann tanze ich wenigstens nicht ganz aus der Reihe.»

In diesem Moment prallte Sung Guk mit Kugelschreiber und Discman bewaffnet mit ihnen zusammen.

«Hallo, Leute!», rief er. «Bist du der Neue?»

«Paul-Gerhard», stellte sich der Teenager vor.

«Noch so ein Name, den man nicht aussprechen kann», seufzte der Koreaner, «ich werde dich Pauli G nennen. Das ist einfacher.»

«Pauli-Dschi», wiederholte Paul-Gerhard die neue

Version seines Namens und zuckte die Achseln. «Okay, dann eben Pauli-Dschi. Und wie ist dein Name?»

«Sung Guk Moon», stellte sich der Koreaner strahlend vor.

«Sung wie?»

«Nenn mich einfach Sung Guk.»

«Und du behauptest, Paul-Gerhard sei ein komplizierter Name.»

«Pauli G klingt besser», meinte Sung Guk überzeugt. «Außerdem passt es besser zu deiner Frisur. Lange Haare find ich am besten!»

«Findest du wirklich?»

Sung Guk nickte eifrig. «Ich liebe lange Haare. Deborah sagte mir auch, du machst Musik?»

«Mit Betonung auf *machen*», warf Deborah ein. «Er machte in Deutschland beinahe unsere Gitarre kaputt mit seiner Musik.»

«Also, das ist nicht fair», wehrte sich Paul-Gerhard vehement, «der Gitarre fehlte eine Saite, *bevor* ich sie anrührte. Ich hab sie geflickt, falls du dich erinnerst.»

«Ja, und dann hast du so laut drauf herumgehämmert, dass ich Angst hatte, die Saite würde wieder reißen.»

«Maßlose Übertreibung. Außerdem sagte dein Vater, er fände es gut, dass ich übe.»

«Ja, weil er dachte, dann würden wir alle weniger leiden, wenn du besser geworden bist.»

«Was für Musik spielst du denn?», unterbrach der Koreaner die Kabbelei der beiden. «Ich gehe mal davon aus, dass du kein Mozart-Typ bist.»

«Ich mag Mozart», antwortete Paul-Gerhard. «Vor allem Mozartkugeln. Die sind lecker. Aber ansonsten steh ich auf Heavy. Und was hörst du dir so an?»

Deborah schüttelte schmunzelnd den Kopf. Paul-Gerhard hatte vielleicht nicht das beste Englisch, aber seine Schlagfertigkeit litt keineswegs darunter. Sung

Guk reichte ihm den Kopfhörer seines Discmans und ließ ihn in seine Musik reinhören.

Paul-Gerhard hielt die Kopfhörer fest, schloss die Augen und wippte mit dem Kopf zum Rhythmus. Eines stand fest, er würde sich auch ohne große Englischkenntnisse prächtig mit Sung Guk verstehen. Zwei Musikliebhaber hatten sich gefunden.

Deborah betrachtete Paul-Gerhard von der Seite und freute sich daran, dass er so rasch neue Freunde kennen gelernt hatte. Sie war sich sicher, dass sie ein tolles halbes Jahr zusammen verbringen würden.

Nicht im Traum hätte sie gedacht, dass alles ganz anders kommen sollte ...

Murree – drei Tage später, Donnerstag, 1. August 2002

16:00 – Alles war minutiös vorbereitet. Der Sprengstoff lag zusammen mit den Granaten und den Kalaschnikows auf dem staubigen, mit rohen Backsteinen übersäten Boden. Die Skizze der Schulanlage war vor ihnen auf einem Tisch ausgebreitet. Eigentlich hätten sie schon vor einiger Zeit angreifen wollen, doch die zweimonatigen Sommerferien kamen ihnen dazwischen, und so mussten sie die Aktion eben verschieben.

Saifi selbst hatte das Kommando für diese Mission übernommen, um sicherzustellen, dass keine Fehler passierten. Die Gruppe war auf fünf Männer geschrumpft: der Dschihad-Fanatiker Abu Bakar, der streng religiöse, aber eher zurückhaltende Hasan, der zähe, anspruchsvolle Qari mit der Narbe im Gesicht, der heimtückische Nawaz mit seinem unersättlichen

Hass gegen die Ungläubigen und einem Hang zur Schadenfreude, und schließlich der vom Heldentum inspirierte Badar.

Kamran und Ayaz, die ebenfalls bei den ersten Recherchen mitgeholfen hatten, waren Ende Juni von Saifi nach Abottabad geschickt worden, um dort ein Haus für ihren nächsten Unterschlupf zu mieten. Abottabad lag gut sechzig Kilometer nordwestlich von Murree auf 1200 Metern und war der perfekte Ausgangspunkt für ihren nächsten Streich, der bereits in groben Zügen geplant war. Abu Bakar, Saifis rechte Hand, hatte Kamran und Ayaz im Juli kurz besucht und sie diesbezüglich in alles Nötige eingeweiht. Während die beiden in Abottabad blieben und auf weitere Instruktionen ihres Kommandanten warteten, kehrte Abu Bakar nach Murree zurück, wo die letzten Vorbereitungen für den Überfall auf die Murree Christian School liefen.

Die fünf Männer, die Saifi für dieses Attentat ausgewählt hatte, wussten, dass sie sich keinen Schnitzer erlauben durften. Saifi hatte sich klar ausgedrückt: Er wollte nicht bloß lächerliche fünf Tote verzeichnen können wie in der Kirche in Islamabad. Er wollte, dass *alle* starben. Das war ihr Auftrag, und sie hatten auch schon einen Plan, wie sie die zweihundert Menschen auf einen Schlag erledigen konnten.

«Wir stürmen das Gelände während der Großen Pause», erklärte Saifi, «die Pause geht von 10:45 bis 11:15, also greifen wir so gegen 11:00 an. Schüler, Lehrer und Mitarbeiter werden sich zu diesem Zeitpunkt an drei Orten aufhalten.»

Er nahm einen roten Stift und machte drei Kreise auf der selbst entworfenen Karte. «Entweder im Speisesaal, auf dem Basketballplatz oder hier, bei den Picknickbänken zwischen Sportplatz und Kirche. Vielleicht wird es den einen oder anderen geben, der sich irgendwo sonst rumtreibt, aber das dürften nicht viele sein. Alle andern befinden sich in der Pause, die Lehrer und Angestellten beim Teetrinken, und die Schüler tummeln sich vorwiegend auf dem Sportplatz.»

Die Männer nickten und prägten sich die roten Kreise in ihr Gedächtnis ein.

Abu Bakar rückte seine Brille zurecht und meldete sich zu Wort. «Die Informationen, die wir hier haben, sind absolut zuverlässig. Unser Informant hat während des Mauerbaus diesen Frühling alles genau beobachtet und notiert. Er sagte, es sei jeden Tag dieselbe Prozedur. Pünktlich um 10:45 klingelt die Pausenglocke. Dann stürmen zuerst die Grundschulkinder aus ihrem Gebäude und begeben sich schnurstracks auf den Sportplatz. Es dauert im Höchstfall drei Minuten, bis sie dort ankommen und beginnen, Fußball oder Basketball zu spielen. Wer nicht mitspielt, sitzt auf den Stufen daneben und schaut zu. Die Kinder befinden sich also ziemlich auf einem Haufen, leicht anzugreifen. Anschließend tröpfeln die Schüler von der Highschool aus dem Kirchengebäude und begeben sich entweder zum Picknickplatz unterhalb des Basketballfeldes oder auf die obere Ebene zum Speisesaal. In allerhöchstens fünf Minuten kommen sie dort an, selbst wenn sie sich Zeit lassen. Die Lehrer sind unserem Informanten gemäß die Letzten, die die Schulgebäude verlassen, aber in allerspätestens sechs bis sieben Minuten nach Pausenbeginn sitzen auch sie gemütlich beim Teetrinken und sind damit leichte Beute für uns. Mit anderen Worten, 11:00 ist die perfekte Zeit zum Angriff. Irgendwelche Fragen?»

Ein Murmeln ging durch die Reihe der jungen Männer. Sie ließen ein paar Kommentare fallen und diskutierten über die drei eingekreisten Standorte ihrer Opfer.

«Wir teilen uns in drei Teams auf», fuhr Saifi fort, «Badar und Nawaz, Hasan und Qari, Abu Bakar und ich. Bleibt immer zusammen, soweit es möglich ist. Hasan und Qari, ihr konzentriert euch auf den Speisesaal, Badar und Nawaz, euer Fokus ist das Sportfeld und der Picknickplatz. Und Abu Bakar und ich werden draußen Wache stehen.»

«Ist die Schule bewacht?», erkundigte sich Badar.

«Das ist der nächste Punkt, den wir besprechen wollen», hakte Abu Bakar ein. «Wie ihr schon auf dem Plan unschwer erkennen könnt, gibt es einen Haupt- und einen Seiteneingang. Beide werden von je einem bewaffneten Sicherheitsbeamten in einem Kontrollhäuschen überwacht. Wir brauchen also bloß den Wächter am Haupttor zu erschießen, und schon haben wir freien Zugang zum Schulgelände. Qari und Hasan, ihr werdet euch um den Wachmann kümmern, in Ordnung?»

«Die haben nur zwei Wächter für zweihundert Leute?», amüsierte sich Hasan.

«Nicht ganz», korrigierte Abu Bakar. «Es gibt noch ein paar bewaffnete Wächter, die sich rund um die Uhr auf dem Gelände befinden. Seid also auf der Hut und schießt auf jeden, der eine Uniform trägt. Sie sind die Einzigen, die uns möglicherweise gefährlich werden können.»

«Und was ist mit der Militärbasis, die sich gleich hinter der Schule befindet?», gab Nawaz zu bedenken und fuhr sich durch sein strohblondes Haar, das er sich extra für den Anschlag gebleicht hatte. Die pakistanische Armee hatte unmittelbar hinter der Schule eine Garnison. Eine große Fläche des Waldes gehörte zu ihrem Gebiet und war für die Zivilbevölkerung gesperrt.

«Ein Grund mehr, die Sache schnell zu erledigen», meinte Saifi. «Ihr müsst auf jeden Fall in Bewegung bleiben, bevor jemand bei der Armee Alarm schlägt. Aber bis die sich durch ihre Hierarchie gewühlt haben, um etwas unternehmen zu dürfen, habt ihr die Schule vermutlich längst dem Erdboden gleichgemacht. Sie kommen höchstens noch rechtzeitig, um die Toten zu bergen.»

«Was machen wir, wenn etwas schief geht?» Die Frage kam von Badar.

«Wenn *was* schief geht?»

«Irgendetwas. Wenn eine Granate nicht hochgeht zum Beispiel.»

«Dies ist nicht Islamabad», schnarrte ihn Saifi an. «Eure Granaten *gehen* hoch. Außerdem habt ihr so viel Sprengstoff dabei, dass es auf eine Granate mehr oder weniger auch nicht mehr ankommt. Spätestens wenn ihr euch selbst in die Luft jagt, erwischt ihr sie sowieso alle. Noch Fragen?»

Badar, Nawaz, Qari und Hasan sahen schweigend von einem zum andern, und für eine Weile sagte keiner ein Wort, als wäre ihnen erst jetzt so richtig bewusst geworden, dass auch sie selbst das Kampffeld nicht lebend verlassen würden. Die Mission endete mit ihrem Tod. So war es geplant, und so würden sie die Sache durchziehen. Darauf waren sie trainiert worden, ihr ganzes Leben lang. Das war der Höhepunkt ihrer Karriere als Mudschaheddin: ihr Märtyrertod. Und in vier Tagen war es so weit.

Badar spürte ein merkwürdiges Kribbeln im Bauch, als er daran dachte. Und selbst wenn die Gesichter der anderen keinerlei Gefühle verrieten, konnte er sich nur schwer vorstellen, dass sie dieses Kribbeln nicht auch verspürten.

16:15 – Während ein paar Jungs auf dem Sportplatz ein kleines Fußballturnier veranstalteten, saß Aaron etwas abseits auf dem Kletterturm hinter dem Basketballkorb und ließ friedlich seine dünnen weißen Beine in der Luft baumeln. Er war sich noch nicht sicher, wie er die Murree Christian School finden sollte. Seine Eltern hatten es für das Beste gehalten, ihn nach Murree zu schicken, damit er neue Freunde kennen lernen und auf andere Gedanken kommen würde. Denn seit dem Anschlag auf die Kirche in Islamabad war der Junge noch mehr in sich gekehrt als vorher. Er redete nicht darüber, und wenn jemand das Thema anschnitt, verließ er den Raum oder lenkte das Gespräch auf etwas anderes. Es war nicht einfach für ihn gewesen, und die blutigen Bilder würden ihn wohl noch lange in seinen Träumen verfolgen.

Sein Vater hatte bis vor kurzem an Krücken gehen müssen. Die Wunde an seinem Bein war noch nicht ganz verheilt und bereitete ihm fast immer große Schmerzen. Die Schnittwunden im Gesicht seiner Mutter waren verheilt, aber ihr gebrochener Finger wollte einfach nicht richtig zusammenwachsen. So war sie gemeinsam mit seiner Schwester Anita nach Neufundland zurückgereist, um den Finger dort nochmals operieren zu lassen.

Aarons Vater war in Islamabad geblieben, und Aaron war vor einer Woche ins Internat in Murree gezogen. Er blieb allerdings auch hier ein Außenseiter und tat sich schwer, neue Freunde zu finden, wie es sich seine Eltern eigentlich gewünscht hatten. Am meisten vermisste er Vaters High-Tech-Computer und seine Katze. Mit der hatte er sich ausgezeichnet verstanden, denn sie war genauso menschenscheu wie er und beobachtete alle immer aus sicherem Abstand. Dasselbe tat Aaron in seiner ersten Schulwoche in Murree. Er blieb auf Distanz, obwohl sich seine Klassenkameraden echt Mühe gaben, ihn mit einzubeziehen. Doch Aaron brauchte seine unsichtbare Glasglocke, um sich sicher zu fühlen, und ließ nicht viele an sich heran.

Die Jungs auf dem Sportplatz spurteten hinter dem Fußball her, als ginge es um die Weltmeisterschaft. Sie waren schon völlig nass geschwitzt und außer Puste. Aaron wusste wirklich nicht, wie man daran Spaß haben konnte. Da blieb er lieber bei der Informatik. Sein Interesse galt denn auch weniger dem hektischen Fußballspiel als vielmehr einer Gruppe frecher Paviane, die sich vom Dach des Grundschulgebäudes über einen großen Pinienbaum lärmend auf den Boden schwangen. Es gab viele Affen auf dem Schulgelände, einige waren ganz schön groß und vor allem sehr angriffslustig. Die Arbeiter vertrieben sie jeweils mit Stöcken, um sie sich vom Leib zu halten. Aber das beeindruckte die Paviane nicht sonderlich. Sie turnten den ganzen Tag zwischen Pinien, Fenstersimsen und Dachvorsprüngen hin und her und veranstalteten zuweilen einen Mordskrach.

Gerade jetzt beobachtete Aaron, wie sich ein besonders frecher Affe an ein belegtes Brot heranmachte, das einer der Jungs auf dem Mäuerchen neben dem Fußballplatz hatte liegen lassen. Der Pavian schnappte es und hangelte sich dann an dem neu erbauten schweren Stahlzaun neben dem Grundschulgebäude geschickt davon. Als Greenpeace, der Besitzer des Brötchens, wenige Minuten später das mysteriöse Verschwinden desselben entdeckte und sich wunderte, wer es wohl gestohlen hatte, quietschte Aaron vor Vergnügen und rief dem Jungen vom Klettergerüst aus zu:

«Hey, ich würde den Pavian dort oben fragen, ob es ihm geschmeckt hat!»

«Du hast zugesehen, wie ein Pavian mein Essen stiehlt?», rief Greenpeace und stemmte die Hände in die Seiten.

«Was hätte ich denn tun sollen?», verteidigte sich der Zwölfjährige achselzuckend und verkniff sich nur mit Mühe das Grinsen. «Ich wollte dich nicht ablenken.»

«Wir haben sowieso verloren», meinte der Sechzehnjährige und trabte auf Aaron zu. «Wenn du möchtest, kannst du in der zweiten Hälfte für mich einspringen. Ich kann nicht mehr.»

«Nein, danke», winkte Aaron ab. «Ich spiel nicht Fußball.» Greenpeace ließ sich neben dem Klettergerüst ins Gras fallen und atmete tief durch.

«Mann, das andere Team ist einfach zu stark. Wir haben keine Chance.»

«Das mit dem Pavian war auch Pech, was?»

Greenpeace winkte ab. «Was soll's. Gibt eh bald Abendessen. Es ist mir lieber, ein Pavian stiehlt mir mein Brot als ein Leopard. Die gibt es hier nämlich auch.»

«Tatsächlich? Hast du schon einen gesehen?»

«Nein. Das ist wohl auch besser so. Ein Leopard soll in der Gegend sechs Frauen angefallen und getötet haben.»

«Echt?»

«Wildschweine gibt es übrigens auch. Und den roten Bengalfuchs. Und natürlich eine Menge seltener Vögel und wunderschöner Schmetterlinge. Ich mag Tiere sehr, eigentlich die ganze Natur. Du auch?»

«Ich mag ‹Star Wars› und ‹Herr der Ringe›», antwortete Aaron.

Greenpeace ließ sich erschöpft ins Gras zurückfallen und betrachtete eine Weile die Wolken. Plötzlich richtete er sich auf und blickte mit offenem Mund zum Himmel empor, als hätte er soeben etwas Unglaubliches entdeckt.

«Das gibt's doch nicht», murmelte er und deutete mit dem Finger in eine ganz bestimmte Richtung. «Siehst du das auch?»

«Die Wolken?»

«Nein, nur die eine dort. Siehst du sie nicht?»

Aaron lenkte seinen Blick in dieselbe Richtung, doch er konnte beim besten Willen nichts erkennen.

«Welche?»

«Sie ist direkt über dem Highschool-Gebäude. Sie sieht aus wie eine Hand! Eine riesige rechte Hand! Gott, so etwas hab ich noch nie gesehen!» Der Junge war ganz verzückt von seiner Entdeckung, während Aaron noch immer nichts sehen konnte.

«Du hast eine blühende Fantasie», meinte er. «Es ist eine ganz gewöhnliche Wolke.»

«Nein, das ist keine gewöhnliche Wolke», sagte Greenpeace, und ein Strahlen zog sich über sein ganzes Gesicht. «Ich glaube, Gott will mir etwas sagen. Es ist eine Botschaft. Ich spüre es.» Er blieb eine Weile fast unbeweglich sitzen, den Blick in den Himmel über der Garnisonskirche gerichtet, und eine tiefe Zufriedenheit schien ihn von Kopf bis Fuß zu erfüllen.

«Und?», bohrte Aaron, nachdem der Teenager viel zu lange nur schweigend dagesessen hatte, von einem sichtbaren Frieden umgeben. «Wie lautet die Botschaft?»

Greenpeace wandte sich Aaron zu und verkündete fast feierlich: «Meine Hand ist über dir. Ich bin bei dir.»

Murree – vier Tage später, Montag, 5. August 2002

06:30 – Der Wecker rasselte, und Paul-Gerhard wäre beinahe aus dem Bett gefallen. Er stieß mit dem Arm gegen das Nachttischchen, worauf der Wecker zu Boden fiel und dort weiterschepperte. Sung Guk, der koreanische Musiker, Matt und David, die beiden Tierjäger, der deutsche Sascha und der Insektenretter Daniel alias Greenpeace, die mit ihm das Zimmer teilten, lugten verschlafen unter ihren Decken hervor und brummten ein paar verärgerte Bemerkungen.

«Könnte vielleicht jemand diesen doofen Wecker zum Schweigen bringen?»

«Ist es wirklich schon wieder Morgen?»

«Leider, und auch noch Montag.»

«Ich hasse Montage», kam es vom dritten Kajütenbett. Matt schleuderte sein Kissen in die Richtung des Schepperns und rief zum zweiten Mal: «Mann, stell endlich diesen blöden Wecker ab!»

Paul-Gerhard hatte es in der Zwischenzeit geschafft, sich so weit aus dem Bett zu wälzen, dass er mit dem rechten Arm den Wecker zu fassen kriegte und das nervende Geräusch abwürgen konnte. Die Jungs räkelten sich und krochen murrend aus ihren Schlafhöhlen. Paul-Gerhard rieb sich die Schläfen, als ein asiatisches Gesicht direkt über ihm erschien.

«Na, Pauli G, wie fühlst du dich heute?», fragte Sung Guk, kopfüber von seinem Bett hängend, und betrachtete ihn dabei aus der Vogelperspektive.

«Nach Schule ist mir nicht gerade zumute», gestand Paul-Gerhard wahrheitsgetreu.

«Es ist Montagmorgen», ließ Greenpeace vernehmen, während er sich anzog, «da ist es keinem jemals nach Schule zumute.»

«Jemand hat schon wieder meine Socken geklaut!», verkündete Sascha plötzlich.

David grinste. «Das behauptest du jeden Morgen.»

«Ich hab sie vor dem Zubettgehen auf den Stuhl hier gelegt, da bin ich sicher», erklärte Sascha. «Und jetzt sind sie weg. Also hat sie jemand von euch genommen. Und ich gehe jede Wette ein, das warst du, David.»

«Hey, ich würde niemals deine stinkenden Socken antasten! Das ist purer Selbstmord.»

«Meine Socken stinken nicht!»

«Oh doch, das tun sie. Was meinst du, warum ich immer lüfte, wenn ich ins Zimmer komme?»

«Gib mir meine Socken zurück! Ich weiß, dass du sie hast.»

«Ich hab sie nicht, ehrlich», verteidigte sich David mit Unschuldsmiene. «Aber da hängt so ein Käsegeruch in der Luft, vielleicht folgst du dem mal bis zu deinem Schrank und wirfst einen Blick rein.»

«Mensch, ehrlich», sagte Sascha und wirkte schon ganz verzweifelt. «Wo sind meine Socken?»

«Ich würde mal unter dem Bett nachsehen», schlug Matt vor, «du wirst staunen, was da sonst noch alles rumliegt.»

Sascha ließ sich auf die Knie nieder und warf einen Blick unters Bett.

«Und? Fündig geworden?»

«Du hast Recht», gestand Sascha, «da unten liegt wirklich eine Menge.»

«Sage ich doch», meinte Matt triumphierend.

Sascha legte sich flach auf den Bauch und förderte drei Paar Socken, mehrere Unterhosen, ein paar verschwitzte T-Shirts, einen alten Turnschuh, einige Kugelschreiber, ein paar zerfledderte Comic-Heftchen und ein Mathebuch zu Tage.

«Mein Mathebuch!», rief Sung Guk und sprang vom Kajütenbett. «Du hast mein Mathebuch gefunden!»

«Das ist *mein* Turnschuh!», verkündete Matt überrascht. «Ich hab mich schon gewundert, wo er ist.»

Nachdem die Fundgegenstände, inklusive Boxershorts, unter ihren rechtmäßigen Besitzern verteilt worden waren, widmeten sich die Jungs ihrer Morgentoilette. Paul-Gerhard war der Letzte, der sich in seinem Bett aufrichtete. Daniel, der eben aus dem Waschraum zurückkam, sah den Jungen geknickt auf der Bettkante sitzen.

«Du siehst etwas blass aus, Pauli G», sagte der Deutsche. Längst nannten ihn alle nur noch bei seinem Spitznamen. Paul-Gerhard nickte müde.

«Ich fühl mich noch immer nicht besonders, um ehrlich zu sein.»

«Du verträgst die Höhe nicht», meinte Daniel. «Die Luft ist ziemlich dünn hier oben. Dein Körper hat sich noch nicht daran gewöhnt.»

«Das ist wohl der Grund, warum ich andauernd so müde bin», überlegte Paul-Gerhard. Zuerst hatte er angenommen, es käme davon, dass er sich so unglaublich aufs Englische konzentrieren musste. Jedes Mal, wenn die Schule um drei Uhr aus war, überkam ihn eine derartige Müdigkeit, dass er sich als Erstes für zwei Stunden aufs Ohr legte. Zwischen fünf und sechs Uhr stand er wieder auf, dann war Abendessen, danach kamen die Hausaufgaben dran und das Nacharbeiten, und schließlich war es schon wieder Zeit, ins Bett zu gehen.

Paul-Gerhard empfand das alles als ziemlich stressig, und bereits nach den ersten zwei Schultagen lag er flach, konnte nichts mehr essen und war nur noch am Trinken und Vor-sich-Hinsiechen.

«Soll ich Deborah fragen, ob sie dir einen Knüppel auf den Kopf gibt?», fragte Daniel.

«Um Gottes willen, nein!», wimmelte Paul-Gerhard ab. «Auf gar keinen Fall!»

«Knüppel auf den Kopf» war die allgemein übliche Bezeichnung für eine Salzlösung gegen den Durchfall. Es war im Grunde nichts anderes als eine Menge Salz in Wasser aufgelöst, und Deborah nannte den heilsamen Mix «Knüppel auf den Kopf», weil er absolut scheußlich schmeckte, eben wie ein Knüppel auf den Kopf. Aber Deborah kannte kein Erbarmen, wenn es darum ging, ihre Freunde gesund zu pflegen, erst recht nicht, wenn es Paul-Gerhard betraf, der nun wirklich nicht seine ersten Wochen in der MCS im Bett verbringen sollte.

«Weißt du, was? Ich fühle mich auf einmal viel besser», meinte Paul-Gerhard und bewies seine plötzliche Genesung damit, dass er sich vom Bett erhob. Alles war erträglicher als ein «Knüppel auf den Kopf».

Daniel verschränkte skeptisch die Arme. «Bist du sicher, dass du es bis zum Schulgebäude schaffst?»

«Absolut», bestätigte Paul-Gerhard und grapschte seine Kleider. «Ich kann es mir nicht leisten, noch mehr Stoff zu verpassen.» Und das stimmte tatsächlich.

«Und dir ist nicht mehr schwindlig?»

«Höchstens von eurem Tempo, das ihr jeden Tag hinlegt. Ich meine, ehrlich, so viel Stoff, wie ihr an einem Tag durchnehmt, kauen wir in Deutschland mindestens eine Woche wider, bis es auch der Letzte kapiert hat. Aber ihr passt das Lernniveau nicht dem Schwächsten, sondern dem Stärksten an, und das ist nicht gerade fair gegenüber jemandem wie mir. Ich hab das Gefühl, ich hinke euch die ganze Zeit hinterher.»

«Das siehst du völlig falsch», winkte Daniel ab und rückte sich seine Brille zurecht. «Weißt du, wie ein Windhundrennen funktioniert? Die Hunde jagen einem

Fell nach, das sie für einen Hasen halten und das an einer Stange befestigt ist, die ihnen immer ein Stück voraus ist. Sogar der schnellste Hund kann den Hasen nicht einholen, denn sobald er sein Tempo erhöht, bewegt sich auch die Stange schneller. Und so wird der Hund immer schneller, obwohl er dem Ziel eigentlich immer hinterherläuft und es nie einholt.»

«Ganz schön frustrierend für diejenigen, die das Tempo nicht halten können.»

«Im Gegenteil», erklärte Daniel, «es spornt sie an, schneller zu laufen. Schau dich an. Wolltest du uns nicht einholen, würdest du jetzt nämlich im Bett liegen bleiben. Aber weil du aufgestanden bist, bestätigst du damit den Erfolg dieser Methode.»

«Also, in Deutschland würde das nie funktionieren.»

«Hier klappt's. Was glaubst du, wie wir es schafften, die zehnte Klasse zu bestehen, nachdem wir wegen des 11. September ein halbes Schuljahr verloren haben? Wir hatten genau vier Monate Zeit, um den Stoff eines ganzen Jahres reinzuquetschen. Aber wir haben uns gegenseitig angespornt und es hingekriegt.»

«Beeindruckend», meinte Paul-Gerhard. «Aber vergesst bitte nicht, dass ihr jetzt wieder auf Normaltempo zurückschalten könnt, ja?»

Daniel klopfte ihm lachend auf die Schulter. «Keine Sorge. Wir lassen dich nicht auf der Strecke zurück.»

«Und wenn ich doch auf der Strecke bleibe: Knüppel auf den Kopf», brummte Paul-Gerhard und schlüpfte brav in seine Jeans.

«Genau», grinste Daniel amüsiert. «Du hast das Prinzip voll kapiert.»

«Vielleicht gibt es irgendwo in der Nähe einen Kiosk, wo ich zusätzliche Hirnzellen kaufen kann», überlegte Paul-Gerhard, während er sich sein schwarzes «Arson»-T-Shirt über den Kopf stülpte. «Und so was wie ein Sprachenchip mit speziellem Slangwortschatz wäre auch ganz nützlich.»

«Komm jetzt», sagte Daniel und zog ihn am Arm. «Zeit fürs Frühstück. Ich hab einen Mordshunger.»

Lärmend stürmten die Jungs die Treppe hinunter in den Speisesaal. Und als Paul-Gerhard die duftenden Pancakes auf dem Buffet entdeckte, hatte er auf einmal doch wieder Appetit.

08:00 – Die jungen pakistanischen Männer hatten die ganze Nacht im Gebet verbracht. Jetzt halfen sie sich gegenseitig beim Rasieren ihrer Bärte und beim Anbringen der Granaten und des Sprengstoffes an ihren nackten Oberkörpern. Dann schlüpften sie in Turnschuhe und Jogginganzüge und verstauten ihre AK-47 Kalaschnikows in schwarzen Sporttaschen.

Ein letztes Mal wurde alles durchgesprochen, obwohl eigentlich jeder Bescheid wusste. Saifi wirkte ruhig und professionell, während er seine Männer anwies, sich von nichts ablenken zu lassen und ihr Bestes für Allah zu geben. Und dann begann das lange Warten bis zum Angriff. Es war ein fast unerträgliches Warten, und selbst wenn es niemand zugegeben hätte, so waren sie doch alle innerlich angespannt. Mit jedem Atemzug waren sie der Erfüllung ihres Schicksals ein wenig näher. Der Countdown ins Paradies hatte begonnen.

10:55 – Deborah konnte sich nicht erinnern, wann sie das letzte Mal schlechtes Wetter in Murree gehabt hatten. Es war jedenfalls eine gute Weile her. Doch heute Morgen hatte es fast zwei Stunden ununterbrochen geregnet, und als es kurz vor der Großen Pause endlich aufhörte, war es kalt und ungemütlich, und niemand hatte Lust, nach draußen zu gehen. Die grünen Picknickbänke vor dem Sportplatz waren nass und glitschig. Auf dem Sportplatz hatten sich einige Pfützen gebildet. Grau und schwer hingen die Regenwolken über der Schule. Die Bäume tropften, als kämen sie soeben aus einer übergroßen Waschmaschine, und dichte Nebelschwaden krochen den bewaldeten Hügel hoch. Nicht mal die Affen ließen sich blicken.

Die Lehrer und pakistanischen Angestellten, die sich einen warmen Kaffee oder Tee genehmigen wollten, befanden sich im Speisesaal im Wohnheim, doch die meisten Schüler verbrachten die Pause ausnahmsweise in ihren Zimmern oder im Auditorium.

Mr. Sohail, der Urdu-Lehrer, der seinen Unterricht sonst immer draußen bei den Picknickbänken abhielt, teilte den Schülern mit, der Unterricht würde heute nicht im Freien stattfinden und sie sollten nach der Großen Pause gleich in sein Zimmer kommen.

Jim Couch, der Klassenlehrer der sechsten Klasse, spazierte als Einziger mit seinen Schülern zum kleinen Trödelladen gegenüber des Haupttores, um Getränke einzukaufen. Ansonsten befanden sich keine Schüler im Freien. Es war viel zu kühl und feucht.

11:00 – Die Pausenglocke schrillte. Deborah warf erstaunt einen Blick auf ihre Armbanduhr.

«Nanu? Es ist doch erst elf Uhr.»

«Schon vergessen, dass die Pause verschoben wurde?», erinnerte sie der Amerikaner Elliot an den neuen Stundenplan. Deborah lachte.

«Ach ja, richtig. Ich hab mich einfach noch nicht dran gewöhnt.» Vor den Sommerferien hatte die Große Pause von 10:45 bis 11:15 Uhr gedauert, doch seit dem neuen Schuljahr war sie um fünfzehn Minuten vorverlegt worden und dauerte von 10:30 bis 11:00 Uhr.

«Warum ist sie eigentlich verschoben worden?», wunderte sich Deborah, während sie zusammen mit ihren Klassenkameraden gemächlich die Treppe zum Turm hochstieg.

«Mir soll's egal sein», meinte der Kanadier Kris. «Ist ja keine lebenswichtige Veränderung oder so was.»

Daniel McKelvie sah das allerdings anders. «Was weißt du schon, welche komplexen Zusammenhänge hinter dieser plötzlichen Pausenverschiebung stehen», überlegte er mit erhobenem Zeigefinger. «Wahrscheinlich hatte der ärmste Mr. Morton sogar schlaflose Nächte wegen dieser schwierigen Entscheidung. Ich meine, man stelle sich vor: Fünfzehn Minuten können über Leben oder Tod entscheiden.»

«Vor allem, wenn man sich dein hochgeschwollenes Gequatsche anhören muss», grinste Matt. «Da fällt mir ein: Hat eigentlich jemand von euch schon für den Englischtest gelernt?»

«Englischtest?», rief Paul-Gerhard entsetzt. «Welcher Englischtest?»

«Na ja, er ist erst morgen», beruhigte ihn Matt. «Du hast noch eine Menge Zeit zum Lernen.»

«Eine Menge Zeit», wiederholte Paul-Gerhard verzweifelt. «Ich war fast die ganze Woche krank, und in den restlichen Stunden hab ich nach den ersten dreißig Minuten abgehängt. Ich versteh nur Bahnhof, wenn Mr. Newmarch in Fahrt kommt.»

«Ich werde dir helfen», versprach Deborah zuvorkommend. «Das schaffst du schon.»

«Und wenn nicht», neckte ihn Greenpeace: «Knüppel auf den Kopf!»

«Sehr witzig», brummte Paul-Gerhard.

Eigentlich staunte er, wie gut er den Morgen bis jetzt

überlebt hatte. In der ersten Stunde hatte er sich mit Mathe gequält, die zweite Stunde war eine Freistunde gewesen, und sein neuer koreanischer Freund Sung Guk hatte mit ihm ein Schülerinterview gemacht. Jetzt nach der Großen Pause stand für einige von ihnen Chemie auf dem Stundenplan. Das Chemiezimmer befand sich ganz oben in der turmartigen Dachkonstruktion der Kirche, und Mrs. Baron erwartete sie bereits mit bester Laune.

«Guten Morgen, meine Damen und Herren! Heute beschäftigen wir uns mit einem Experiment!», verkündete sie begeistert, obwohl sie in den Doppelstunden sowieso immer Experimente durchführten. Noch bevor sie sich auf ihre Stühle gesetzt hatten, kritzelte die Lehrerin eifrig ein paar chemische Formeln an die Tafel und erklärte ihnen den Versuch, bei dem es wie üblich darum ging, verschiedene Flüssigkeiten zusammenzumischen und zu notieren, wann die Farbe umschlug.

David zwinkerte Daniel schmunzelnd zu.

«Hey, Greenpeace! Denk dran, H2SO4 ist nicht dasselbe wie H2O!» Den Spruch musste sich der Teenager fast in jeder Chemiestunde anhören, seit er Schwefelsäure mit Wasser verwechselt hatte. Doch Greenpeace nahm es gelassen.

«Hey, David», gab er zurück. «Pass auf, dass ich dir nicht deine Wimpern mit dem Zeug färbe!»

Sie holten sich beim Lehrerpult die bereitstehenden Reagenzgläser mit der ersten Flüssigkeit, gingen auf ihre Plätze zurück und gaben tröpfchenweise die zweite Flüssigkeit dazu. Deborah stand mit dem Rücken zum milchigen Fenster, das der oberste Teil eines großen Fensterbogens der Kirche war.

11:05 – Plötzlich zerrissen mehrere kurz aufeinander folgende Schüsse die Stille. Zuerst dachte Deborah, ein paar Kinder würden mit Knallkörpern, so genannten Patakas, spielen. Das war nichts Ungewöhnliches, und die Dinger machten zwar einen unglaublichen Krach, waren aber relativ harmlos. Die andern Schüler waren zum gleichen Schluss gekommen, und keiner gedachte deswegen sein Experiment zu unterbrechen. Doch dann waren erneut Schüsse zu hören, und langsam, aber sicher wurde es Deborah unheimlich zumute. Das waren keine Patakas, das waren ... Maschinengewehre! Und die Geräusche kamen direkt vom Schulhof!

«Was ... was geht hier vor?», wagte Greenpeace zu fragen. Verwirrte Blicke wurden ausgetauscht, und spätestens als nicht nur Einzelschüsse, sondern ganze Gewehrsalven zu hören waren, wurde den Zehntklässlern der Ernst der Situation klar.

«Wir sind unter Beschuss!», rief David entsetzt.

Deborahs Pulsschlag raste augenblicklich in die Höhe. Sie warf einen raschen Blick aus dem Fenster, doch wegen der flaschenbodenähnlichen Struktur der Scheibe war nichts zu erkennen.

«Alle unter die Tische!», rief die Lehrerin geistesgegenwärtig. «Runter mit euch! Schnell!»

Die Teenager gehorchten und krochen unter die Tische. Deborah hielt sich die Hände über den Kopf und dachte nur an eines: Jetzt würden sie die Schule erneut schließen! Es war wieder genau wie vor einem Jahr nach dem 11. September! Der Gedanke war im ersten Moment fast noch unerträglicher als die Vorstellung, dass sich irgendwo da draußen Leute mit Maschinengewehren befanden. Doch dann, als das Schießen kein Ende nehmen wollte, durchfuhr es das Mädchen wie ein Blitz: ihre Geschwister! Was war mit ihren Geschwistern? Was war mit Daniel, Rahel und Elias?

Und die beiden Kleinsten, Micha und Naemi – waren sie in Sicherheit?

Naemi war gerade in die erste Klasse gekommen und würde in zweieinhalb Wochen ihren siebten Geburtstag feiern. E21, ihr Schulzimmer, das sie mit den Zweitklässlern teilte, war das erste von drei Zimmern im Erdgeschoss des Grundschulgebäudes. Naemi war ein etwas scheues, rothaariges Mädchen mit einer Menge Sommersprossen im Gesicht. Sie war ganz aufgeregt gewesen, endlich eingeschult zu werden. Und die erste Schulwoche war einfach großartig gewesen. Sie hatten so viele tolle Sachen gemacht, und ihre Lehrerin, Mrs. Templeman, war überhaupt die beste Lehrerin auf der ganzen Welt, fand Naemi.

Sie waren gerade dabei, ein Bild in ihre Hefte zu malen, als draußen laute Knaller losgingen. Naemi dachte sich nicht viel dabei, außer, dass sie ungewöhnlich laut waren für Patakas. Doch dann rief die Lehrerin plötzlich, sie müssten sich ganz schnell unter den Tischen verstecken.

«Kinder, bleibt ganz ruhig! Ich werde kurz zu Mrs. Sneddon rübergehen. Ich bin gleich wieder da!» Mit diesen Worten eilte sie wie von der Tarantel gestochen aus dem Zimmer, und die Erst- und Zweitklässler kauerten mit vor Schreck geweiteten Augen unter ihren Tischen und wagten sich nicht von der Stelle zu rühren.

Micha war seit einer Woche ein stolzer Drittklässler und belegte zusammen mit den Viertklässlern das letzte der drei Schulzimmer im Erdgeschoss, Zimmer E23. Sie waren siebzehn Schüler, und seine Lehrerin, Mrs. Sneddon, führte die beiden Klassen soeben in einen neuen Bereich im kreativen Schreiben ein, als ganz überraschend Mrs. Templeman hereinstürmte und ihnen zuschrie:

«Sofort alles abschließen! Wir werden angegriffen!»

Erst jetzt wurde sich Micha bewusst, dass die vermeintlichen Patakas echte Schüsse waren, und ein kalter Schauer durchfuhr ihn. Mrs. Templeman rannte zurück zu ihrem Zimmer, und Mrs. Sneddon reagierte instinktiv. Sie schloss die Tür ab, machte das Licht aus und schob das Bücherregal vor das Fenster in der Tür, um ihr Versteck zu verbergen. Die Kinder verkrochen sich in die Ecke und unter den Computertisch. Sie bewegten sich rasch und blieben erstaunlich ruhig. Einige begannen sogar zu beten. Andere weinten leise. Niemand wusste, was eigentlich los war. Doch der Schrecken saß ihnen allen in den Gliedern, während sie am Boden kauerten und warteten und hofften, dass das Schießen bald aufhören würde.

Rahel hatte eine Zwischenstunde und befand sich zusammen mit ihrer Klassenkameradin und Freundin Jenny in der Bibliothek, um Hausaufgaben zu machen. Nebst der Bibliothekarin Miss Stewart hielten sich ein gutes Dutzend Kinder aus unterschiedlichen Klassen in der Bücherei auf. Die Bibliothek war sehr beliebt bei den Schülern. Sie hing wie ein Kontrollraum über dem Auditorium, und bei einem sportlichen Wettkampf in der Halle konnte man von hier aus alles wunderbar beobachten, entweder von den Fenstern aus oder indem man sich auf dem balkonähnlichen Korridor einen Stehplatz ergatterte.

An der Hinter- und den Längsseiten der alten Garnisonskirche gab es ein paar Fenster, und anders als die großen Fensterbögen waren diese Scheiben ganz normal und durchsichtig und boten eine gute Sicht auf das, was sich hinter und vor dem Schulgebäude abspielte.

Aaron war nach der Pause ebenfalls in die Bibliothek gegangen. Er hatte alle seine Hausaufgaben erledigt und wollte sich einen neuen Science-Fiction-Roman ausleihen. Er überflog neugierig die Titel einiger Bücher im Regal, als er den ersten Knall hörte. Er dachte, jemand würde auf dem Dach arbeiten, aber dafür war es zu laut. Dann überlegte er sich, dass irgendwelche Kinder sich einen Spaß mit Sprengkörpern erlaubten. Aber auch dafür war es eigentlich zu laut, obwohl ja Patakas echt einen Riesenkrach verursachen. Schließlich nahm er an, dass die Arbeiter vielleicht direkt über ihnen sein mussten und an irgendetwas herumhämmerten. Danach ratterte es wieder, diesmal ganz schnell hintereinander. Eines war Aaron klar: Niemand konnte *so* laut hämmern!

Tim Condie, Matts vierzehnjähriger Bruder, der ebenfalls in der Bibliothek war und gerade für eine Hausaufgabe in der Bibel las, kletterte kurzerhand auf den Tisch, an dem er saß, um zu sehen, was draußen vor sich ging. Er hatte freie Sicht auf einen kurzen Abschnitt der Hauptstraße, die an der Schule entlangführte, und sah, wie ein Mann mit einem Maschinengewehr in Richtung Tor lief. Nervös drehte er sich um und rief durch die Bücherei:

«Draußen sind Leute mit Waffen! Sie kämpfen gegen die Wachleute!»

«Tim, um Gottes willen! Komm sofort da runter! Sie könnten dich sehen!» Das war Miss Stewart. Geistesgegenwärtig machte sie das Licht aus und hielt die Kinder an, nicht in Panik zu geraten.

«Bringt euch hinter irgendetwas in Sicherheit!», ordnete sie an und versuchte, selbst Ruhe zu bewahren. «Und haltet euch von den Fenstern fern!»

Verstört gehorchten die Kinder und suchten hinter den Bücherregalen und unter den Tischen Schutz, während draußen das Schießen weiterging. Aaron glaubte, er würde keine Luft mehr kriegen, und begann unkontrolliert zu weinen und zu schreien. Bilder tauchten in seinem Kopf auf, Bilder, die er in den vergangenen viereinhalb Monaten krampfhaft versucht hatte zu verdrängen. Sie brachten ihn beinahe um den Verstand.

«Wir werden sterben», kreischte er, während er sich zitternd am Stuhlbein festklammerte, «sie werden uns alle töten!»

Er sah das Blutbad bereits vor sich. Es würde genauso sein wie in Islamabad, in wenigen Minuten würde alles voller Leichen sein. Er wusste es. Und es machte ihm Angst, mehr Angst, als ein Zwölfjähriger irgendwie bewältigen kann.

«Ich will nicht sterben», stammelte er, «ich will nicht sterben!» Er schluchzte und wimmerte und krallte seine Fingernägel ins Stuhlbein, während er gegen seine eigene Fantasie ankämpfte. Er glaubte, er müsste sich jeden Moment übergeben. Sein Gesicht war aschfahl, seine Augen flackerten unruhig hin und her, sein Puls raste.

Tim war vom Tisch gesprungen und kroch darunter wie ein verschüchtertes Reh, wenn sich ein Jäger nähert. Er spürte seinen Herzschlag bis in die kleinste Zehe. Wer waren diese Männer? Was hatten sie vor? Würden sie sie hier aufstöbern? Vielleicht sogar erschießen? Er hatte Angst, aber noch größere Angst davor, dass seiner Familie etwas zustoßen könnte. Alle seine Geschwister waren an der Schule, Nathan war in der zwölften Klasse, Matt in der elften, Hannah in der sechsten, und seine Mutter Angela war im Wohngebäude und half vorübergehend in der Krankenstation mit. Ob sie genug Zeit hatten, sich rechtzeitig zu verstecken?

Nathan setzte sich zusammen mit den anderen Zwölftklässlern gerade mit einem sehr wichtigen Physikproblem auseinander. Es ging darum, imaginäre Autos von imaginären Hochhäusern stürzen zu lassen, und der schottische Lehrer Mr. Cheales hatte soeben eine Skizze an die Wandtafel gemalt, als das erschreckende Geräusch von Maschinengewehren sie innerlich erstarren ließ. Der Physikraum befand sich hoch oben unter dem Kirchengewölbe des Schulgebäudes, praktisch direkt zwischen den Balken des Dachstuhls. Kaum waren die ersten Salven verklungen, tauchten bestürzte Schüler samt Lehrer aus einem benachbarten Zimmer auf und flüchteten sich zu den Siebzehnjährigen unter die Tische. Panik stand sowohl den zwanzig Teenagern als auch den beiden Lehrern ins Gesicht geschrieben. Was um alles in der Welt hatte das Ganze zu bedeuten? Mr. Cheales versuchte, Ruhe zu bewahren, doch in seinem Kopf quälte ihn nur ein Gedanke: Ging es seiner Frau Mary gut?

Mary Cheales war ausgebildete Krankenschwester und für jedes kleinere und größere Wehwehchen der Schüler zuständig. Am Freitag hatte sie sich darüber aufgeregt, dass sie wegen des neuen Heizungsbaus im zweiten Stock des Wohnheims das gesamte Krankenzimmer verlegen musste.

Angela Condie, die Mutter von Nathan, Matt, Tim und Hannah, war Ärztin und half Mary, alle Medikamente und Geräte vom wunderschönen Außenzimmer mit Blick auf den Hof in ein eher ungemütliches fensterloses Zimmer weiter hinten zu schaffen. Das neue Krankenzimmer glich einem wahren Kriegsbunker, und Mary beklagte sich, dass dies auf keinen Fall eine psychologisch durchdachte Lösung wäre.

Nach der Großen Pause am Montagmorgen waren

die beiden Frauen noch immer dabei, die Medikamente neu in die Regale einzuordnen, als Jessica und Rebecca, zwei Siebtklässlerinnen, vorbeikamen, weil sich Jessica in den Finger geschnitten hatte. Angela desinfizierte die Wunde, klebte ihr ein Pflaster drauf und wollte die Mädchen eben zurück in ihre Klasse schicken, als sie die Schüsse hörten. Die Ärztin und die Krankenschwester warfen sich einen bedeutsamen Blick zu und erkannten den Ernst der Lage sofort.

«Kommt! Schnell! In die Toilette!», rief Angela und packte Jessica am Arm. Gleichzeitig ergriff Mary Rebecca, und sie zerrten die Kinder mit sich in die Toilette und warfen sich auf den Boden.

«Was ist los?», kreischte Jessica. «Sind das Schüsse?» Ihr Herz schlug wie wild.

«Ganz ruhig», sagte Angela, während sie das Mädchen noch immer am Arm festhielt, «wir werden es herausfinden. Aber erst einmal bleiben wir hier in der Toilette.»

«Mr. Couch ist noch draußen!», rief Rebecca auf einmal voller Entsetzen. «Er ist mit seiner Klasse zum Trödelladen gegangen, um Getränke zu kaufen! Sie sind noch da draußen!»

«Oh nein!», stammelte Jessica und begann zu weinen. Angela fuhr ihr sanft über ihr langes Haar.

«Vielleicht sind sie längst drinnen», versuchte sie das Mädchen zu beruhigen.

«Und wenn nicht?», meinte Jessica verzweifelt. «Vielleicht hat jemand auf sie geschossen! Vielleicht sind sie verletzt und brauchen Hilfe!»

«Wir werden uns darum kümmern, sobald wir wissen, wie sicher es da draußen ist, okay?», versprach ihr Mary. «Aber vorläufig wissen wir überhaupt nichts, also warten wir hier.» Und das war es, was sie taten. Sie lagen auf dem Boden in der Toilette, hielten sich gegenseitig an den Händen und warteten und bangten.

11:06 – Mr. Couch kam eben mit einer Gruppe von Sechstklässlern vom Trödelladen auf der gegenüberliegenden Straßenseite zurück und spazierte gemütlich plaudernd am Vordereingang der Kirche vorbei, als etwa zehn Meter hinter ihnen, direkt am verschlossenen Haupttor, die ersten Schüsse krachten. Im Bruchteil einer Sekunde war jedem von ihnen klar, dass es hier nicht um harmlose Patakas ging, ja, dass sich ihr Leben in unmittelbarer Gefahr befand. Und so hatte Mr. Couch seinen Schülern nur eines zu sagen:

«Lauft! Lauft zurück zum Klassenzimmer! Lauft!!!»

Die Gruppe setzte sich in Bewegung und bog an der Ecke der ehemaligen Kirche nach links ab. Gerade als der letzte Junge einen Haken um das Gebäude schlug, sah er aus dem Augenwinkel, wie das schwere Eisentor aufschwang. Er wusste, dass das nichts Gutes bedeutete, und beschleunigte sein Tempo.

«Beeilt euch!», rief er den andern zu. «Das Tor! Sie sind dicht hinter uns!»

Und wer immer die Unbekannten sein mochten, es klang nicht danach, als würden sie zögern, von ihren Waffen Gebrauch zu machen. Außerdem hatte es sich nicht nach Schüssen aus einer Pistole angehört. Das waren Salven von Maschinengewehren! Und wenn diese Typen soeben das Tor aufstießen, waren sie ihnen bereits dicht auf den Fersen! Es konnten keine dreißig Meter mehr sein. Instinktiv spürten die Kinder, dass es hier um Leben und Tod ging. Sie rannten, was ihre Beine hergaben.

Der Wachmann im Kontrollhäuschen hatte keine Chance. Er hatte zwar beobachtet, wie die sechs düsteren

Gestalten etwas weiter unten an der Straße aus einem Wagen stiegen, doch dann ging alles zu schnell. Die Männer, drei davon mit Tüchern vor dem Gesicht, zogen ihre Maschinengewehre aus schwarzen Sporttaschen und eröffneten das Feuer. Ein Pakistani im Salwar Kameez, der wohl rein zufällig an der Mauer stand, wurde auf der Stelle getötet.

Der Wachmann verschanzte sich im Kontrollhäuschen und versuchte die Terroristen daran zu hindern, sich dem Tor zu nähern. Doch trotz seines tapferen Widerstands wurde auch er nach einem kurzen Schusswechsel tödlich getroffen. Lautlos sackte er in sich zusammen, als er von mehreren Kugeln durchsiebt wurde.

«Los! Rein mit euch!», befahl Saifi und winkte die andern mit dem Gewehr zum Tor. Es ließ sich problemlos öffnen. Saifi und Abu Bakar gingen auf Position, um jeden zu erschießen, der es wagen sollte, sich ihnen zu nähern, während Qari, Hasan, Badar und Nawaz durch das Tor auf das Schulgelände schlüpften. Sie bewegten sich rasch und überließen nichts dem Zufall. Die Maschinengewehre im Anschlag, ließen sie die Kirche links liegen und steuerten als Erstes auf den Picknickplatz zu, wo sie nach ihrer Berechnung auf die ersten Opfer treffen sollten. Doch niemand war da. Der Platz war vollkommen leer! Keine Sterbensseele weit und breit! Nicht mal auf dem Sportfeld! Was um alles in der Welt hatte das zu bedeuten?

«Das gibt's doch nicht», murmelte Nawaz. «Die müssten doch hier sein! Hat Saifi nicht gesagt, es wären einhundertfünfzig Kinder hier? Hier auf dem Pausenplatz? Wo sind sie?»

«Keine Ahnung», antwortete Qari und blickte verwirrt von einem zum andern. «Ich versteh das nicht. Das ergibt keinen Sinn.»

«Die können sich doch nicht in Luft aufgelöst haben», meinte Hasan. «Das ist eine Schule!»

«Und was machen wir jetzt?», fragte Badar.

«Wir teilen uns auf», befahl Qari. «Badar, Nawaz, ihr geht schon mal zum Speisesaal vor. Vielleicht sind sie wegen des Regens drinnen geblieben. Hasan und ich werden uns die Highschool vorknöpfen.»

«Okay», nickte Nawaz und winkte Badar zu sich. «Komm!» Sie gingen durch die Tür im Maschendraht des Basketballplatzes und bewegten sich rasch quer über das geteerte Spielfeld.

Plötzlich hörten sie hinter sich Schüsse. Badar drehte sich um und sah, wie Qari und Hasan hinter den Picknickbänken in Deckung gingen. Offensichtlich hatten sie doch noch einen bewaffneten Wächter am Tor übersehen, der die beiden nun unter Beschuss nahm. Qari und Hasan feuerten zurück, und für einen Moment war Badar unschlüssig, ob sie ihnen zu Hilfe eilen oder weitergehen sollten. Aber Nawaz hatte nicht vor, umzukehren.

«Die kommen schon klar», meinte er. «Lass uns zum Speisesaal gehen.»

Als sie etwa die Mitte des geteerten Sportplatzes erreicht hatten, sahen sie eine Frau auf dem treppenartigen, von Pinien umzäunten Pfad zwischen Highschool und Grundschule stehen. Sie blickte genau in ihre Richtung. Ohne zu zögern eröffnete Nawaz das Feuer. Die Frau schrie auf und stolperte den Weg hinunter Richtung Kirche.

11:07 – Juliet Visitacion, die Mutter von Jenny und DJ, saß in der Ecke eines Klassenzimmers, wo sie auf ihren Sohn und dessen Lehrerin wartete. Ann Lock, DJs Therapeutin, hatte eine Stunde rhythmisches Schreiben vorbereitet und die Mutter eingeladen, zusammen mit DJ daran teilzunehmen.

Der Unterricht der Therapeutin fand in einem separaten Gebäude statt, einem zweistöckigen Häuschen, das am Weg zwischen der Highschool und dem Grundschulgebäude lag. Es gab lediglich zwei Zimmer in dem kleinen Haus, eines unten und eines im Obergeschoss, wobei eine schmale Außentreppe zum oberen Klassenzimmer führte. Hier warteten die Therapeutin und ihr Schüler schon seit fast sieben Minuten, während Juliet glaubte, der Unterricht würde im unteren Zimmer stattfinden, und das bedeutete: Sie stand im falschen Raum. Nach einigen Minuten ging sie ins Freie, um draußen auf ihren Sohn und seine Lehrerin zu warten.

Eine andere Mutter, die eben von der Grundschule die Treppe herunterkam, blieb stehen und leistete ihr etwas Gesellschaft. Und plötzlich hörten sie die Gewehrschüsse.

«Was war das?», fragte Juliet.

«Keine Ahnung», antwortete die andere Mutter. «Es klang wie Schüsse.»

Bevor sie sich darüber im Klaren waren, welche Gefahr ihnen drohte, kam Mr. Couch mit einer Gruppe Sechstklässler am Picknickareal vorbei in ihre Richtung gerannt und stürmte an ihnen vorüber, als wäre der Teufel hinter ihnen her.

«Wir werden angegriffen!», schrie der Lehrer. «Bringt euch in Sicherheit!»

Es war keine Zeit zum Überlegen. Die verstörten Gesichter der Kinder sagten alles, zudem waren die Schüsse mehr als deutlich zu hören gewesen.

«Um Himmels willen!», stammelte die andere Mutter und schloss sich den flüchtenden Schülern und ihrem Lehrer unverzüglich an. Juliet tat reflexartig dasselbe. Als sie die Stufen der langen Treppe hochhastete, sah sie plötzlich zwei Männer in Uniform. Sie hatten ihre Gewehre über die Schulter gehängt, und der vordere Mann lächelte Juliet freundlich zu. Die Philippinin hatte die beiden Männer noch nie zuvor auf dem Schulgelände gesehen, aber da sie Uniformen trugen, nahm sie an, dass sie vom Sicherheitsdienst sein mussten. Sie lächelte zurück und beeilte sich dann, nach dieser minimalen Verzögerung weiterzukommen.

Die Schüsse wurden lauter, und Juliet hörte, wie die andere Mutter laut zu beten begann:

«Herr Jesus, du bist unser Schutzschild! Du bist unser Schutzschild!»

«Im Namen Jesu!», unterstrich Juliet ihr Gebet, und kaum hatte sie die oberste Treppenstufe erreicht, hörte sie hinter sich die Stimme ihres Sohnes.

«Mama, ist alles in Ordnung?»

Jäh drehte sie sich um. Während die Kinder und die beiden Erwachsenen weiter in Richtung Wohngebäude rannten, versuchte Juliet in der Verwirrung herauszufinden, woher die Stimme kam.

«Mama?», wiederholte der Siebzehnjährige. «Hier bin ich!»

Jetzt sah sie ihn. Er stand beim Eingang des oberen Klassenzimmers und streckte besorgt den Kopf um den Baum herum, der dort direkt neben der Außentreppe stand.

«Sei still!», rief ihm seine Mutter zu. «Bleib, wo du bist!»

Sie wollte sichergehen, dass er sich außer Gefahr befand, und lief den gleichen Weg wieder zurück. Zu spät entdeckte sie die beiden Männer auf dem Basketballplatz. Der eine hatte sein Gesicht mit einem Tuch bedeckt. Er hatte strohblondes Haar und trug einen

Jogginganzug. Sein Bauch war merkwürdig dick, was nicht zu seiner Statur passte. Der andere war etwas kleiner, trug dieselbe Kleidung und hatte ebenfalls einen seltsam geschwollenen Bauch, als würde er etwas unter seiner Joggingjacke verstecken. Mit den Mündungen ihrer Kalaschnikows suchten sie die Gegend sorgfältig nach möglichen Zielen ab. Und wie es schien, hatten sie soeben eines gefunden.

Juliet erstarrte. In den wenigen Sekunden, in denen sie mit ihrem Sohn DJ gesprochen hatte, waren die Kinder und Erwachsenen den Weg hochgerannt und hatten sich in Sicherheit gebracht. Doch weil sie umkehrte, war sie mitten in die Schusslinie der Terroristen geraten. Ihre Blicke trafen sich, und die Philippinin glaubte, sie müsste an Ort und Stelle in Ohnmacht fallen.

Der Hass in den Augen dieser Männer war unbeschreiblich, und sie wusste ohne jeden Zweifel, dass sie dem Tod gegenüberstand.

Der eine der beiden begann wild auf sie zu schießen. Juliet duckte sich, hielt sich schützend die Hände vor den Kopf, stieß gegen das kleine Mäuerchen neben der Treppe und lief im nächsten Moment um ihr Leben. Sie konnte die Kugeln spüren, die durch ihre Haare und an ihrem Körper vorbei flogen. Doch es fühlte sich an, als würde jemand mit einer Rüstung aus Metall die Geschosse davon abhalten, sie zu treffen.

Eine Kugel sauste unmittelbar neben ihrem Backenknochen vorbei, ohne ihre Haut auch nur zu streifen, und schlug ihr die Brille vom Gesicht. Und dann durchzuckte sie ein grausamer Schmerz. Etwas, das wie schwarzes Blut aussah, tropfte auf den Boden. In panischer Angst schrie Juliet auf und rannte die Treppe hinunter zur Highschool …

«Meinst du, es hat sie erwischt?», fragte Badar.

«Bei dem Kugelhagel wär's ein Wunder, wenn sie es überlebt», meinte Nawaz. «Hast du die Panik in ihren Augen gesehen?»

«Warum ist sie weitergerannt?», wunderte sich Badar. «Das waren mindestens dreißig Schritte, die sie zurücklegte, ohne getroffen zu werden. Wie ist das möglich?»

«Ich weiß es nicht», entgegnete Nawaz, «konzentrier dich, Bruder. Das Schießen hat sie gewarnt. Die wissen jetzt, dass wir hier sind. Wen auch immer du siehst, schieß!»

Sie erreichten das andere Ende des Sportplatzes und stiegen die wenigen Stufen vor dem Hauswirtschaftsraum hoch, als ein Wachmann vom Speisesaal her auf sie zukam. Bevor er überhaupt die Gelegenheit hatte, seine Waffe zu ziehen, machte Badar von seiner Kalaschnikow Gebrauch. Die Kugeln warfen den Wachmann zurück an die Mauer des gegenüberliegenden Mitarbeitergebäudes, wo er blutüberströmt liegen blieb.

Sekunden später tauchte ein weiterer Mann auf. Auch ihn schossen Nawaz und Badar gnadenlos nieder, während sie ihren Gang zum Speisesaal unbeirrt fortsetzten. Gerade sahen sie noch aus den Augenwinkeln, wie jemand vom Speisesaal in Richtung Grundschulgebäude rannte. Sie fassten ihre Kalaschnikows und beschleunigten ihren Schritt.

11:08 – Albert Sadiq, der pakistanische Hausmeister der Schule, saß mit Mr. Lock, einem der Hausväter, bei einer Tasse Tee im Speisesaal und unterhielt sich mit ihm über das schlechte Wetter und eine verstopfte Toilette im dritten Stock, als ihre Unterhaltung von lauten Geräuschen unterbrochen wurde. Es klang, als ob jemand Feuerwerkskörper angezündet hätte.

Unverzüglich liefen sie zur Tür, um zu sehen, was da draußen vor sich ging. Manzoor, ein Wachmann, lief soeben an der Querseite des Grundschulgebäudes vorbei. Noch während Albert und Mr. Lock den Speisesaal verließen, sahen sie, wie zwei Männer mit Maschinengewehren vom Mitarbeitergebäude hochkamen. Manzoor lief ihnen genau vor die Mündungen ihrer Gewehre und hatte keine Chance. Von mehreren Schüssen getroffen, sank er an der Mauer nieder.

«Oh Gott!», murmelte Albert, und bevor er sich noch Gedanken darüber machen konnte, was jetzt zu tun wäre, wurde er Zeuge eines weiteren Verbrechens. Babar, ein Büroangestellter, kam um die Ecke des Wohnkomplexes geschossen. Es machte den Anschein, als wollte er dem Wachmann zu Hilfe eilen. Stattdessen wurde auch er unverzüglich mit Blei durchsiebt und stürzte neben Manzoor zu Boden.

Wie in Trance blieb Albert vor dem Speisesaal stehen. Die Angreifer waren zwar derart auf ihre Opfer konzentriert, dass sie ihn nicht bemerkten, aber es war bloß eine Frage von Sekunden, bis sie sich ihm zuwenden und ihn ebenfalls durchlöchern würden. Doch Albert war unfähig, sich auch nur einen Zentimeter von der Stelle zu rühren. Es ging einfach nicht. Seine Beine gehorchten ihm nicht.

«Das ist keine Halluzination!», flüsterte er zu sich selbst, «diese Männer sind echt. Ihre Gewehre sind echt. Sie werden dich töten! Du musst weg hier!» Sein Blick fiel auf das Grundschulgebäude. Er schätzte die Distanz zwischen sich und dem Gebäude auf gut zwanzig Meter, und im Bruchteil einer Sekunde entschied er sich dazu, nicht in den Speisesaal zurückzukehren wie Mr. Lock, sondern sich stattdessen ins Grundschulgebäude zu flüchten.

Eigentlich hätte er sich bewusst sein sollen, dass diese Entscheidung purer Wahnsinn war, denn für die Terroristen betrug die Entfernung um den Block herum höchstens zehn Meter, also gerade mal die Hälfte der Distanz, die er zurücklegen musste, um sich rechtzeitig vor ihren Maschinengewehren in Sicherheit zu bringen. Es wäre also logischer gewesen, sich irgendwo im Speisesaal zu verkriechen. Doch in einer Situation wie dieser gab es keine Zeit für Logik, nur für instinktives Handeln. Und so rannte Albert los; er rannte, wie er in seinem Leben noch nicht gerannt war.

Der neunjährige Micha saß zitternd unter einem der Tische in seinem Klassenzimmer und weinte still vor sich hin. Ein paar Kinder begannen zu beten, und als die Schüsse näher kamen, wurden die Gebete intensiver und das Schluchzen lauter.

Die Lehrerin bat die Kinder, aus Sicherheitsgründen nicht mehr laut zu beten und den Rücken des Kindes neben sich zu streicheln, damit alle spüren konnten, dass sie in dieser Situation nicht allein waren.

Das Schießen wurde lauter, aber die Kinder blieben leise. Sie verhielten sich unglaublich beherrscht. Micha warf einen Blick an die Wandtafel, und dort stand in großen weißen Buchstaben ein Bibelvers, über den sie an diesem Morgen geredet hatten. Weshalb die Lehrerin ausgerechnet heute diesen Spruch aus Josua 1, Vers 9 ausgesucht hatte, wusste der Junge nicht. Schließlich hatte sie nicht wissen können, was keine zwei Stunden später passieren würde. Niemand hatte das wissen können. Und doch stand der Vers da, als hätte Gott selbst ihn hingeschrieben, um ihnen die Angst zu nehmen.

«Ja, ich sage es noch einmal: Sei mutig und entschlossen! Lass dich nicht einschüchtern, und hab keine Angst! Denn ich, der Herr, dein Gott, bin bei dir, wohin du auch gehst.»

Micha hatte das Gefühl, als wären die Worte ganz für ihn allein bestimmt. Und das machte ihn ruhiger. Er wischte sich die Tränen aus den Augen und versuchte, mucksmäuschenstill zu sein.

11:09 – Wie er es geschafft hatte, die zwanzig Meter bis zum Grundschulgebäude zurückzulegen, ohne von den Terroristen erwischt zu werden, war Albert ein Rätsel. Es war tatsächlich, als hätte ihm jemand Flügel verliehen. Jedenfalls schwebte er beinahe die wenigen Stufen hoch und hechtete durch die einzige Tür auf dieser Seite des Gebäudes, die einladend weit offen stand. Es war die Tür direkt vor dem Zimmer E22, dem mittleren der drei Klassenzimmer im Erdgeschoss. Der Raum war leer, und Albert sah sich verzweifelt nach einem geeigneten Versteck um, konnte aber keines finden. Schließlich rannte er zu der Toilette in der Ecke des Klassenzimmers und schloss sich ein.

«Gott, steh mir bei!», flüsterte er. Er wusste, dass sie ihn gesehen hatten. Er spürte es bis in die Knochen. Und sie würden ihn finden, denn wo sonst als in der Toilette hätte er sich verkriechen sollen? Es war ein denkbar schlechtes Versteck, in jeder Beziehung. Die Toilette war nicht größer als einen Quadratmeter, die Tür war aus Sperrholz, und die gemauerte Wand reichte Albert gerade bis zu seiner linken Schulter und war oben nur mit ein paar dünnen Brettern mit der Decke verbunden. Das Türschloss würde einem einzigen starken Fußtritt nicht standhalten: Das Sperrholz würde dabei zerreißen wie Karton. Er wusste, dass er nicht mehr lange zu leben hatte. Es war aus. Mit schlotternden Knien stand er neben der Kloschüssel und presste sich an die Wand, während er auf den Tod wartete.

Simon Malik, der pakistanische Schulmanager, war nach der Teepause zur Highschool zurückgekehrt und hatte diese eben durch die schmale Seitentür betreten, als draußen das Schießen begann. Geistesgegenwärtig rannte er durch das Auditorium, um den Vordereingang des Gebäudes abzuschließen. Die alte Garnisonskirche war eine uneinnehmbare Festung, wenn man erst einmal sämtliche Türen verschlossen hatte. Und genau das war Simons Plan.

Als er den Haupteingang erreichte, stieß er auf den Schuldirektor Russell Morton und den Finanzadministrator Larry Cutherell. Sie hatten dieselbe Idee gehabt, und Larry hatte soeben das vordere Tor abgeschlossen und das Licht in den Büros ausgemacht. Simon fasste sich kurz:

«Sind alle Türen verschlossen?»

«Keine Ahnung», sagte der Direktor, und Larry fügte hinzu:

«Vielleicht sind die Seitentüren noch offen!»

«Lasst uns nachsehen! Und vergesst die Fenster nicht!»

Die Männer schwärmten aus, jeder in eine andere Richtung, um alles zu verschließen, was es zu verschließen gab. Simon lief zurück zur Seitentür und sah zwei Frauen, die soeben den Eingang zum Französischzimmer abschlossen. Er tippte den Code ein, um die Seitentür zu verschließen, und hoffte, dass es Larry und Russell gelungen war, alles andere abzuriegeln, bevor sich diese schießwütigen Fremden, wer auch immer sie sein mochten, Zugang zur Highschool verschafft hatten. Das durfte auf keinen Fall geschehen.

«Ich glaube, es sind noch Kinder draußen!», hörte

Simon plötzlich jemanden hinter sich rufen, und ein Schauer durchfuhr ihn bei diesem Gedanken.

«Oh Gott, nein! Nicht die Kinder!», murmelte er zu sich selbst. Ohne lange zu überlegen, tippte er den Code erneut ein, öffnete die Seitentür, sprang ins Freie und sperrte sich dann mit dem Verschlusscode selbst aus, um die Schüler in der Highschool nicht zu gefährden.

Er blieb vor der Tür stehen und sah sich nach allen Seiten um. Doch weder bei den Picknickbänken auf der rechten noch beim Toilettenhäuschen auf der linken Seite waren Kinder zu sehen. Alles schien ruhig zu sein, zu ruhig für seinen Geschmack. Vielleicht hatten sie sich schon in Sicherheit gebracht, dachte er. Simon lief ein Stück die Treppe hoch, kam am zweistöckigen Häuschen mit den zwei Extrazimmern vorbei und ging zwischen den beiden Pfeilern an der oberen Stufe noch etwa fünf Schritte weiter den Weg hinauf, der die Highschool mit dem Grundschulgebäude verband.

Und dann sah er sie. Sie kamen die Stufen vom Basketballfeld hoch, zwei junge Männer in Jogginganzügen. Sie waren wachsam und schienen auf der Suche nach Beute zu sein. Als sie die oberste Stufe erreicht hatten, drehten sie die Köpfe nach links und blickten Simon geradewegs an. So standen sie sich ein paar Sekunden gegenüber, keine zwanzig Meter voneinander entfernt, und Simon sah das Böse in ihren Augen funkeln. Ihre eiskalten Blicke gingen ihm durch Mark und Bein. Unbeweglich blieb er stehen, als wären seine Füße am Boden festgefroren, und als der eine der beiden die Mündung seiner Kalaschnikow in seine Richtung drehte, wusste Simon, dass diese Männer hier waren, um zu töten. Das Blut schien ihm in den Adern zu gefrieren.

11:10 – Paul-Gerhard saß zusammen mit Deborah und ihrer Klasse unter den Tischen des Chemiezimmers und hatte furchtbare Angst, dass jeden Moment eine Granate durchs Fenster fliegen würde. Das Schießen wollte kein Ende nehmen. Jetzt hörten sie eine Frau schreien, dann wieder Schüsse, dazwischen ein paar laute Rufe. Es war schrecklich. Wie viele Angreifer mochten es sein? Wer waren sie? Wie viele Menschen hatten sie bereits erschossen? Hatten sie vielleicht sogar schon die Highschool gestürmt? Würde jeden Moment jemand die Treppe hochsteigen und sie finden? Würden sie hier überhaupt lebend herauskommen?

Paul-Gerhard spürte, wie es ihm bei diesem Gedanken die Kehle zuschnürte und er beinahe keine Luft mehr bekam. Er sah sich um. Die Schüler verhielten sich ruhig. David Cooper, der mit ihm unter dem Tisch saß, betete für die Sicherheit der Schüler.

«Wie hältst du das bloß aus?», flüsterte ihm Paul-Gerhard zu. «Du weißt ja nicht mal, ob deine Schwestern noch leben!»

Der blonde Junge sah ihn an und meinte einfach: «Alle hier sind meine Brüder und Schwestern.»

Paul-Gerhard verstand nicht genau, wie David so empfinden konnte. Und als die Schüler sogar begannen, für die Terroristen zu beten, dass ihnen doch klar werden möge, was sie da gerade machten, verstand der Junge aus Wiedenest gar nichts mehr. Wie konnten sie nur für die Leute beten, von denen sie gerade attackiert wurden? War das nicht etwas zu viel verlangt?

Nachdem sie den Wachmann aus dem Tor hinausgetrieben hatten, beeilten sich Qari und Hasan, die andern einzuholen. Mit schnellen Schritten überquerten sie den Sportplatz, immer Ausschau haltend nach möglichen Heckenschützen oder irgendwelchen Schülern. Hasan war sichtlich nervös.

«Wo sind die bloß alle?», fragte er. «Zweihundert Menschen können sich doch nicht in Luft aufgelöst haben!»

«Ich weiß es nicht», sagte Qari, «es ergibt keinen Sinn. Sie müssten hier sein. Genau hier, wo wir jetzt stehen.»

«Meinst du, jemand hat sie gewarnt?»

«Das kann ich mir nicht vorstellen.»

«Warum sind sie dann nicht hier?»

«Keine Ahnung, Bruder! Vielleicht sind sie ja oben.»

«Und wenn nicht?»

«Wo sollen sie sonst sein? Es ist Teepause. Irgendwo müssen sie sich aufhalten!»

«Qari, ich sage dir, etwas geht hier nicht mit rechten Dingen zu.»

«Halt den Mund, Hasan, du machst mich nervös.»

Sie kamen zu der kurzen Treppe, die vom Basketballfeld auf den kleinen Weg zwischen Highschool und Wohnheim führte. Als sie die oberste Stufe erreichten, sahen sie zwei blutüberströmte Männer an der gegenüberstehenden Wand liegen. Der eine trug eine Uniform, der andere einen gewöhnlichen Salwar Kameez. Beide waren noch am Leben und rangen verzweifelt nach Luft. Sie kämpften röchelnd gegen den Tod an. Hasan wollte auf sie schießen, doch Qari hielt ihn zurück.

«Lass sie. Sie sterben sowieso.»

In diesem Moment sah er aus dem linken Augenwinkel, wie sich etwas bewegte. Er drehte sich um. Keine zwanzig Meter von ihnen entfernt, neben dem rechten Pfeiler am oberen Ende der ersten Treppe, stand ein bärtiger Pakistani. Ihre Blicke begegneten sich, und für ein paar Sekunden standen sie sich einfach gegenüber. Qari spürte eine merkwürdige Ruhe von den Augen seines Opfers ausgehen. Es verwirrte ihn.

«Hasan, da drüben! Schieß!»

Hasan richtete seine Waffe auf den Mann und versuchte zu schießen. Doch es löste sich kein Schuss.

«Es geht nicht!», schrie er. «Meine Waffe klemmt!»

Qari fasste seine Kalaschnikow und feuerte. Der Mann stolperte rückwärts, überschlug sich zwischen den Bäumen und rollte die Böschung neben der Treppe hinunter. Qari konnte ihn nicht mehr sehen, nahm aber an, dass er ihn getroffen hatte, und wandte sich wieder Hasan zu. Der fingerte völlig nervös an seiner Waffe herum.

«Sie klemmt», stellte er verständnislos fest, «sie hat vorher noch nie geklemmt. Ich verstehe nicht, was hier los ist.»

«Komm weiter», sagte Qari, «um deine Waffe kümmern wir uns später.»

«Ich kann nicht», wehrte Hasan ab, «etwas stimmt hier nicht. Ich kann so nicht weitermachen.»

«Was redest du da? Du kannst nicht einfach aufhören. Wir haben einen Auftrag auszuführen!»

Hasan fuhr sich durch sein Haar. Schweißperlen standen ihm auf der Stirn.

«Ich verstehe das einfach nicht, Qari. Nichts läuft nach Plan. Absolut nichts. Die Schule ist wie ausgestorben, mein Gewehr klemmt. Was um alles in der Welt geht hier vor?»

«Jetzt reiß dich zusammen!»

«Ich muss hier weg!»

«Hasan, wir beenden das gemeinsam!»

«Ohne mich.»

«Komm schon!»

«Ich werde wahnsinnig, Bruder. Ich sage dir, ich

schaffe das einfach nicht. Mein Gewehr hat noch nie geklemmt. Noch nie, verstehst du?»

«Hasan!»

Bevor ihn Qari daran hindern konnte, begann Hasan zu laufen, quer über das bewaldete Gelände und dann den Hügel hinunter.

«Ich glaube das einfach nicht!», murmelte Qari wütend. «Das darf doch nicht wahr sein!» Er packte sein Gewehr fester, stieg über die Beine der am Boden liegenden Männer und ging weiter Richtung Speisesaal.

11:11 – Saifi und Abu Bakar standen draußen vor dem Tor und wunderten sich, warum sie noch keine einzige Explosion gehört hatten. Worauf warteten die anderen bloß? Und warum hatten sie bis jetzt nur einen einzigen Schrei gehört?

«Vielleicht sollten wir nachsehen», schlug Abu Bakar vor. «Was meinst du?»

Saifi grübelte.

«Lass uns außen herum gehen. Die Schüsse entfernen sich, sie müssten also bereits beim Wohnheim sein. Wir können vom seitlichen Tor dazustoßen und ihnen von dort aus Rückendeckung geben.» Eine gerade Zufahrtsstraße, die rechtwinklig von der Hauptstraße abbog, führte etwa einhundert Meter der Mauer entlang bis zum seitlichen Tor.

«Dann mal los», meinte Abu Bakar.

Kaum traten sie mit einem Fuß hinter der Mauerecke hervor, streifte ein gezielter Schuss die Mauerkante direkt vor ihnen.

«Die haben den Wachmann am oberen Tor verständigt», sagte Saifi und überlegte kurz. «Wenn wir uns mit dem Schießen ablösen, könnten wir uns abwechslungsweise in eine neue Position bringen und uns den Weg bis zum Tor freischießen.»

«In Ordnung», sagte Abu Bakar. «Wenn er allein ist, kriegen wir ihn.»

Saifi nickte. «Gib mir Deckung!» Er hechtete hinter der Mauer hervor, überquerte die Zufahrtsstraße und rollte hinter einen Erdhügel, bevor ein weiterer Schuss nahe an ihm vorbeipfiff. Saifi nickte Abu Bakar zu, und gleichzeitig nahmen sie jetzt von beiden Stellungen aus das seitliche Tor unter Beschuss. Der Wachmann erwiderte das Feuer.

Mit rasenden Herzen und trockenen Mündern stotterten die Zwölftklässler im Physikraum Gebete, weinten, schluchzten und stöhnten. Es hörte sich an, als kämen der Lärm der Schüsse und die Schreie aus allen Richtungen, und einen Moment lang dachte Nathan sogar, die Terroristen seien innerhalb des Gebäudes. Er hörte ganz deutlich etwas über das Dach rollen. Eine Handgranate?

Die Angst unter den Schülern nahm zu, immer mehr beteten, und einige Teenager lasen Bibelsprüche vor, um sich gegenseitig zu beruhigen. Es gab kein Telefon im Zimmer, also keinerlei Möglichkeit, mit der Außenwelt Kontakt aufzunehmen. Wie würde das alles noch enden? Was sollten sie bloß tun? Die Frage hing erdrückend in der Luft, als eine zarte Stimme plötzlich die raunenden Gebete und das Weinen durchbrach:

«Mr. Cheales, denken Sie, man könnte es wagen, etwas zu singen?» Der Physiklehrer glaubte sich verhört zu haben und sah sich erstaunt um. Anna Svensson aus Schweden, ein Mädchen mit langem, lockigem Haar und schneewittchenweißer Haut, blickte ihn mit ihren sanften grünen Augen fragend an.

«Singen?», fragte Mr. Cheales verwirrt zurück. «Ich ... ich weiß nicht, ob dies der richtige Moment ist ...»

Anna schloss die Augen, atmete tief ein, und mit einer klaren, hohen Stimme begann sie leise und zuversichtlich ein Lied anzustimmen:

«Our God is an awesome God, He reigns from heaven above, with wisdom, power, and love, our God is an awesome God. – Unser Gott ist ein mächtiger Gott. Er herrscht vom Himmel herab, mit Weisheit, Liebe und Macht, unser Gott ist ein mächtiger Gott.»

Andere stimmten mit ein, erst mit zitternden, etwas zaghaften Stimmen, doch je mehr Schüler in den Chor einstimmten, desto fester wurde ihr Klang. Das Lied gewann an Fülle, und bald schien der ganze Raum von einem unglaublichen Frieden erfüllt zu sein, einem Frieden, der jeglichen Verstand überstieg. Die Teenager wischten sich die Tränen aus dem Gesicht und spürten, wie eine unbeschreibliche Ruhe über sie kam. Mit kräftigen Stimmen sangen sie weiter.

Albert drückte sich an die Wand in der kleinen Toilette und glaubte, sein Herz müsste stillstehen. Er hörte Turnschuhe auf dem Boden quietschen und wusste, dass sie da waren. Sie hatten ihn gefunden. Sie hatten ihn gesehen, als er in das Zimmer gelaufen war, und es war nur eine Frage der Zeit, bis sie ihn in der Toilette entdecken würden. Albert versuchte, sich noch weiter in die Ecke zu quetschen, schloss die Augen und richtete seinen Kopf nach oben. Das ist das Ende, dachte er, ich bin so gut wie tot.

«Jesus ist Herr!», hauchte er.

Die Schritte kamen näher. Albert spürte, dass die Männer jetzt unmittelbar vor der Toilette standen. Jäh zuckte er zusammen, als jemand von außen gegen die Tür trat. Sie wussten, dass er da drin war. Wer sonst hätte die Tür von innen verschließen können? Er wagte nicht zu atmen. Mit mäßiger Kraft traten sie erneut gegen die Tür. Sie öffnete sich nicht. Albert dachte, dass als Nächstes eine Serie von Kugeln das Sperrholz durchlöchern würde. Er fühlte, dass er nicht mehr auf der Erde war. Er war tot. Er musste tot sein, es war unmöglich, dass er noch am Leben war. Und doch atmete er noch.

Er hörte wie durch Watte, dass Mr. Couch im Zimmer neben ihm betete. Seine Gedanken schweiften zu seiner Familie, seiner Frau, seinen Kindern. Ob er sie jemals wiedersehen würde? Und Babar und Manzoor? Waren sie noch am Leben? Und was war mit den Schülern? Den Lehrern? Wie viele Menschen waren ermordet worden?

Wieder quietschten die Gummisohlen auf dem geschliffenen Granitboden. Die Männer waren also immer noch da und suchten nach ihm. Warum hatten sie die Tür nicht eingetreten? Warum hatte das Schloss ihren Tritten standgehalten? Warum machten sie nicht von ihren Kalaschnikows Gebrauch? Albert glaubte, er müsse den Verstand verlieren. Das Geräusch ihrer Schritte machte ihn wahnsinnig. Er krallte die Fingernägel in seine Handflächen, stand stocksteif da und wartete darauf, erschossen zu werden.

Die Schüler der dritten und vierten Klasse verhielten sich mucksmäuschenstill, als sie hörten, wie jemand in das Nebenzimmer stürmte. Niemand wusste, was da drüben in E22 vor sich ging, doch wenig später konnten sie deutlich das Quietschen von Turnschuhen hören. Mit vor Schreck weit aufgerissenen Augen starrte Micha auf die Verbindungstür, die ihr Zimmer mit E22 verband. Sie war nur angelehnt! Mrs. Sneddon hatte in der Eile vergessen, sie abzuschließen. Was war, wenn die Attentäter die Tür öffnen und sie entdecken würden? Die Tür befand sich gleich hinter der braunen Außentür und war auch noch himmelblau gestrichen!

Der Neunjährige schluckte und schlotterte am ganzen Körper, während er die Tür nicht aus den Augen ließ.

11:12 – «Hilfe! Ich bin getroffen worden!» Juliet schrie auf, als sie sah, wie Blut von ihrem Arm und ihrer Hand tropfte. Sie presste sich den rechten Arm gegen den Bauch und stolperte über die Treppe zum Seiteneingang der Highschool. Doch die Tür war verschlossen. Also eilte sie an der Längsseite der Kirche entlang zum Vordereingang. Verzweifelt pochte sie mit ihren blutenden Händen gegen die Eingangstür.

«Mr. Morton!», rief sie. «Bitte öffnen Sie, Mr. Morton!» Niemand schien sie zu hören. Aus dem rechten Augenwinkel sah sie zwei weitere Terroristen über den Sportplatz gehen. Sie hätten sie leicht sehen und auf sie schießen können, doch offensichtlich hielten sie bereits nach anderen Opfern Ausschau. Jedenfalls blickten sie nicht in ihre Richtung. Doch das konnte sich jeden Moment ändern, wenn ihr nicht endlich jemand die Tür öffnete und sie ins Gebäude reinließ. Panik ergriff Juliet, während sie wie wild gegen die schwere Tür schlug.

«Mr. Morton! Öffnen Sie die Tür! Bitte!»

Nichts tat sich. Niemand öffnete. Sie sah sich um und entdeckte durch die halboffene Tür des Wächterhäuschens schräg gegenüber von ihr den toten Wachmann. Er lag in einer Blutlache, die Waffe war ihm aus der Hand gefallen. Die Philippinin unterdrückte einen Schrei und spürte, wie ihre Knie weich wurden. Was sollte sie bloß tun? Warum hörte sie niemand? Ihre

Wunde schmerzte fürchterlich. Doch Juliet biss die Zähne zusammen und rannte denselben Weg, den sie gekommen war, wieder zurück, in der Hoffnung, jemand würde sie durch irgendein Fenster hindurch sehen und ihr die Tür öffnen.

Von entsetzlicher Angst angetrieben, taumelte sie mehrmals hilflos zwischen der Vordertür und den seitlichen Fenstern hin und her, die ganze Zeit im Blickfeld der bewaffneten Männer, die über den Basketballplatz liefen. Aber die schienen sie einfach nicht zu sehen. Endlich, als sie ein letztes Mal gegen das Tor polterte, hörte sie drinnen die Stimme von Mr. Cutherell. Doch aus irgendeinem Grund schien er zu zögern.

«Bitte lassen Sie mich rein!», flehte Juliet, völlig aufgelöst. «Bitte!» Sie war inzwischen einem Zusammenbruch sehr nahe.

Larry Cutherell würde diesen schrecklichen Moment nie vergessen. Das Erste, was ihm durch den Kopf ging, als die ersten Schüsse fielen, war: «Ich hoffe, das gilt nicht uns!» Sein Büro war gleich schräg gegenüber vom Haupttor, und so bekam er die Schießerei zwischen dem Wachmann und den Terroristen aus nächster Nähe mit. Unverzüglich sprang er auf, löschte das Licht und schloss den Haupteingang. Zusammen mit dem Schuldirektor und Simon überprüften sie sämtliche Türen und Fenster und verriegelten alles, was man nur irgend verriegeln konnte.

Als Larry wieder zum vorderen Eingang zurückkehrte, hörte er draußen das Weinen von Juliet Visitacion. Sie wirkte völlig verzweifelt und flehte, jemand möge ihr die Tür öffnen. Larry zögerte. Was war, wenn einer der Terroristen ihr eine Waffe an den Kopf hielt und sie als Geisel genommen hatte? Was war, wenn die Angreifer sich durch Juliet Zugang zur Highschool verschaffen wollten? Wie konnte er sicher sein, dass das Aufschließen dieser Tür nicht der gravierendste Fehler seines ganzen Lebens war?

«Bitte, Mr. Morton», stöhnte Juliet hinter der Tür, «bitte öffnen Sie! Lassen Sie mich rein, um Gottes willen!»

Larry wusste, dass die Entscheidung, die er zu treffen hatte, sein Tod sein konnte und auch der Tod aller Schüler und Lehrer im ganzen Gebäude. Doch wenn Juliet alleine da draußen war und er die Tür nicht öffnete, würde es vermutlich ihren Tod bedeuten. Was also sollte er tun? Er atmete tief durch und betete zu Gott, dass dies keine Falle war. Dann drehte er mit klopfendem Herzen den Schlüssel und öffnete die Tür. Blutüberströmt stolperte Juliet herein, fiel Larry in die Arme und wurde sofort ohnmächtig.

11:13 – Als die erste Kugel dicht an seinem Kopf vorbeiflitzte, hechtete Simon hinter einen Baum, purzelte den Hang hinunter und prallte hart auf die Bodenplatten vor der Kirche. Während weitere Schüsse fielen, robbte er zu den Toiletten und versteckte sich dort. Sein Atem ging heftig, aber er versuchte, trotz der gefährlichen Situation einen klaren Kopf zu bewahren.

«Es ist nicht sicher hier», überlegte er. «Sie werden kommen und mich aufspüren. Ich darf nicht hier bleiben.» Vorsichtig kroch er auf dem Boden bis zur Tür und lugte unter dem Türspalt hindurch.

Niemand war zu sehen. Ob er es wagen konnte, nach draußen zu gehen? Ob sie ihm auflauerten? Er musste es riskieren. So lautlos wie möglich öffnete Simon die Toilettentür, begab sich ins Freie und schlug den Weg Richtung Dschungel ein. Andere pakistanische Mitarbeiter hatten offensichtlich dieselbe Idee gehabt.

Wie aufgescheuchte Tiere auf der Flucht vor einem Jäger rannten sie den Hügel hinunter in den dichten Wald hinter der Schule.

Simon hörte erneut Schüsse und war sich auf einmal nicht mehr sicher, ob so viele flüchtende Menschen nicht erst recht zur Zielscheibe dieser Männer würden. Rasch winkte er ein paar Arbeiter zu sich und deutete auf ein anderes Toilettenhäuschen unterhalb der Böschung.

«Versteckt euch da drin!», rief er ihnen zu. Er selbst gesellte sich ebenfalls zu ihnen, hielt es aber keine zwei Minuten aus.

«Ich kann nicht warten, bis sie die Kinder aufstöbern», sagte er, «ich muss etwas unternehmen. Ich muss sie irgendwie aufhalten!»

«Bist du wahnsinnig, Simon?», flüsterte einer der Arbeiter. «Sie werden dich umbringen!»

«Gott wird mir beistehen», meinte Simon, und bevor sie ihn daran hindern konnten, kraxelte er wieder den Hügel hoch, zurück zur Highschool.

Angela Condie wechselte mit Mary Cheales und den beiden Kindern vielsagende Blicke. Das Schießen hatte abrupt aufgehört. Ob der Anschlag vorbei war? Ob sie in die Schule eingedrungen waren und Geiseln genommen hatten? Hier in der Toilette des Krankenzimmers waren sie wie in einer Festung von dicken Mauern geschützt. Die Chance war groß, dass die Männer sie übersehen hatten. Aber wie stand es mit den Klassenzimmern? Wie viele Menschen waren ums Leben gekommen? Wie viele Schüler?

«Ich werde versuchen, die Polizei zu verständigen», flüsterte Angela.

«Sei vorsichtig», sagte Mary. «Wir wissen nicht, ob sie noch da draußen sind.»

Jessica und Rebecca, die beiden Siebtklässlerinnen, hielten sich gegenseitig fest und wimmerten leise vor sich hin. Angela kroch ins Krankenzimmer zurück und schlich zum Telefon. An der Wand war eine Liste der wichtigsten Telefonnummern, und sie wählte als Erstes den Notruf der Polizei. Doch die Leitung war besetzt. Sie legte auf und versuchte es erneut. Erst nach mindestens vier Anläufen kam endlich jemand ans Telefon.

«Wir werden angegriffen!», sagte Angela.

«Wie war das noch mal?», fragte die Stimme zurück.

Angela war sich nicht sicher, ob der Polizist am andern Ende sie akustisch nicht verstanden oder Mühe mit ihrem Urdu hatte.

«Wir werden angegriffen!», wiederholte sie deshalb etwas lauter und im klarsten Urdu, das sie irgendwie zustande brachte. Doch der Mann schien schwer von Begriff zu sein.

«Entschuldigen Sie, was haben Sie gesagt?»

«Wir werden von Terroristen angegriffen! Verstehen Sie?!»

«Bitte warten Sie einen Moment, ich werde Sie verbinden.» Ein Klicken war zu hören, und der Mann leitete das Gespräch um. Angela wartete und wartete, doch keiner meldete sich.

«Das darf doch nicht wahr sein!», murmelte sie nervös. «Wir werden attackiert, und die lassen mich in irgendeiner Warteschleife hängen!» Sie legte auf und versuchte es nochmals. Doch kaum hörte der Mann am Telefon ihre Stimme, legte er auf.

Wütend versuchte sie es nochmals. Diesmal kam gleich zu Beginn das Besetztzeichen. Es war zum Verzweifeln! Es machte beinahe den Anschein, als würden die sie absichtlich hängen lassen. Wahrscheinlich hatte der Polizist sehr wohl verstanden, was sie gesagt hatte, und wieder aufgelegt, weil ihm die Sache zu riskant war. Wer wollte es schon freiwillig mit Terroristen aufnehmen? Dass das Leben von zweihundert Menschen auf dem Spiel stand, davon einhundertfünfzig Kinder im Alter von sechs bis achtzehn, das war ihnen wohl egal.

Angela nahm erneut den Hörer und überlegte sich, welche Nummer sie als Nächstes wählen sollte, nachdem die Polizei signalisiert hatte, dass sie nichts unternehmen würde. Die Armee!, schoss es ihr durch den Kopf. Ihre Garnison grenzte unmittelbar an ihr Schulgelände, bestimmt hatten sie das Schießen sogar mitgekriegt. Sie wählte die Nummer und hörte sogleich einen Piepton, der ihr Herz noch schneller schlagen ließ.

«Diese Rufnummer ist ungültig», verkündete eine höfliche Sprechbandstimme, «bitte sehen Sie im Telefonbuch nach ... diese Rufnummer ist ungültig ...»

Beinahe sank ihr der Mut. Es war zum Verrücktwerden! Wozu gab es eine Notrufliste, wenn keine der Nummern funktionierte? Wertvolle Sekunden gingen verloren, Sekunden, die vielleicht entscheidend waren, um jemandem das Leben zu retten! Angelas Augen sprangen auf der Liste eine Nummer weiter und erreichten die der amerikanischen Botschaft.

«Gott, wenn die mich in die Warteschleife stellen, dreh ich durch», murmelte die Ärztin. Sie zitterte leicht, als sie die Nummer wählte. Draußen hatte das Schießen erneut begonnen.

Deborah saß mit Greenpeace unter einem Tisch und wunderte sich über seine Ruhe. Es war beinahe, als wäre er sicher, dass ihnen nichts passieren würde. Er betete auch mehrmals, dass Gott seine schützende Hand über allen Schülern halten möge, damit keiner von ihnen verletzt würde. Deborah ertappte sich beim Gedanken, dass dies wohl ein eher anmaßendes Gebet sei. So schrecklich es auch war, dieses Gebet würde unmöglich in Erfüllung gehen. Es würde Verletzte geben, wahrscheinlich auch Tote. Dazu waren die Attentäter doch hergekommen. Wozu sonst würden sie eine Schule überfallen, wenn sie es nicht auf die Schüler abgesehen hatten? Und so, wie es sich von hier aus anhörte, war bestimmt schon ein riesiges Blutbad angerichtet worden.

Der Gedanke, dass vielleicht mehrere ihrer Freunde irgendwo tot auf dem Gelände lagen, ließ Deborah die Galle hochkommen. Sie erinnerte sich an die Geschichte eines siebzehnjährigen Mädchens namens Cassie, das in einer Schule in Amerika erschossen worden war, weil sie sich zu Gott bekannt hatte. Vielleicht würde ihnen dasselbe Schicksal bevorstehen. Vielleicht würden die Terroristen sie in einer Reihe an die Wand stellen und jeden von ihnen auffordern, ihren Gott zu verleugnen. Was würde sie antworten, wenn sie in die Mündung eines Maschinengewehrs blickte und gefragt würde, ob sie sich zu Jesus bekenne? Hätte sie den Mut, Ja zu sagen?

Ihre Gedanken schweiften zwei Jahre zurück. Damals, am 4. Juli 2000, hatte sie sich im Taufbecken zwischen dem Grillplatz und dem großen Sportplatz hinter der Schule taufen lassen. Sie erinnerte sich daran, als wäre es gestern gewesen. Sie hatte Ja gesagt; keine hundert Meter weit entfernt hatte sie sich öffentlich zu Jesus bekannt und geweint wie ein kleines Kind vor lauter Freude. Würde sie auch heute noch Ja sagen? Hätte sie den Mut, für Jesus in den Tod zu gehen? Wäre sie bereit?

Sie liebte Jesus, sie hatte ihn eigentlich immer geliebt, schon seit sie ein kleines Mädchen war. Manchmal hatte sie Bücher gelesen von Menschen, die ihr Leben Gott übergaben und dabei Unglaubliches fühlten, als würde ihr Herz in Flammen stehen, als würde Gott seine Liebe ganz spürbar in sie hineingießen. Und jedes Mal, wenn sie von solchen Dingen las, war sie fasziniert davon und gleichzeitig enttäuscht, weil sie selbst nie so etwas Gewaltiges erlebt hatte. So betete sie mindestens tausendmal dasselbe Gebet: «Herr Jesus, bitte vergib mir meine Schuld und komm in mein Herz!» Und dann war sie sich nie so ganz sicher, ob er es wirklich getan hatte, weil sie einfach nichts spürte.

Aber eines Tages ging ihr plötzlich ein Licht auf. Sie merkte, dass Gott auch ohne irgendein fantastisches Erlebnis ihre Schuld vergeben konnte – schlicht und einfach, weil sie ihn darum bat. Das war eine total befreiende Erkenntnis, und mit der Zeit sah Deborah, wie Gott sie behutsam zu formen begann wie ein kleines Pflänzchen, das ganz leise und unscheinbar dem Himmel entgegenwächst.

Das war vor mehreren Jahren gewesen, und wenn sie zurückschaute, so staunte sie, wie viel sie schon gewachsen war; nicht unbedingt äußerlich, sondern vor allem in ihrem Herzen.

Deborah horchte auf.

«Hörst du das auch?», fragte sie Greenpeace.

Der Junge hob den Kopf. «Ja», sagte er. «Sind das die Elftklässler?»

Jetzt hörten es die andern auch. Es kam ganz deutlich aus dem Physikzimmer über ihnen. Die Zwölftklässler hatten doch tatsächlich zu singen begonnen.

«Unglaublich», murmelte Deborah, während sie dem wunderschönen Gesang lauschte. Es war wohltuend, diese Stimmen zu hören, ja, es gab ihr eine innere Ruhe, die sich schwer erklären ließ. Und mit einem Mal war auch sie überzeugt davon, dass ihnen nichts passieren würde. Gott war bei ihnen. Sie spürte es bis in die Zehenspitzen.

11:14 – Jenny schrie gellend auf. «Mom!», rief sie und starrte entgeistert über den Fensterrand des Religionszimmers hinunter ins Auditorium. Mr. Cutherell hatte Juliet in die Halle geschleppt und Mrs. Morton, der Frau des Schuldirektors, und Miss Clark, der EDV-Lehrerin, übergeben, während er zum Eingang zurückrannte. Mehrere Kinder, die sich in der Halle aufhielten, schrien entsetzt auf, als sie die blutüberströmte Frau sahen. Sie bewegte sich nicht, und alles, was man erkennen konnte, war Blut, eine Menge Blut. Helen Baron, eine Elftklässlerin, die mit Jenny und zwanzig anderen Kindern aus unterschiedlichen Klassen in diesem Raum oberhalb des Auditoriums Schutz gesucht hatte, nahm das zitternde Mädchen in die Arme und versuchte es zu beruhigen.

«Ist sie tot?», wimmerte Jenny. Das Mädchen war völlig geschockt.

«Nein», versicherte ihr Helen, während sie hinunter in die Halle blickte. «Sieh doch, sie ist wieder zu sich gekommen. Sie war nur bewusstlos.»

«Sie wird sterben!»

«Deine Mutter wird nicht sterben», sagte Helen überzeugt, obwohl sie selbst keine Ahnung hatte, wie schlimm es um die Frau stand.

«Doch, das wird sie», stammelte Jenny unter Tränen. «Sieh doch das viele Blut auf ihrer Bluse! Sie haben ihr in den Bauch geschossen! Sie wird sterben! Ich will nicht, dass sie stirbt! Mutter!»

«Bleib ganz ruhig, Jenny. Es wird alles gut werden.»

«Ich will zu ihr! Lass mich los! Ich will zu meiner Mom!»

Helen hielt Jenny fest und redete mit ruhiger Stimme auf sie ein.

«Nicht jetzt, Jenny. Wir müssen hier bleiben. Es ist zu gefährlich, das Zimmer zu verlassen, verstehst du?»

«Ich hab solche Angst!», schluchzte Jenny. «Sie darf nicht sterben!»

Sie drückte sich fest an Helen und ließ ihren Tränen freien Lauf. Unter jedem Tisch saßen verängstigte Schüler und Lehrer. Überall waren Leute am Beten, ein andauerndes Summen erfüllte den Raum. Ab und zu beteten Einzelne laut um Gottes Schutz und baten, dass er seine Engel um sie herumstellte. Einige beteten für Jennys Mutter und für alle anderen in der Schule. Jemand betete sogar für die Attentäter. Und während draußen das Schießen weiterging, unten in der Halle Mrs. Morton und Miss Clark sich um Juliet kümmerten und versuchten, mit Tüchern die starke Blutung zu stoppen, und Helen die völlig aufgelöste Jenny im Arm hielt, stimmte ein Junge plötzlich ein Lied an.

«Our God is an awesome God. He reigns from heaven above, with wisdom, power, and love, our God is an awesome God.»

Helen wäre nie auf die Idee gekommen, inmitten dieser furchtbaren Situation zu singen, doch dann stimmte auch sie leise in das einfache Lied mit ein und fühlte sich gleich erstaunlich viel besser. Ein tiefer Friede breitete sich im ganzen Raum aus, und sogar Jenny wurde ruhiger.

11:15 – Dort in der Halle zu hocken und auf den Tod zu warten, war der schrecklichste Moment in Beccas Leben. Man hatte sie zusammen mit anderen Kindern ins Auditorium geschickt und gesagt, sie sollten sich an der Wand entlang hinsetzen. Die Tochter des Lehrers der sechsten Klasse hatte panische Angst bekommen.

«Sie sind im Gebäude! Sie werden uns an die Wand stellen und der Reihe nach erschießen!», war das Einzige, woran sie denken konnte. Sie setzte sich in eine Ecke und weinte leise vor sich hin. Wenig später beobachtete sie voller Entsetzen, wie die angeschossene Juliet hereingeschleppt wurde. Ihre Bluse war blutdurchtränkt, und für einen Moment dachte das Mädchen, sie wäre tot. Das Morden hatte begonnen, und sie würde als Nächste drankommen. Es war der reinste Alptraum.

Sie erinnerte sich nicht mehr genau, wann sie das Singen hörte. Das Schießen war jedenfalls in vollem Gang, und unabhängig voneinander hatten zwei Schulgruppen fast synchron dasselbe Lied angestimmt. Aber da war noch etwas anderes. Es hörte sich an wie wunderschöne Chormusik, und es kam nicht von den Klassenzimmern, es kam direkt aus dem Dachstuhl ...

Es war ein unbeschreiblicher Klang, und Becca sah, wie auch andere Schüler ihren Kopf hoben und dem kristallklaren Gesang lauschten, der von irgendwo zwischen den Dachbalken her kam. Zuerst dachte die Dreizehnjährige, dass jemand eine CD mit keltischen Anbetungsliedern aufgelegt hatte. Doch das ergab irgendwie keinen Sinn, außerdem schien die Musik das ganze Dachgewölbe zu erfüllen. Es war unglaublich. Es war, als würden im Gebälk der alten Kirche Engel singen.

11:16 – Badar und Nawaz blieben eine Weile in dem leeren Klassenzimmer der Grundschule stehen und sahen sich suchend um. Badar hätte schwören können, dass der Pakistani in diesen Raum geflüchtet war. Doch offensichtlich hatte er sich getäuscht. Nawaz trat mit seinen Schuhen gegen die Toilettentür in der Ecke des Zimmers, aber als sie sich nicht öffnete, verlor er das Interesse daran. Sie lauschten, ob sie irgendwelche verdächtigen Geräusche hören würden. Aber alles war still. Achselzuckend verließen sie den Raum und traten ins Freie.

«Wo haben die sich bloß verkrochen?», wunderte sich Badar.

«Da ist Qari», sagte Nawaz und deutete zur Ecke des Grundschulgebäudes. Sie sprangen die Eingangstreppe hinunter und gesellten sich zu ihm.

«Wo ist Hasan?», fragte Badar.

«Hat kalte Füße gekriegt und ist in den Wald gerannt.»

«Wieso?»

«Seine Waffe klemmte und ...»

Weiter kam er nicht mit seiner Erklärung. Aus der Richtung des Seitentors wurde ein Schuss abgefeuert. Automatisch gingen die drei hinter dem Schulgebäude in Deckung.

«Wie viele Wachmänner haben die eigentlich?»

«Sechs oder sieben, soviel ich weiß», antwortete Qari, während er sich etwas vorbeugte und in Richtung Seitentor zurückschoss. «Er hat sich hinter einem Auto verschanzt», berichtete er, bevor er den Schützen erneut unter Beschuss nahm. Die Schießerei dauerte ein paar Minuten, bis dem Wächter die Munition ausging und er fluchtartig durch sein Wachhäuschen und das äußere Fenster hinaus auf die Straße floh.

Die drei kamen aus ihrem Versteck hervor und schritten langsam über den geteerten Platz zwischen Grundschule und Wohnheim. Er war wie ausgestorben. Sie blickten zum Speisesaal hinüber, aber auch dort war niemand zu sehen. Sie drehten sich mehrmals um ihre eigene Achse, die Gewehre im Anschlag, bereit, auf alles zu schießen, was sich rührte. Doch nichts bewegte sich, und nirgends war auch nur eine Sterbensseele auszumachen.

Langsam, aber sicher wurde es Badar unheimlich

zumute. Er torkelte auf dem Platz herum, als wäre er betrunken.

«Wo sind die alle?», murmelte er. «Wo sind die bloß alle?»

«Die müssen hier sein», knurrte Qari. «Wir wissen, dass sich zweihundert Menschen auf dem Gelände befinden. So viele Leute können nicht einfach spurlos verschwinden.»

«Vor allem nicht einhundertfünfzig Kinder», ergänzte Nawaz. «Niemand kann mir weismachen, dass so viele Kinder keinen Mucks von sich geben, wenn sie draußen Schüsse hören. Kinder sind Kinder, sie geraten in Panik, schreien, rennen rum, machen Geräusche.»

«Wir werden sie finden», sagte Qari. «Und wenn wir das ganze Gebäude auf den Kopf stellen müssen. Wir werden sie aus ihren Löchern jagen. Ich gehe nicht von hier weg, bis wir nicht unsere Mission erfüllt haben!»

«Wo habt ihr euch versteckt, ihr verfluchten Ratten?», rief Nawaz wütend und ballerte wie wild auf die Fenster des Wohnheims. «Zeigt euch! Kommt raus aus eurem Versteck!» Scheiben klirrten. Einschusslöcher übersäten die Wände. Aber kaum stellte Nawaz das Feuer ein, war es wieder gespenstisch still.

«Meint ihr, wir sind reingelegt worden?», überlegte Badar. «Ist das eine Falle?»

«Du klingst beinahe wie Hasan», sagte Qari. «Der hat auch plötzlich Angst bekommen und ist davongerannt. Aber wir drei beenden das hier, ist das klar?»

«Vielleicht ist das Gelände bereits umstellt.»

«Hör auf mit dem Schwachsinn und mach dich nützlich!», rief Qari. «Geh und sieh nach, ob die Tür zum Wohnheim offen ist.»

Badar trabte zum Eingang des Internatsgebäudes und drückte die Türklinke herunter.

«Abgeschlossen», sagte er.

«Dann tritt sie ein!», forderte ihn Qari auf. «Na los, mach schon!»

Badar trat mehrmals heftig gegen die Tür, doch sie hielt seinem Angriff stand. Es blätterte bloß etwas alte Farbe ab, mehr nicht.

«Geht nicht», verkündete er.

«Willst du mich zum Narren halten? Die Tür sieht ziemlich morsch aus.»

«Versuch du es, wenn du mir nicht glaubst!»

Qari ging zu ihm hinüber und trat mit voller Kraft gegen die beiden Türflügel, ebenfalls erfolglos. Es war, als hätte sie jemand von innen mit Stahl verstärkt. In diesem Moment zerriss erneut ein Schuss die Stille. Nawaz drehte sich blitzartig um und schoss zurück. Ein weiterer Wachmann hatte sich unbemerkt vom Sportplatz her angeschlichen, ging jedoch zu Boden, als Nawaz das Feuer erwiderte. Jetzt begann auch Qari zu zweifeln. Vielleicht war ja doch was dran an Badars Verdacht, sie wären in einen Hinterhalt gelaufen. Irgendetwas war eindeutig faul hier.

«Los! Hauen wir ab!», rief er und begann zu rennen. Er setzte sich an die Spitze und schlug den Weg in Richtung Wald ein. Als Badar um die Ecke des Wohnheims schoss, sah er aus dem Augenwinkel, wie der Wachmann, der soeben zu Boden gegangen war, sich wieder hochrappelte und nach seiner Dienstwaffe griff. Offensichtlich hatte ihn Nawaz doch nicht tödlich getroffen.

«Pass auf, Nawaz!», warnte ihn Badar, doch der Wachmann hatte ihn bereits im Visier und schoss. Nawaz schrie auf, duckte sich und beschleunigte seinen Schritt, während er über das Gelände jagte. Vier weitere Kugeln sausten dicht an ihm vorbei, vermochten ihn aber nicht mehr zu treffen.

«Dieser elende Bastard!», schrie Nawaz und hielt sich die Hand an die linke Hüfte. Sie verfärbte sich blutrot.

«Alles in Ordnung?», rief Qari und drehte sich um.

«Er hat mich angeschossen», knurrte Nawaz. «Ich werde zurückgehen und ihm das Gehirn wegpusten!»

«Das tust du nicht», sagte Qari bestimmt. «Wir verschwinden jetzt, und zwar zusammen!»

Auf der Rückseite des Gebäudekomplexes machten sie ein letztes Mal Halt und schauten sich nach möglichen Opfern um. Qari entdeckte eine pakistanische Frau hinter einem Fenster und zielte auf sie. Er zerschoss mehrere Fensterscheiben, doch die Frau entkam.

«Da!», rief Badar und deutete auf eine Stelle etwas weiter den Hang hinunter. Mehrere pakistanische Mitarbeiter kamen hinter einem Generatorhäuschen hervor und stoben in alle Richtungen auseinander wie aufgescheuchte Hühner. Qari überlegte nicht lange. Wenigstens ein paar Leute wollte er erledigen, bevor sie das Weite suchten. Diese Genugtuung würde er sich nicht nehmen lassen. Ungezielt feuerte er mehrere Schüsse in ihre Richtung und hoffte, möglichst viele dabei zu treffen. Mindestens zwei Pakistanis gingen zu Boden.

«Kommt!», rief Qari. «Über den Zaun!»

11:17 – Sie hätten im Internatsgebäude bleiben sollen. Sie wären dort sicherer gewesen. Doch als die pakistanischen Angestellten die Schüsse hörten, wurden sie von Panik ergriffen und rannten zur Hintertür hinaus und den Hügel hinunter. Zuerst versteckten sie sich ein paar Minuten in den Personaltoiletten, aber nach einer Weile dachten sie, dass es dort zu unsicher sei, und in einer Schießpause rannten sie zum Generatorhäuschen. Das schien der sicherste Platz zu sein. Als sie hörten, dass die Terroristen oben beim Internat angekommen waren, wussten sie, dass ihr Fluchtweg genau in ihre Richtung verlaufen würde. Und so entschlossen sie sich, zum Zaun unterhalb des Geländes zu laufen und von dort in den dichten Wald zu fliehen. Es schien ihnen die einzige Möglichkeit, den Männern zu entkommen.

Hamid war gerade auf dem Weg zur Müllhalde, um einen Eimer auszuleeren, als er die immer näher kommenden Schüsse hörte. Er drehte sich um und sah, wie die Angestellten die Flucht ergriffen und den Hügel Richtung Zaun hinunterrannten. Plötzlich war es ihm, als zöge ihn jemand am Fuß, und er fiel der Länge nach hin. In dem Moment zischten zwei Gewehrkugeln direkt über seinen Kopf hinweg. Er schaute sich nach der Person um, die ihn runtergezogen hatte, doch da war niemand ...

Ijaz arbeitete in einem Klassenzimmer, das gerade renoviert wurde, und hatte seinen Hammer vergessen. Auf dem Weg zum Werkzeugschuppen hörte er plötzlich Schüsse. Er war sich nicht sicher, ob sie von innerhalb oder außerhalb des Schulgeländes kamen, und ging weiter. Als er den Schuppen erreichte, wunderte er sich, dass die Tür offen stand. Er hörte erneut Schüsse, und als er sich umdrehete, sah er Männer mit Maschinengewehren.

Ihm stockte der Atem. Wie angewurzelt blieb er stehen und starrte die Bewaffneten an, als er plötzlich spürte, wie ihn jemand am Hemd packte und in den Schuppen zog. Die Tür fiel hinter ihm zu, und er war in Sicherheit. Mit pochendem Herzen sah sich Ijaz nach dem Unbekannten um, der ihm soeben das Leben gerettet hatte, doch da war niemand. Er war völlig allein in dem Schuppen ...

Latif arbeitete auf dem Schulgelände, als der Angriff begann. Zusammen mit den anderen Angestellten rannte er zum Generatorhäuschen und von dort weiter

Richtung Zaun. Wegen einer Behinderung am Bein erreichte er den Zaun allerdings erst, als alle andern längst im Wald verschwunden waren. Das obere Ende des Zauns war mit Stacheldraht versehen, und beim ersten Versuch, darüber zu klettern, riss er sich eine tiefe Wunde ins Bein. Dicht hinter ihm fiel ein weiterer Schuss, und Latif überfiel das nackte Entsetzen.

Er wusste, dass er nur noch ein paar Sekunden Zeit hatte, bevor sie ihn entdecken und erschießen würden. Verzweifelt und ratlos hielt er nach einem anderen Fluchtweg Ausschau. Doch die einzige Möglichkeit bestand darin, irgendwie über diesen Zaun zu kommen. Bloß wie? Alleine würde er das nie schaffen! Es war aussichtslos.

Wie er beinahe ohnmächtig vor Angst neben dem Zaun zusammenbrach, sah er plötzlich zwei Männer in weißen Salwar Kameez. Er wusste nicht, woher sie gekommen waren, er hatte sie noch nie zuvor gesehen. Sie waren einfach da, winkten ihn zu sich und sagten, sie würden ihm über den Zaun helfen. Der eine ließ Latif auf seinen Rücken klettern, und der andere half ihm hinüber. Schmerz durchzuckte sein Bein, als er auf der anderen Seite zu Boden fiel. Aber außer ein paar zusätzlichen Schrammen war alles in Ordnung, und er war in Sicherheit. Erleichtert drehte sich Latif um, um den fremden Männern zu danken, aber sie waren nicht mehr da. Verwirrt, aber dankbar, dass er mit dem Leben davongekommen war, humpelte Latif weiter und rannte durch den Wald bis zur Straße, wo er auf die anderen traf.

11:18 – Saifi und Abu Bakar wussten nicht, wie lange sie schon gegen den Wachmann des oberen Tores angekämpft hatten. Irgendwie kamen sie einfach nicht näher an ihn heran. Aber was Saifi viel mehr verwirrte, war die Tatsache, dass noch immer keine Explosionen zu hören waren. Nicht eine einzige Granate war hochgegangen, wie es schien.

«Worauf warten die bloß?», überlegte er laut. «Wir müssten längst etwas gehört haben!»

«Denk ich auch. Warum sehen wir nicht nach?», schlug Abu Bakar vor.

«Einverstanden, gehen wir zurück zum Haupttor. Da müssen wir uns nicht erst den Weg freischießen.»

Sie kehrten zum unteren Eingang zurück und pirschten sich aufs Gelände. Es war verdächtig ruhig. Niemand war zu sehen, weder auf dem Sportplatz noch bei den Picknickbänken – nicht einmal Tote.

«Das gibt es doch nicht», murmelte Abu Bakar. «Was geht hier vor?»

«Keine Ahnung», antwortete Saifi. «Aber es gefällt mir nicht. Wir verschwinden. Los, zurück zum Jeep!»

11:19 – Als Simon die Highschool erreichte, hörte er erneut Schüsse, war sich aber nicht sicher, aus welcher Richtung sie kamen. Er beschloss, zurück in die Kirche zu gehen und dann die Polizei zu verständigen. Schnurstracks lief er zum Seiteneingang und wollte den Code eingeben, um die Tür zu öffnen. Doch mittendrin hielt er inne, und seine Finger begannen leicht zu zittern. Er hatte einen Blackout. Er konnte sich einfach nicht mehr an den Code erinnern.

«Das darf doch nicht wahr sein», murmelte er und gab ein paar Nummern ein. Ohne Erfolg. Die Tür öffnete sich nicht. Er hatte den Code bestimmt schon tausendmal verwendet. Und ausgerechnet jetzt, wo er ihn am dringendsten brauchte, erinnerte er sich nicht mehr an die Zahlenkombination.

«Komm schon», redete er sich zu, «erinnere dich. Du weißt ihn. Konzentrier dich, Simon!» Er ließ seinen Blick zur Seite schweifen, und da sah er die beiden. Sie standen bei den Picknickbänken, vielleicht fünfzig Meter von ihm entfernt, und waren in ein Gespräch vertieft.

Simon drückte sich in die dreißig Zentimeter tiefe Einbuchtung zwischen Mauer und Tür und wagte nicht mehr zu atmen. Wenn sie bloß nicht auf die Idee kamen, an der Kirche entlangzugehen, dachte er. Einmal war er den tödlichen Kugeln entkommen, ein zweites Mal wäre es töricht, dasselbe zu erwarten. Warum erinnerte er sich bloß nicht an den Code?

Er wartete eine halbe Minute, bis er vorsichtig aus der Einbuchtung hervorlugte. Die Männer waren weg. Wohin waren sie gegangen? Würden sie zurückkommen? Wie viele Angreifer befanden sich sonst noch auf dem Gelände?

«Die Kombination», flüsterte er, während er mit schweißbedeckter Stirn auf die kleine Tastatur starrte und verzweifelt versuchte, sich zu erinnern. «Wie lautet sie? Denk nach, Simon!»

In diesem Moment hörte er eilige Schritte hinter sich. Kaum merklich zuckte er zusammen. Sie hatten ihn gefunden, schoss es ihm durch den Kopf.

«Mr. Simon!», sagte eine ihm wohlbekannte Jungenstimme. «Ich weiß den Code! Lassen Sie mich ran!» Simon drehte sich um und sah den siebzehnjährigen DJ die Treppe des kleinen Schulhauses herunterstürmen. Der Teenager hatte ihn vom Fenster aus beobachtet und kam ihm tatsächlich zu Hilfe.

«DJ!», stieß Simon erleichtert und zugleich besorgt hervor. «Um Himmels willen, mach schnell, bevor sie dich sehen!»

Der Junge gab den Code mühelos ein und rannte

dann zurück in sein Versteck. Simon öffnete die Tür und schlüpfte hinein. Nachdem er die Tür von innen verschlossen hatte, lehnte er sich erst einmal gegen die Wand im Korridor, schloss die Augen und dankte Gott, dass er noch am Leben war und dieser mutige Teenager ihm ungeachtet der Gefahr zu Hilfe geeilt war. Er verdankte ihm sein Leben, so viel stand fest.

Qari und Badar erreichten den Zaun und begannen, darüber zu klettern. Nawaz rannte ein Stück nach links zu einem Pakistani, der reglos am Boden lag.

«Was machst du da?», rief ihm Qari zu. «Der Mann ist tot, das siehst du doch.»

«Das haben wir beim Letzten auch gedacht», antwortete Nawaz, «und dann hat der vermeintliche Tote plötzlich fünf Schüsse auf uns abgefeuert und mich getroffen. Diesmal gehe ich kein Risiko mehr ein.»

«Der hier ist nicht mal bewaffnet!», rief Badar, während er sich über den Stacheldraht am oberen Ende des Zauns hangelte und sich dabei die rechte Hand aufriss.

Nawaz kickte den Mann mit dem Fuß ein paar Mal mit voller Wucht in die Seite, doch er bewegte sich nicht.

«Er ist tot. Zufrieden? Jetzt komm endlich!», sagte Qari und sprang auf die andere Seite. Nawaz murmelte etwas vor sich hin und kletterte dann mit Müh und Not ebenfalls über den Zaun. Der Blutfleck auf seiner Joggingjacke wurde größer, doch Nawaz scherte sich nicht darum.

Kaum auf der anderen Seite angekommen, hörten sie, wie ihnen jemand etwas zurief. Verwundert blickten sie in die Richtung, aus der die Rufe kamen, und sahen einen alten Mann mit weißem Haar und weißem Bart vor einer kleinen Hütte stehen. Furchtlos fixierte sie der Alte und schimpfte dabei wie ein Rohrspatz.

«Wer seid ihr, und was bildet ihr euch eigentlich ein?», rief er. «Unschuldige Kinder töten? Wie könnt ihr als echte Muslime so etwas tun!»

«Erschieß ihn!», forderte Qari Badar auf, doch Badar zögerte.

«Ich kann nicht», sagte er. «Es ist ein alter Mann.»

«Eben! Was glaubst du, weshalb er sich erlaubt, so mit uns zu sprechen! Jetzt mach schon!»

«Faiza!», rief jetzt der Weißhaarige in seine Hütte hinein. «Lade das Gewehr und erschieß diese Schurken!»

Bei allem Respekt, der sich alten Männern gegenüber ziemte, war dies Qari dann doch zu viel. Er drehte sein Maschinengewehr herum und schoss dem Alten gezielt in beide Beine.

«Das soll ihm eine Lehre sein», meinte er bloß und wandte sich seinen Komplizen zu. «Schaut nicht so blöd! Kommt jetzt!» Ohne sich noch einmal umzudrehen, rannten die drei weiter und verschwanden dann im dichten Dschungel.

11:20 – Angela blickte auf ihre Armbanduhr. Vom ersten bis zum letzten Schuss waren exakt fünfzehn Minuten verstrichen. Jetzt war alles totenstill, beinahe gespenstisch. Die amerikanische Botschaft hatte sofort reagiert und ihr versprochen, unverzüglich eine Spezialtruppe zu schicken. Dann hatte Angela ihren Mann John in der Klinik angerufen und ihm gesagt, was gerade passierte. Er hatte ihr ebenfalls versprochen, unverzüglich herzukommen.

Das war vor ungefähr sieben Minuten gewesen, doch Angela kam es wie eine Ewigkeit vor. Überhaupt erschien es ihr, als wären nicht fünfzehn Minuten, sondern mehrere Stunden, ja sogar Tage, verstrichen, seit kurz nach elf der erste Schuss gefallen war und der Alptraum begonnen hatte.

Was würden sie wohl antreffen, wenn sie ihr bunkerähnliches Krankenzimmer verlassen würden? Hatte es ein Massaker gegeben? Welchen Schaden hatten die Terroristen angerichtet? Wie viele Menschen hatten sie in den Tod gerissen? Und ihre Kinder? Waren sie in Sicherheit? Hatte überhaupt jemand diesen furchtbaren Anschlag überlebt?

11:40 – Es dauerte gut zwanzig Minuten, bis die Armee vor dem Haupttor der Schule Position bezog, und das, obwohl ihr Stützpunkt unmittelbar an das Schulgelände angrenzte. Aber offensichtlich hatte die Bürokratie sie aufgehalten. Außerdem hatte sich ihre Telefonnummer geändert, und sie hatten vergessen, auch die MCS davon zu unterrichten. Deswegen hatte Angela sie nicht erreichen können, und nur der Geistesgegenwart eines pakistanischen Nachbarn war es zu verdanken, dass sie sich überhaupt bemüht hatten, die wenigen Schritte bis zur Schule unter die Füße zu nehmen. Der Hauptmann, ein Hüne mit einem Schnauzbart, unterhielt sich mit Simon und versetzte ihm einen noch größeren Schock, indem er fragte:

«Wo sind sie hin?»

«Ich weiß es nicht», sagte Simon. «In die Highschool sind sie nicht reingekommen. Wir haben alles verriegelt.»

«Könnte es sein, dass sie sich im oberen Gebäude verschanzt und Geiseln genommen haben?»

«Um Gottes willen», murmelte Simon. Tatsächlich musste man die Möglichkeit in Betracht ziehen. Wer konnte schon mit Sicherheit sagen, wo sie sich aufhielten?

«Wissen Sie, wie viele es sind?»

«Mindestens sechs», meinte Simon. «Aber es könnten auch mehr sein. Man hatte den Eindruck, es wurde überall geschossen.»

«Würden Sie die Männer wiedererkennen?»

«Zwei hatten Blickkontakt mit mir. Deren Gesichter werde ich mein Leben lang nicht vergessen. Und zwei hab ich von der Seite gesehen.»

«Wie schwer sind sie bewaffnet?»

«Maschinengewehre. Und weiß Gott, was sie unter ihren Jogginganzügen sonst noch versteckt hatten. Es sind kaltblütige Killer, so viel weiß ich.»

«Sie glauben, sie würden auch auf Kinder schießen?»

«Ich sah es in ihren Augen. Sie sind gekommen, um zu töten.»

Der Kommandant runzelte nachdenklich die Stirn.

«Eine Schule überfallen, unschuldige Kinder töten. Ich dachte immer, selbst unter Verbrechern gäbe es noch gewisse Regeln, vor allem, wenn es muslimische Extremisten sind. Wer ist zu so etwas Schrecklichem fähig?»

Ein Soldat kam herbeigelaufen.

«Wir haben etwas gefunden», verkündete er und überbrachte dem Kommandanten einen handgeschriebenen Zettel. «Er lag in einer leeren Sporttasche neben dem toten Wachmann.» Der Kommandant betrachtete den Brief und nickte bedächtig.

«Sie haben eine Nachricht hinterlassen», sagte er und las einen Teil des Inhalts laut vor: *«Dies ist nur der Beginn der Rache gegen die Grausamkeiten, die die USA in Afghanistan, Pakistan, Kaschmir und Palästina begehen. Macht euch auf weitere Anschläge gefasst.»*

Er sah Simon ernst an. «Wenn die Geiseln genommen haben, dann beginnen Sie besser zu beten.»

12:00 – In der Zwischenzeit war auch die Polizei eingetroffen sowie verschiedene Sondereinsatzkommandos der Regierung. Auch die amerikanische Botschaft hatte ihre Leute geschickt, über der Schule kreiste ein Hubschrauber, und das Gelände wurde großräumig abgeriegelt. Selbst die Presse hatte Wind bekommen und stürzte sich gierig auf alle Informationen, die sie bekommen konnte.

Nachdem es bestätigt war, dass die Terroristen die Flucht ergriffen hatten, gab man Entwarnung. Die Erwachsenen wagten sich langsam aus ihren Verstecken hervor. Angela war empört, dass es so lange gedauert hatte, bis Hilfe gekommen war. Sie trat vor ein paar Polizisten hin, die auf dem Platz vor dem Internatsgebäude mit wichtiger Miene die zerschossenen Scheiben betrachteten, stemmte ihre Hände in die Hüften und ließ ihren ganzen Frust an ihnen aus.

«Ich habe euch angerufen! Vor fast einer Stunde. Aber ihr wolltet mir nicht einmal zuhören! Wo seid ihr gewesen, als wir euch brauchten? Und warum seid ihr nicht gekommen?»

Simon berührte sie leicht am Ärmel ihrer Jacke und bat sie beiseite.

«Kommen Sie», sagte er, «ich glaube, hinter dem Internat sind Verletzte, die Sie brauchen.»

Zusammen mit ein paar Beamten gingen sie hinter das Gebäude des Wohnheims und fanden schon nach wenigen Metern zwei Tote. Der eine war Javed, der an der Schule seit sechzehn Jahren als Koch gearbeitet hatte. Der andere war Abdul, ein Schreiner.

«Oh Gott», murmelte Angela, als sie die beiden erkannte. «Wären sie doch drinnen geblieben.»

Etwas weiter unten trafen sie auf William, einen jungen pakistanischen Angestellten. Eine Kugel hatte ihn am Fußgelenk getroffen, als er versuchte, über den Zaun zu fliehen.

«Wie hast du es geschafft, nicht erschossen zu werden?», fragte die Ärztin, während sie seine Wunde untersuchte.

«Ich hab mich tot gestellt», sagte William. «Einer von ihnen trat mich ziemlich heftig in die Seite, um sicherzugehen, dass ich wirklich tot war. Ich hatte furchtbare Angst, er würde merken, dass ich noch lebte. Ich dachte, er würde jeden Moment schießen. Aber er tat es nicht und ließ von mir ab. Dass ich lebe, ist ein Wunder.»

«Das kannst du laut sagen», meinte Simon und atmete tief durch, als er daran dachte, wie knapp er selbst dem Tod entronnen war. Ja, dass *er* lebte, war auch ein Wunder. Gott hatte sein Leben geschont, und nicht nur seines, sondern das von knapp zweihundert Menschen. Es gab dafür keine logische Erklärung, es war einfach ein Wunder. Und Wunder sind nicht da, um erklärt zu werden, sondern um darüber zu staunen. Eben das taten Angela und Simon trotz der erschütternden Tragödie noch oft an diesem Montag, während sie halfen, die Verletzten zu versorgen, die Toten wegzuschaffen und das Blut von den Wänden und vom Boden zu waschen, damit die Kinder es nicht sehen würden.

12:05 – Die Schüler der Highschool wurden währenddessen im Auditorium versammelt und mit Getränken versorgt. Einige waren noch immer völlig verstört. Andere hatten sich einigermaßen gefasst und halfen diejenigen zu trösten, denen das Ganze mehr zugesetzt hatte. Die meisten verhielten sich vorbildlich. Während der ganzen fünfzehn Schreckensminuten war weder eine Massenhysterie ausgebrochen, noch hatte die Angst sie davon abhalten können, zu beten und einander ermutigende Bibeltexte vorzulesen. Entgegen jeder menschlichen Logik waren sie einfach ganz ruhig unter den Tischen geblieben und hatten geduldig gewartet, bis die Gefahr vorüber war.

Deborah und Paul-Gerhard saßen ebenfalls zwischen den Schülern in der Turnhalle, als Mr. Morton hereinkam, um sie darüber aufzuklären, was man bis zu diesem Zeitpunkt in Erfahrung gebracht hatte.

«Ich möchte euch mitteilen, dass sechs unserer pakistanischen Angestellten bei dem Anschlag ums Leben gekommen sind», sagte er gefasst, aber ohne seine Emotionen zurückzuhalten, während er ihre Namen aufzählte. «Zudem gab es drei Verletzte: Mrs. Visitacion wurde in die Hand geschossen, William in den Fuß und dem pensionierten Saleem in beide Beine. Keiner von ihnen wurde lebensgefährlich verletzt. Man hat sie bereits ins Krankenhaus gefahren.»

Der Schuldirektor machte eine kurze Pause und schaute auf die vielen Kinder, die in der Halle saßen. Seine Augen waren feucht, und er machte sich nicht die Mühe, es zu verbergen. «Meine Lieben, wenn ich euch so ansehe, kann ich einfach nur Gott loben, dass ihr alle noch am Leben seid. Die Polizei hat vor wenigen Minuten vier Kalaschnikows sichergestellt, die die Attentäter auf ihrer Flucht über den Zaun weggeworfen haben, dazu elf Nachfüllmagazine mit je dreißig Schuss und zwölf Handgranaten. Und wer weiß, was sie sonst noch dabeihatten. Nicht auszudenken, was hätte geschehen können, wenn sie fünfzehn Minuten früher gekommen wären. Ich glaube nicht, dass wir jetzt noch leben würden.» Er stand eine Weile sichtbar bewegt da und suchte nach Worten.

«Wir haben heute sechs wertvolle Mitarbeiter und

Freunde verloren. Und es ist schwer, in Worten auszudrücken, was ich empfinde, wenn ich an ihren Tod denke. Genauso wenig kann ich meine Dankbarkeit Gott gegenüber in Worte fassen. Er hat so sichtbar seine Hand über uns gehalten, dass es mir die Sprache verschlägt.»

Eine Träne rollte ihm übers Gesicht.

«Er liebt uns so sehr, dass er seinen Engeln befohlen hat, uns zu beschützen. Anders kann ich nicht erklären, dass keinem von uns auch nur ein Haar gekrümmt wurde. Wir leben!»

Er lächelte und weinte zugleich. Seine Lippen bebten vor Ergriffenheit.

«Wir leben!»

Teil IV
Bitteres Nachspiel

Zwischen Murree und Abottabad – immer noch der 5. August 2002, nur fünf Minuten später

12:10 – Saifi und Abu Bakar rasten mit ihrem Suzuki-Jeep über die holprige Straße, die sich zwischen Murree und Abottabad den bewaldeten Hügeln entlangschlängelte. Zuerst sagten sie lange kein Wort. Das Attentat war gründlich daneben gegangen, und sie wussten nicht, wem sie dafür die Schuld geben sollten. Jedenfalls war nichts nach Plan verlaufen, und es machte sie rasend vor Wut, vor allem Saifi. Monatelang hatten sie die Aktion vorbereitet und geplant, um nichts dem Zufall zu überlassen. Und dann war alles ganz anders gekommen.

«Vielleicht haben sie es ja doch noch geschafft», meinte Abu Bakar, nur um das Schweigen zu brechen.

«Haben sie nicht», antwortete Saifi und riss das Steuer herum, um einem Schlagloch auszuweichen. «Sie haben keine einzige Granate geworfen. Wir hätten es gehört. Oder hast du vielleicht irgendwelche Leichen auf dem Sportplatz gesehen? Wenigstens eine?»

«Wahrscheinlich waren die Kinder wegen des Regens oben im Speisesaal», überlegte Abu Bakar. «Vielleicht haben sie sie erwischt, nachdem wir gegangen sind.»

«Wir haben lange genug gewartet», sagte Saifi. «Sie haben es nicht getan. Ich weiß nicht, warum, aber sie haben es nicht getan. Irgendetwas hat sie daran gehindert. Und das macht mich schier krank. Es hätte heute zweihundert Tote geben sollen, verstehst du? Nicht ein paar zufällig erschossene Wachleute.»

«Sie haben ja den Brief, den wir hinterlegt haben», meinte Abu Bakar, als ob dies ein Trost wäre.

«Und was ist der Brief wert ohne Leichen?», schrie Saifi wütend. «Nichts!» Seine Nasenflügel bebten vor Zorn.

«Was gedenkst du jetzt zu tun?», fragte Abu Bakar, nachdem Saifi wieder ein paar Minuten geschwiegen und nur dumpf vor sich hingebrütet hatte.

«Wir haben geschrieben, es würden weitere Anschläge folgen. Und genau das wird geschehen», antwortete Saifi. «Und zwar nicht erst in ein paar Monaten wie geplant, sondern noch in dieser Woche.»

«In dieser Woche?!» Abu Bakar sah seinen Kommandanten entsetzt an. «Denkst du nicht, wir brauchen etwas mehr Zeit zum Planen? Wie stellst du dir das vor?»

«Wir haben alle Informationen, die wir brauchen.»

«Saifi, lass uns erst darüber schlafen. Du bist wütend, und das verstehe ich. Ich bin es auch. Aber wir sollten wirklich nichts überstürzen. Die Kirche läuft uns nicht davon.»

«Ist mir egal», erwiderte Saifi und warf Abu Bakar einen scharfen Blick zu. «Wir machen es diese Woche.»

«Und wer soll es tun?»

«Du, Ayaz und Kamran. Sobald wir in Abottabad sind, besprechen wir die Details.»

Abu Bakar wagte es nicht, ihm zu widersprechen, und schwieg, während sie mit Vollgas einen steinigen Pass überquerten.

13:30 – «Papa¿» Deborah wunderte sich, dass ihr Vater um diese Uhrzeit aus Karachi anrief. Normalerweise telefonierte er abends – wegen des Billigtarifs.

«Hallo, mein Spatz. Ich dachte, ich rufe kurz an. Ist die Schule schon aus¿»

«Nein, Papa. Wir sind von Terroristen überfallen worden.»

Am andern Ende blieb es ein paar Sekunden still.

«Das ist ein Scherz, richtig¿»

Deborah seufzte. «Nein, Papa, kein Scherz. Wir sind eben daheim bei Mama angekommen. Paul-Gerhard ist auch dabei.»

«Oh mein Gott. Geht es euch gut¿ Was ist passiert¿»

Deborah erzählte ihm in kurzen Worten, was vorgefallen war.

«Ich nehme den nächsten Flug, den ich kriegen kann», sagte Eddy, nachdem er den Ausführungen seiner Tochter schweigend zugehört hatte. «Wir sehn uns in ein paar Stunden oder spätestens morgen Früh, okay¿»

«Okay, Papa.»

«Ich hab dich lieb.»

«Ich hab dich auch lieb.»

Deborah legte auf und kehrte zu ihrer Familie zurück. Während Eddy Lanz gerade für einige Predigtdienste in Karachi war, hatte sich seine Frau Waltraut entschlossen, wenigstens ein paar Wochen in Murree zu verbringen. Viele Familien wohnten während des Schulanfangs in gemieteten Häusern ihrer Missionsgesellschaften in der Nähe von Murree, und so war es ein Leichtes gewesen, die Eltern zu verständigen und zu bitten, ihre Kinder nach Hause zu holen.

Auch Deborahs Mutter war unverzüglich zur Schule gefahren, nachdem man sie von dem schrecklichen

Vorfall in Kenntnis gesetzt hatte. Jetzt saßen sie alle im Wohnzimmer und versuchten, das Geschehene irgendwie zu verarbeiten. Paul-Gerhard nahm die Gitarre in die Hand und stimmte spontan das eine Lied an, das mehrere Schüler während des Angriffs gesungen hatten.

«Our God is an awesome God. He reigns from heaven above, with wisdom, power, and love, our God is an awesome God.»

Sie sangen es mehrmals durch. Die Worte gaben ihnen auch jetzt noch eine unglaubliche Kraft und erinnerten sie daran, wie überwältigend ihr Gott wirklich war. Er hatte sie vor dem sicheren Tod bewahrt, sie alle. Er hatte tatsächlich seinen Engeln befohlen, sie zu beschützen, und sie hatten es getan, unsichtbar für die einen und sichtbar für andere.

Niemand außer Juliet hatte die beiden uniformierten Wachmänner gesehen, die ihr zugelächelt hatten, kurz bevor sie in die Schusslinie der Terroristen geriet. Doch sie waren da gewesen. Niemand außer Latif hatte die zwei Pakistanis in ihren Salwar Kameez gesehen, die ihm über den Zaun geholfen hatten. Doch sie hatten sein Leben gerettet. Niemand konnte sich einen Reim darauf machen, wie die morsche Tür des Internatsgebäudes oder die Toilettentür, hinter der sich Albert versteckt hatte, den Tritten der wütenden Männer standgehalten hatten. Es mussten Engel gewesen sein, die sich hinter den Türen aufgestellt, Hamid am Fuß gezogen, Ijaz in den Schuppen gezerrt und sich vor die Zwischentür zu den Dritt- und Viertklässlern gestellt hatten, damit die Terroristen die himmelblau gestrichene Tür übersehen würden. Und es war ein Engelschor, der im Gebälk der alten Kirche gesungen hatte, während draußen der Sturm tobte. Ja, es waren Engel im Dachstuhl gewesen. Und selbst wenn nicht alle sie gehört hatten: Es zweifelte keiner daran, dass sie da gewesen waren.

Sie waren wirklich da gewesen.

Zwischen Murree und Kohala – zweieinhalb Stunden später

16:00 – Qari, Nawaz und Badar gönnten sich keine Pause. Sie kämpften sich durch den Dschungel den Hügel hinunter, ohne auch nur einmal anzuhalten. Ihre Kalaschnikows, einige Granaten und die Munition hatten sie hinter dem Zaun abgeworfen, um weniger Gewicht mit sich zu schleppen. Qari lief an der Spitze, gefolgt von Badar, und Nawaz lief zuhinterst, während er sich die Hand in die linke Seite stützte, wo er von der Kugel des Wachmanns getroffen worden war.

«Wohin laufen wir überhaupt?», rief Badar.

«Zum Jhelum hinunter», sagte Qari.

«Müssen wir nicht nach Abottabad?»

«Dann hätten wir eine andere Route wählen müssen», erklärte Qari. «Aber das geht jetzt nicht mehr. Die haben bestimmt schon alles abgeriegelt. Wenn wir zurückgehen, laufen wir denen in die Arme.»

«Und wenn wir am Fluss sind?»

«Dann folgen wir ihm Richtung Norden bis nach Kohala, und dort überqueren wir die Brücke nach Azad Kashmir.»

«Wie weit ist das?»

«Ungefähr vierzig Kilometer, schätze ich.»

«Vierzig Kilometer», überlegte Badar. «Meinst du, Nawaz schafft es bis dahin?»

«Er muss», sagte Qari. «Es ist der einzige Fluchtweg.

Wenn wir erst einmal die Brücke überquert haben, gehen wir weiter nach Muzaffarabad. Das sind nochmals gute vierzig Kilometer. Und von dort gehen wir entweder nach Balakot oder Abottabad, je nachdem, wo Saifi uns haben möchte.»

«Und wenn sie Straßensperren errichtet haben?»

«Dann bestimmt nicht bis runter ins Jhelum-Tal, sondern eher Richtung Islamabad. Die haben keine Ahnung, wo sie mit dem Suchen beginnen sollen, glaub mir.»

«Hoffen wir, dass du Recht hast.»

Sie liefen eine Weile weiter, bis Nawaz atemlos stehen blieb.

«Könnten wir eine Pause einlegen?», bat er. «Ich kann nicht mehr.»

Widerwillig hielt Qari an, und während er sich an einen Baum lehnte, setzten sich Nawaz und Badar auf den Boden.

«Ich habe gehört, es soll hier menschenfressende Leoparden geben», sagte Qari provokativ. «Wir sollten nicht zu lange warten. Es ist noch ein weiter Weg bis zum Fluss.»

Vorsichtig untersuchte Nawaz seine linke Seite. Es war offenbar ein Durchschuss gewesen, der ihn nur ganz knapp erwischt und dabei wohl keine inneren Organe verletzt hatte. Doch die Wunde schmerzte bei jedem Schritt, und der Blutfleck an seiner linken Seite wurde von Minute zu Minute größer.

«Warum habe ich ihn bloß verfehlt?», knurrte Nawaz. «Zuerst verfehle ich die Frau und dann den Wachmann. Als ob jemand die Kugeln abgelenkt hätte, als ich schoss. Es macht mich schier wahnsinnig, wenn ich darüber nachdenke.»

«Ich hatte von Anfang an kein gutes Gefühl dabei», meinte Badar und wickelte das schwarze Tuch, das er sich beim Überfall vors Gesicht gebunden hatte, um seine verletzte Hand. «Von dem Moment an, als Saifi sagte, wir würden Kinder umbringen, hatte ich so ein komisches Gefühl in der Magengegend. Vielleicht ist deshalb alles schief gegangen. Wir hätten es nicht tun dürfen.»

«Ich fand es eine großartige Idee», sagte Nawaz. «Ich hatte schon immer Lust, eine Schule in die Luft zu jagen.»

«Wieso?», fragte Badar.

Nawaz' Gesichtsmuskeln spannten sich an. «Weil ich nichts so sehr hasse wie Schule», antwortete er mit finsterem Blick. So hatte ihn Badar noch nie gesehen, und es machte ihn neugierig. Aber er unterließ es, ihn nach dem Grund seines Hasses zu fragen. Qari drängte zum Aufbruch.

«Das nächste Mal halten wir erst, wenn wir den Fluss sehen», sagte er. «Los, weiter.»

«Vielleicht sollten wir die restlichen Granaten auch noch fortwerfen», schlug Badar vor. «Mit weniger Gewicht kommen wir schneller voran.»

Qari schüttelte entschieden den Kopf. «Ich dachte, du hättest Kriegserfahrung», meinte er. «Ich gehe kein Risiko ein, bis wir nicht die Kohala-Brücke erreicht haben. Wer weiß, was für Leute wir unterwegs antreffen. Und jetzt vorwärts.»

Abottabad – fünf Stunden später

21:00 – Seit Abu Bakar und Saifi in ihrem Unterschlupf in Abottabad angekommen waren, tigerte Saifi nervös im Wohnzimmer auf und ab, während Abu Bakar

Kamran und Ayaz darüber in Kenntnis setzte, was geschehen war. Saifi führte währenddessen mehrere Telefongespräche und schrie fast jeden an, der ihm unter die Augen kam. Das Radio und der Fernseher waren eingeschaltet, um laufend den neusten Stand der Ermittlungen verfolgen zu können. Bis jetzt waren die Informationen jedoch spärlich gesät. Die Journalisten waren vorsichtig mit ihren Mutmaßungen. Das Einzige, was sie mit Bestimmtheit sagen konnten, war die Anzahl der Toten. Und da hatte Saifi endgültig die Beherrschung verloren.

«Sechs Tote», brüllte er. «Sechs ist nicht mal eine zweistellige Zahl! Dabei hätte es eine dreistellige Zahl sein sollen! Sechs Tote! Und vier davon waren auch noch Muslime! Ich glaube das einfach nicht. Ich ... ich ... glaube das nicht!»

«Vielleicht wollte Allah nicht, dass wir Kinder angreifen», suchte Kamran nach einer Erklärung, worauf ihn Saifi gleich energisch zurechtwies.

«Kinder oder Erwachsene, es sind Ungläubige!»

«Ich dachte, Kinder würden im Koran als unschuldig gelten», wandte Kamran ein. Saifi stellte sich breitbeinig vor ihn hin, und seine kleinen funkelnden Augen schienen Feuer zu sprühen.

«Bring mich nicht zur Weißglut, Kamran. Ich weiß schon, was ich tue. Und du hältst jetzt besser den Mund, bevor du etwas sagst, das du bereuen könntest, ist das klar?»

Kamran nickte und hütete sich davor, einen weiteren Kommentar abzugeben. Doch Gedanken machte er sich schon. Er erinnerte sich an das Gespräch, das sie auf ihrer Reise nach Karachi geführt hatten, als Badar den Anschlag auf die Kirche in Islamabad hinterfragt hatte. Ausgerechnet Badar, der es nie gewagt hätte, irgendwelche Zweifel am heiligen Krieg aufzuwerfen, war plötzlich verunsichert. Und das hatte wiederum Kamran verunsichert. Konnte es sein, dass sie nicht in Allahs Sinn gehandelt hatten? Konnte es sein, dass das Ziel die Mittel doch nicht immer heiligte? Konnte es sein, dass die Mission fehlgeschlagen war, weil sie gegen den heiligen Koran verstieß?

Bei diesem Gedanken erschrak Kamran über sich selbst. Wie konnte er es wagen, einem solch blasphemischen Gedanken überhaupt Zutritt zu seinem Hirn zu gewähren? Er verbannte ihn unverzüglich aus seinem Kopf, bevor dieser eine Gedanke an den Grundfesten seiner gesamten Lebensbasis zu rütteln beginnen würde.

Zweifel konnte er sich nicht leisten, nicht jetzt, nicht nach allem, was er für Allah schon getan hatte. Der Dschihad war sein Leben, und wenn er daran zu zweifeln begann, dann müsste er an seinem ganzen Leben zweifeln. Und diese Blöße würde er sich niemals geben, nicht vor sich selbst und erst recht nicht vor seinem Vater, der sowieso glaubte, man hätte ihn einer Gehirnwäsche unterzogen.

Saifi hatte Recht: Es waren alles Ungläubige, und ob es Kinder, Erwachsene oder alte Menschen waren, spielte dabei keine Rolle. Sie waren die Feinde des Islams und mussten bekämpft werden. Das Ziel war viel höher als die Mittel, sehr viel höher. Sein Vater würde das wohl nie verstehen. Es war keine Gehirnwäsche, es war die Antwort auf den Sinn des Lebens. Und Kamran war bereit, dafür sogar zu sterben, wenn es sein musste.

Am Ufer des Jhelums – eine Stunde später

22:00 – Sie erreichten den Jhelum erst lange nach Einbruch der Dunkelheit. Qari hatte sie fortwährend angetrieben, obwohl Nawaz immer mehr Mühe hatte, mit den beiden anderen Schritt zu halten. Einmal war er sogar zusammengebrochen und für ein paar Sekunden weggetreten.

«Wir müssen eine Pause einlegen», sagte Badar, während er Nawaz' rechten Arm über seine Schultern zog, um ihn zu stützen. «Siehst du nicht, dass er nicht mehr kann?»

«Er soll sich zusammenreißen», war Qaris unbarmherziger Kommentar. «Wir haben schon viel zu viel Zeit verloren. Wir schaffen es heute nicht mehr bis zur Brücke.»

«Wenn wir es ohnehin nicht mehr schaffen, dann können wir uns genauso gut einen Unterschlupf suchen und morgen weitergehen.»

«Je weiter wir heute kommen, desto besser sind unsere Chancen, nicht geschnappt zu werden.»

«Du hast gesagt, sie wüssten sowieso nicht, wo wir sind.»

«Das war vor ein paar Stunden. Was meinst du, warum ich versuche, so schnell wie möglich zur Brücke zu kommen? Je mehr Zeit verstreicht, desto mehr Zeit hat die Presse, die Geschichte im Fernsehen und im Radio auszuschlachten und die Bevölkerung um Hinweise zu bitten. Wenn es nach mir ginge, würde ich lieber die ganze Nacht durchlaufen.»

«Das schafft Nawaz nicht. Und ich bin ehrlich gesagt auch ziemlich erschöpft.»

«Meinst du, ich wäre nicht müde? Aber darum geht es nicht. Es geht darum, dass wir so schnell wie möglich nach Azad Kashmir kommen müssen. Und hätten wir nicht so viele Pausen eingelegt, wären wir jetzt schon drüben.»

Als der Mond hinter einer dunklen Wolke hervortrat, tauchten in seinem silbernen Licht die Umrisse einer verfallenen Moschee auf. Die drei steuerten darauf zu und sahen sich vorsichtig um. Es war weit und breit niemand zu sehen.

«Sieht nicht danach aus, als würde hier jemand morgens um fünf zum Frühgebet kommen», meinte Qari. «Ich denke, hier können wir es wagen, über Nacht zu bleiben.»

Badar atmete erleichtert auf. Er hatte sich selbst kaum noch auf den Beinen halten können, und die Verletzung an seiner Hand pulsierte und brannte. Aber er beklagte sich nicht, auch nicht über den nagenden Hunger. Im Moment wollte er nur noch eines: schlafen.

Sie liefen um die Moschee herum und fanden tatsächlich eine morsche Tür, durch die sie bequem in die Moschee gelangen konnten. Durch mehrere Maueröffnungen, die früher wohl mit kunstvollen Fenstern versehen waren, drang sanftes Mondlicht ins Innere der Moschee. Sie suchten sich ein windgeschütztes Plätzchen, rollten sich auf dem Boden der Ruine zusammen und schliefen schon nach wenigen Minuten ein.

Am Ufer des Jhelums – vier Stunden später, Dienstag, 6. August 2002

02:00 – Mitten in der Nacht wachte Nawaz schweißgebadet auf. Rasende Schmerzen durchzuckten seine linke Hüfte.

«Badar!», flüsterte er und schubste den andern in die Seite. «Badar, bist du wach?»

Badar drehte sich ihm zu. Im Mondlicht konnte er deutlich den Schweiß auf Nawaz' Stirn sehen. «Alles klar mit dir?»

«Ich hätte ihn erschießen sollen», sagte Nawaz. «Warum habe ich ihn bloß nicht erschossen?»

«Versuch zu schlafen», murmelte Badar. «Morgen haben wir einen weiten Weg vor uns.»

«Ich verstehe es einfach nicht», flüsterte Nawaz. «Es macht mich rasend, hörst du? Es war, als hätte die ganze Zeit jemand anders die Kontrolle über die Situation gehabt, nicht ich.»

«Ich glaube, du hast Fieber.»

«Nein», antwortete Nawaz. «Erkläre du mir, warum ich die Frau nicht erschießen konnte. Du warst dabei. Ich hab fast ein halbes Magazin durchgelassen und sie einfach nicht getroffen.»

«Ich habe gehört, wie sie aufschrie.»

«Ja, nachdem sie zwanzig Meter weit gerannt war. Badar, man kann dem Kugelhagel eines Maschinengewehrs nicht ausweichen. Das ist unmöglich. Es war, als kämpften wir gegen etwas an, das wir nicht besiegen konnten.»

«Ich weiß», bestätigte Badar. «Ich habe dasselbe empfunden.»

«Was war da oben los, Badar? Wogegen haben wir wirklich gekämpft?»

Badar schwieg. Dieselbe Frage hatte er sich auch schon heimlich gestellt, ohne eine Antwort darauf zu finden.

«Habe ich dir die Geschichte vom Ölofen schon mal erzählt?», fragte er plötzlich.

«Nein», sagte Nawaz.

«Unsere Truppe war eingeschneit, und wir saßen in

unserem Versteck irgendwo in den Bergen Kaschmirs», erzählte Badar. «Wir hatten einen kleinen Ölofen und ließen ihn jede Nacht für drei Stunden brennen, um uns warm zu halten. Aber eines Abends waren unsere Ölvorräte aufgebraucht, und wir hatten ein ernsthaftes Problem. Die Temperaturen waren weit unter dem Gefrierpunkt, und ohne die Wärme des Ofens wären wir erfroren. Ich sprach zwei Gebete und zündete den Ofen an. Die Flamme sprang an, und das Feuer brannte für die nächsten drei Stunden. Meine Kameraden glaubten mir nicht, als ich ihnen sagte, Allah hätte ein Wunder getan. Eines Nachts sagten sie mir, ich hätte wohl tagsüber heimlich Öl nachgeschüttet, damit es abends brenne. Ich sagte ihnen, sie sollten Vertrauen haben, doch sie fanden es hart zu glauben, dass der Ofen ohne Öl brannte, und das schon dreizehn Tage lang. Schließlich nahm einer der Männer den Ofen auseinander und musste feststellen, dass tatsächlich kein Öl drin war, und die Männer begannen Allah zu danken für das Wunder.»

«Und das hast du erlebt?», fragte Nawaz.

«Nein, ich habe die Geschichte in einer Zeitung der Jaish gelesen.»

«Und du glaubst, dass sie wahr ist?»

«Ich habe sie nie in Frage gestellt», sagte Badar, «bis zum Anschlag in Islamabad, als ich sah, wie diese Menschen zu ihrem Gott beteten, während wir sie mit Granaten bewarfen. Ein paar Granaten sind einfach nicht losgegangen, obwohl ich sie zündete, verstehst du? Sie waren scharf und sind einfach nicht detoniert.»

«Blindgänger. So was soll vorkommen.»

«Natürlich, genau wie es vorkommt, dass eine Frau den Schüssen einer Kalaschnikow ausweicht.» Badar richtete seinen Oberkörper auf und stützte sich seitlich auf den Ellbogen. «Ich glaube daran, dass Allah einen

Ölofen dreizehn Tage lang ohne Öl brennen lassen kann», murmelte er nach einer Weile, «meine Frage ist bloß: Wenn Allah es war, der das gemacht hat, wer hat dann diese Frau vor deinem Maschinengewehr bewahrt?»

Nawaz gab ihm keine Antwort. Sie lagen eine Weile schweigend da und starrten einfach nur in die Dunkelheit. Es war gefährlich, zu viele Fragen zu stellen. Doch irgendwie arbeiteten sie trotzdem in ihnen, ob sie es nun wollten oder nicht. Nawaz bewegte sein Bein und stöhnte auf. Ein stechender Schmerz zog sich bei der kleinsten Bewegung von der Hüfte bis hinunter in die Zehenspitzen.

«Eins sag ich dir», meinte Nawaz, während er sich zusammenriss und versuchte, den Schmerz zu ignorieren. «Wenn mir der Wachmann noch einmal irgendwo unter die Nase kommt, bringe ich ihn um. Und wenn Saifi möchte, gehe ich schon morgen in diese dämliche Schule zurück und jage sie alle in die Luft.»

«Erst einmal müssen wir es jetzt bis nach Kaschmir schaffen.»

«Weißt du, was ich tun möchte? Ich möchte mir jeden Einzelnen dieser verwöhnten Schüler und Lehrer vorknöpfen und ihnen beim Sterben zusehen. Sie sollen leiden, sie sollen mich um Gnade anwinseln. Ich will die Angst in ihren Augen sehen, die Verzweiflung. Ich werde es genießen bis zum letzten Augenblick. Und ich werde lächelnd dastehen, die Granate vom Gürtel nehmen, den Zünder ziehen, und bumm, alle in die Luft jagen.»

«Warum bist du nur so unglaublich sadistisch?», wunderte sich Badar. Im Mondschein sah er, wie sich Nawaz' Gesicht veränderte. Wieder hatte er diesen hasserfüllten Ausdruck in den Augen, diese Anspannung der Gesichtsmuskeln. Seine Nasenflügel bebten.

«Sie haben mich am Koran angekettet», hauchte er kaum hörbar.

Badar horchte auf. «Was hast du gesagt?»

«Sie haben mich am Koran angekettet», wiederholte Nawaz und sah Badar an. «Mehrere Tage.»

«Wer? Wovon redest du?»

«Warst du jemals in einer Madrasa?»

«Nein. Ich besuchte die gewöhnliche Schule, bevor ich mit zehn zu arbeiten begann.»

Nawaz wandte seinen Blick ab und schwieg eine Weile. Dann fixierte er einen Punkt irgendwo in der Dunkelheit und begann zu erzählen.

«Ich war ein glückliches Kind, weißt du. Ich hatte nie davon geträumt, mein Heimatdorf in der Nähe von Peshawar jemals zu verlassen. Aber eines Tages kam ein feuriger Wanderprediger in unserem Dorf vorbei und überzeugte meinen Vater davon, dass ich am Dschihad teilnehmen müsse. Mein Vater sandte mich daraufhin in eine Madrasa in Gujranwala. Er sagte, es wäre das Beste für mich, und ich wagte nicht, ihm zu widersprechen. Ich war gerade dreizehn. Das Leben in der Madrasa war der reinste Horror. Unsere Lehrer sagten, körperliche Strafen wären notwendig, um unseren Charakter zu formen. Wir lernten den Koran auswendig, und wenn wir einen Vers falsch zitierten oder sogar vergessen hatten, wurden wir dafür geschlagen. Wir wurden für alles geschlagen. Einmal beschuldigte mich mein Lehrer, ich hätte bei jemandem abgeschrieben, und schlug mich so brutal zusammen, dass ich für ein paar Minuten das Bewusstsein verlor.»

«Haben deine Eltern nichts davon gewusst?»

«Doch, haben sie. Aber mein Vater war damit einverstanden. Er meinte, etwas Disziplin würde mir nicht schaden. Ich habe ihn deswegen gehasst. Aber ich konnte nichts dagegen tun. Oft haben sie uns auch in kleinen Grüppchen am Boden angekettet, damit wir nicht mit der Welt da draußen in Berührung kommen und falschen Einflüssen ausgesetzt sein würden. Zweimal bin ich abgehauen, doch sie fanden mich und ketteten mich zur Strafe mehrere Tage an einem Koran fest. Irgendwann ist mir dann die Flucht gelungen. Ich wurde in einem militanten Trainings-Camp aufgenommen und ließ mich zum Mudschahed ausbilden.»

«Und deine Familie?»

«Glaubst du, nach allem, was sie mir angetan haben, interessiere ich mich noch für meine Familie? Wenn ich meinen Vater jemals wiedersehen sollte, bringe ich ihn um, das schwöre ich.»

«Du solltest nicht so herablassend von ihm sprechen. Er ist immerhin dein Vater.»

«Ich hasse ihn!» Nawaz blickte Badar an, und Badar sah den Hass förmlich in seinen Augen aufflammen. «Weißt du, was ich mir bei jedem Tier, das ich quäle, und bei jedem Menschen, dem ich eine Kugel in den Kopf jage, vorstelle? Ich rede mir ein, es wäre mein Vater. Es ist die einzige Möglichkeit, ihm zurückzuzahlen, was er mir angetan hat.»

Badar wusste nicht, was er darauf entgegnen sollte. Nawaz' Überlegungen waren schockierend, wenn auch in absurder Weise nachvollziehbar. Noch nie hatte Badar jemanden getroffen, der eine größere Rachsucht in sich trug. Es war beinahe gespenstisch.

«Warum bist du dann bereit, als Märtyrer zu sterben?», fragte er. «Ich meine, wenn es dir eine solche Genugtuung bereitet, andere leiden zu sehen, was motiviert dich dann, selbst in den Tod zu gehen? Ist es wirklich das Paradies?»

«Nein, es ist nicht das Paradies», antwortete Nawaz.

«Im Grunde bin ich einfach froh, wenn alles vorbei ist. Genug gelitten. Genug gehasst. Mein Leben hat keine Zukunft. Um dir die Wahrheit zu sagen: Als wir diese Schule betraten, hab ich keinen Moment ans Sterben gedacht, sondern nur daran, wie viele ich mit mir in den Tod reißen kann. Und du?»

Badar atmete tief durch. Er öffnete den Reißverschluss seiner Joggingjacke und holte ein zerknittertes Foto hervor. Er hielt es ins Mondlicht, und Nawaz beugte sich etwas vor, um es besser zu sehen.

«Deine Familie?»

Badar nickte. «Ja. Sie sind immer bei mir, direkt über meinem Herzen. Das hier ist meine Mutter, das mein Vater, und das sind meine acht jüngeren Geschwister. Ich war vierzehn, als sie mich einer militanten Organisation übergaben. Mutter war froh, weil sie dann ein Maul weniger zu stopfen hatte. Und mein Vater hielt es für seine religiöse Pflicht, seinen Sohn in den heiligen Krieg zu schicken. Er sagte immer, dass ich dadurch Allahs Segen über die ganze Familie bringen würde. Und wenn ich als Märtyrer sterbe, werden sie finanziell ausgesorgt haben, und das ist gut zu wissen.»

«Du bist bereit zu sterben, nur damit deine Familie Geld kriegt?»

«Meine Familie ist sehr wichtig für mich», sagte Badar, während er das Foto wieder unter dem Jogginganzug verschwinden ließ. «Gäbe es einen anderen Weg, ihnen zu helfen, ich glaube, ich würde es tun. Aber ich sehe keinen anderen. Und wenn der Dschihad meine Bestimmung ist, dann werde ich das durchziehen, bis zum Ende. Ich wünschte mir bloß manchmal ...»

Er hielt inne. Der Mond verschwand hinter einer Wolke, und Dunkelheit legte sich über die Moschee.

«Was wünschst du dir?»

«Nichts», murmelte Badar und starrte in die schwarze Nacht. «Es gibt keinen anderen Weg.»

10:00 – «Aufstehen! Wir müssen weiter!» Qari rüttelte die beiden wach.

«Nur noch fünf Minuten», murmelte Badar, doch davon wollte Qari nichts wissen.

«Wir haben schon den halben Tag verschlafen», sagte er. «Wir müssen wirklich los. Wie geht's deiner Wunde, Nawaz?»

Nawaz richtete sich vorsichtig auf und biss dabei die Zähne zusammen. «Es wird schon irgendwie gehen», meinte er dann und versuchte, die Schmerzen zu verdrängen.

«Gut», nickte Qari, «mit dieser Einstellung können wir es schaffen. Badar, ich schlage vor, du gehst kurz zum Fluss runter und wäschst Nawaz' Joggingjacke aus. Ich will nicht, dass wir wegen eines Blutfleckes Aufmerksamkeit erregen.»

Badar tat, wie ihm Qari befohlen hatte, und nachdem er mit der nassen, aber einigermaßen sauberen Jacke zurückgekommen war, brachen sie auf. Sie liefen auf einer fast menschenleeren Straße am Fluss entlang, der sich rechts von ihnen befand, und wann immer ihnen jemand begegnete, nickten sie freundlich und gaben sich Mühe, wie ganz normale Reisende zu wirken. Schließlich war es nichts Ungewöhnliches, dass Leute auch lange Strecken zu Fuß zurücklegten, und sie hofften einfach, dass niemand wegen Nawaz' schleppenden Ganges oder wegen ihrer Jogginganzüge Verdacht schöpfen würde.

13:30 – Kurz nach Mittag erreichten sie eine kleine Ortschaft. Sie wirkte friedlich und verschlafen und bestand aus ein paar wenigen schäbigen Hüttchen und Einkaufsläden, die sich links und rechts der staubigen Straße entlangzogen. Einen gelähmten Mann, der etwa hundert Meter vor den ersten Häusern am Straßenrand saß und bettelte, fragte Qari nach dem Namen des Ortes.

«Khapadar», sagte der Bettler. «Seid ihr nicht von hier?»

«Wie weit ist es noch bis nach Kohala?», fragte Badar.

«Etwa zwölf Kilometer, immer am Fluss entlang», antwortete der Mann und blickte sie neugierig an. «Was wollt ihr in Kohala?»

«Den Fluss überqueren», antwortete Badar.

«Da braucht ihr nicht bis Kohala zu gehen», meinte der Bettler. «Den Fluss könnt ihr auch hier überqueren.»

«Ach ja?», meinte Qari überrascht. «Wo denn?»

«Gleich hinter dem Dorf ist eine Hängebrücke», erklärte der Mann. «Es fehlen ihr ein paar Trittbretter, aber wenn ihr euch seitlich an den Seilen festhaltet, dürfte das kein Problem sein.»

Die drei warfen sich einen vielsagenden Blick zu, bedankten sich bei dem Mann und gingen weiter. Selbstsicher marschierten sie auf das Dorf zu, immer die Hängebrücke im Visier, die bereits rechts im Hintergrund auftauchte. Niemand würde ihnen jetzt noch in die Quere kommen. Nur noch die zweihundert Meter durchs Dorf, und sie hatten es geschafft.

Neugierige Blicke wurden ihnen zugeworfen, als sich die Terroristen den ersten Häusern näherten. Die Bevölkerung bestand aus gut zwei Dutzend bärtigen Männern in Salwar Kameez, einigen zahnlosen Alten mit Turban, rot gefärbten Bärten und Gehstöcken sowie mehreren verhüllten Frauen mit kleinen Kindern an der Hand. Es waren einfache Leute, die ein einfaches Leben führten, weit weg von der Hektik und Gewalt der Großstädte, und Badar war sich sicher, dass die wenigen Menschen, die ihnen auf der Straße durch das Dschungeldorf begegneten, keine ernsthafte Bedrohung darstellten. Trotzdem war ihm etwas unwohl bei den vielen Blicken, die ihnen zugeworfen wurden. Einige Frauen begannen sogar miteinander zu tuscheln, als sie an ihnen vorbeigingen.

«Warum starren die uns so an?», fragte Badar.

«Du wirst dich doch nicht von einer Hand voll Einheimischer einschüchtern lassen», meinte Qari. Und zu Nawaz gewandt raunte er: «Versuch, so wenig wie möglich zu hinken!»

«Das sagst du so leicht», antwortete Nawaz und gab sich Mühe, eine möglichst aufrechte Haltung einzunehmen, «jeder Schritt ist eine Qual.»

«Fixier die Hängebrücke», gab Qari zurück. «Noch einhundertfünfzig Meter, und du hast es geschafft. Wir sind gleich dort.»

Ein älterer Mann mit einem sonnengebräunten Gesicht und einem Turban auf dem Kopf stellte sich ihnen in den Weg. Die drei blieben stehen.

«Wer seid ihr?», wollte er wissen.

«Wir sind auf der Durchreise», gab Qari Auskunft, ohne die Frage zu beantworten.

«Auf der Reise wohin?»

«Muzaffarabad», antwortete Qari wahrheitsgetreu.

«Zu Fuß?», wunderte sich der Alte. «Bis in die Hauptstadt von Azad Kashmir sind es noch gut fünfzig Kilometer von hier aus.»

«Wir haben Freunde in Kohala, die uns mitnehmen», sagte Qari.

Der Alte musterte die jungen Männer in ihren Jogginganzügen eingehend. «Wer seid ihr wirklich?»

Nawaz biss sich nervös auf die Unterlippe. Badar blickte ratlos zu Qari, und der war ebenfalls unschlüssig, wie er sich verhalten sollte. «Was spielt es für eine Rolle, wer wir sind?», sagte er schließlich. «Lasst uns einfach durch, ja?»

Doch der Alte blieb stehen, und neben ihn stellten sich zwei andere Männer, beide in Salwar Kameez, und der eine hielt eine Zeitung in der Hand. Irgendwie hatte Badar ein schlechtes Gefühl bei der Sache.

«Gestern Mittag ist in Murree eine Schule überfallen worden», berichtete der eine und verschränkte dabei die Arme. «Wir haben es in der Zeitung gelesen.»

Die drei zuckten kaum merklich zusammen. Deswegen hatten die Dorfbewohner sie so komisch gemustert. Sie wussten von der Attacke.

«Na und?», sagte Nawaz herausfordernd.

Der zahnlose Alte deutete mit seinem Stock auf die jungen Männer. «Ihr habt nicht zufällig etwas mit der Sache zu tun gehabt?»

«Natürlich nicht», antwortete Badar und brachte sogar ein Lächeln zustande. «Sehen wir so aus, als hätten wir eine Schule überfallen?»

«Ja, das tut ihr», piepste ein kleiner Junge, der zwischen zwei Frauen stand und einen Hund auf den Armen trug.

Eine bis auf die Augen in Schwarz vermummte Frau beugte sich zu dem Jungen hinunter und flüsterte ihm etwas ins Ohr, woraufhin der Kleine nickte, den Hund auf den Boden stellte und davonrannte.

Den drei jungen Männern wurde es langsam, aber sicher unwohl. Aus den Häusern und von den Verkaufstischen der Marktstände kamen plötzlich mehr Menschen und bewegten sich neugierig in ihre Richtung. Sie schienen zur Attraktion des Dorfes geworden zu sein. Damit hatten sie nicht gerechnet, und es machte sie nervös.

«Das ist doch lächerlich», verteidigte sich Qari und versuchte, die Ruhe zu bewahren. «Wir sind gewöhnliche Wanderer, die euer Dorf durchqueren.»

«Ihr lügt», krächzte der Zahnlose. «Wir wissen genau, wer ihr seid. In der Zeitung steht, die Attentäter wären geflohen. Und ob ihr es glaubt oder nicht, genauso seht ihr aus. Ihr seid auf der Flucht. So ist es doch, nicht wahr?»

Qari, Nawaz und Badar warfen sich ein paar bedeutungsvolle Blicke zu. Sie waren entlarvt worden von einem zahnlosen alten Mann, der einen Stock zum Gehen brauchte. Sie waren umzingelt von einer Hand voll Einheimischer, die sich vermutlich noch nie in ihrem Leben weiter als fünfzig Kilometer von ihrem Dorf entfernt hatten. Es war peinlich und tragisch zugleich. Sie mussten sich dringend etwas einfallen lassen, bevor die Lage wirklich kritisch wurde.

«Lasst uns einfach weiterziehen», bat Qari höflich, aber bestimmt. «Was geht es euch an, wer wir sind und was wir hier tun?»

«Es geht uns schon etwas an», sagte einer der Männer. «Ihr seid Terroristen. Und da sollten wir euch einfach so durch unser Dorf ziehen lassen?»

«Pass bloß auf, was du sagst», knurrte Nawaz, der es an der Zeit fand, Klartext zu reden. «Wir sind bewaffnet.» Er erwartete, dass sich die Leute damit einschüchtern ließen, doch das war seltsamerweise nicht der Fall.

«Also seid ihr es gewesen», stellte der Zahnlose bloß fest. «Ihr habt diese Schule überfallen.»

«Ja!», gestand Badar wütend. «Ja, wir sind es gewesen. Zufrieden?»

«Schämt ihr euch eigentlich nicht? Was seid ihr für

Muslime?», rief der Alte, und seine dicken Augenbrauen tanzten wild auf und nieder.

«Wir sind Muslime wie ihr!», verteidigte sich Qari.

«Muslime wie wir würden keine unschuldigen Kinder angreifen!»

«Es waren keine muslimischen Kinder, damit das klar ist!»

«Was spielt das für eine Rolle? Es waren Kinder! Und ihr seid bereit gewesen, sie zu erschießen! Schande über euch!» Der alte Mann fuchtelte mit seinem krummen Stock in der Luft herum und unterstrich seine Aussagen mit leidenschaftlichen Gebärden.

«Wir haben es für euch getan, für Pakistan!», rief Badar. «Um uns an den Amerikanern und dem Westen zu rächen, versteht ihr?»

«Alles, was wir verstehen, ist, dass ihr eine Schule mit einhundertfünfzig Kindern überfallen habt. Und das werdet ihr büßen.» Der Alte machte einen bewussten Schritt auf die drei zu, und andere taten es ihm gleich. Jetzt war endgültig Zeit zu handeln.

«Keinen Schritt weiter!», schrie Qari und öffnete seine Joggingjacke, um den Bewohnern den Sprengstoff zu zeigen, der an seinem Körper befestigt war. Nawaz und Badar machten es ihm nach. «Noch einen Schritt, und wir jagen uns in die Luft! Hier und jetzt!», riefen sie.

Das wirkte. Totenstille breitete sich unter den Umstehenden aus. Wie gebannt starrten sie auf die Granaten und den Sprengstoff, und jeder wusste, dass dies kein Bluff war. Sie standen drei menschlichen Bomben gegenüber, die jederzeit bereit waren, sie alle mit sich in den Tod zu reißen.

Badar spürte, wie ihm heiß wurde.

Nawaz wischte sich den Schweiß von der Stirn und atmete hastig, während er gegen die stechenden Schmerzen in seiner Seite ankämpfte.

Ein paar Sekunden war die gesamte Dorfbevölkerung wie erstarrt. Ein kleines Kind begann zu weinen. Niemand wagte es, sich von der Stelle zu rühren. Sogar die Luft schien zu vibrieren vor Anspannung.

Qari nahm die Verhandlung als Erster wieder auf. «In Ordnung», sagte er. «Alles, was wir wollen, ist, dass ihr uns durch euer Dorf ziehen lasst. Dann wird euch nichts geschehen und niemand wird verletzt oder getötet. Wir wollen euch nichts antun, also bitte zwingt uns nicht dazu.»

Keiner antwortete. Sogar der mutige Alte hatte die Sprache verloren. Alle blickten den Dorfältesten gespannt an und warteten auf seine Entscheidung. Der Zahnlose hustete, stützte sich auf seinen Stock und sagte schließlich mit fester Stimme:

«Tut mir leid. Ihr seid Terroristen. Wir können euch nicht einfach ziehen lassen.»

Qari, Nawaz und Badar verloren langsam die Geduld. Es war doch nicht möglich, dass diese lächerliche Ansammlung sie aufhalten würde, so kurz vor dem Ziel!

«Seid doch vernünftig», bat Qari sie, «lasst uns einfach durch. Ihr setzt das Leben eurer Frauen und Kinder leichtsinnig aufs Spiel, wenn ihr uns den Weg versperrt.»

«Hier geht es um mehr als unsere Frauen und Kinder», antwortete der Alte, «es geht um Gerechtigkeit. Wir können es nicht verantworten, dass Terroristen wie ihr frei herumlaufen. Wer weiß, was ihr als Nächstes ausheckt. Glaubt ihr wirklich, dass es dadurch Frieden geben wird? Indem ihr Schulen, Kirchen und Botschaften in die Luft jagt? Was spielt sich denn bloß in euren Köpfen ab?»

«Davon versteht ihr nichts», grollte Nawaz. «Wir kämpfen für eine gerechte Sache.»

«Das tun wir auch», verkündete der Zahnlose und

reckte sein Kinn vor. «Und genau deshalb werden wir euch nicht erlauben, ungestraft davonzukommen.»

«Ihr seid verrückt», rief Qari. «Die Gerechtigkeit, die ihr sucht, wird euch heute ins Grab bringen, das schwöre ich! Und wenn ihr uns nicht augenblicklich den Weg freigebt ...»

14:00 – Mitten im Satz hielt er inne. Ein Gemurmel ging durch die Menge. Von hinten drängten sich einige Personen durch die immer dichter werdende Schar. Als sie den Verhandlungskreis erreichten, der sich um die Männer und den zahnlosen Alten mit seinen Begleitern gebildet hatte, zuckten die drei zusammen. Es waren vier uniformierte Polizisten.

Qari, Nawaz und Badar zögerten keinen Augenblick. Sie ergriffen die Flucht. Qari warf den Alten um, der ihnen den Weg versperrte, Badar und Nawaz boxten sich durch die restliche Menschenmenge, und bevor sie irgendjemand zu fassen bekam, rannten sie zum Fluss hinunter und liefen von dort weiter Richtung Hängebrücke. Nawaz kam nur schleppend voran, und bei jedem Schritt glaubte er, gleich das Bewusstsein verlieren zu müssen. Doch er fixierte die Brücke und humpelte weiter.

«Noch hundert Meter!», redete er auf sich selbst ein. «Hundert Meter bis zur Freiheit!»

«Wir schaffen es», keuchte Badar, während er hinter sich die wütende Menge hörte, die die Verfolgung aufgenommen hatte. «Wir schaffen es!»

«Kommt schon! Schneller!», feuerte sie Qari an, der einen Vorsprung hatte und nur noch wenige Meter von der Hängebrücke entfernt war.

«Qari! Die Leute!»

Qari blickte zur Seite und sah, wie mehrere Männer,

Frauen und sogar Kinder von schräg vorne auf ihn zugestürmt kamen, um ihm den Weg abzuschneiden. Sie erreichten die Brücke nur wenige Sekunden vor ihm und bildeten eine Kette. Furchtlos hielten sie sich an den Händen und bewegten sich Schritt für Schritt auf ihn zu. Qari drehte sich um und rannte zu seinen Komplizen zurück.

Die menschliche Kette kam bedrohlich und unaufhaltsam näher. Und von hinten nahte sich die zweite Gruppe, angeführt von den vier Polizisten, die irgendjemand verständigt hatte, während der Dorfälteste sie aufgehalten hatte. Der zahnlose alte Mann war ebenfalls dabei und schwang seinen Stock wie eine Waffe über dem Kopf.

Wie die Schlinge eines Lassos zog sich die Menschenkette langsam um die drei zusammen. Es war beängstigend, wie entschlossen diese Dorfbewohner sie umzingelten, ohne auch nur einen Moment zu zögern, in einer Einigkeit, die so stark war, dass sie jeden Feind in die Knie zwang. In ihren Gesichtern lag keine Furcht. Nicht einmal der Sprengstoff an den Körpern der Terroristen schien ihnen Angst einzuflößen. Das Einzige, worauf sie sich fixierten, waren ihre Augen.

Qari, Nawaz und Badar waren kurz davor durchzudrehen.

«Was machen wir jetzt?», fragte Badar verzweifelt.

«Das Spiel ist aus», schnaufte Nawaz atemlos. «Sie haben uns.»

«Niemals!», zischte Qari. «Ich gehe nicht ins Gefängnis! Lieber sterbe ich!»

Der Halbkreis wurde immer enger. Hinter ihnen lag der breite Fluss, rechts, keine zwanzig Meter entfernt, schwebte die Hängebrücke, und vor ihnen befand sich eine Menschenkette, deren Einheit sich nicht durchbrechen ließ. Qari warf Nawaz und Badar einen durchdringenden Blick zu, und die beiden verstanden augenblicklich. Sie liefen die Uferböschung bis zum Wasser hinab und wateten in den Fluss hinein.

«Ergebt euch!», rief ihnen einer der Polizisten zu. «Ihr habt keine Chance.»

«Wir werden uns nie ergeben!», knirschte Qari, während er auf einen großen Felsen kletterte, der sich nur ein paar Meter weit vom Ufer entfernt befand.

Nawaz und Badar kletterten zu ihm, und dann nahm jeder eine Handgranate vom Gürtel. Badars Herz klopfte zum Zerspringen.

«Wir tun das Richtige, ja?», stammelte er.

«Es gibt keinen anderen Weg», sagte Qari beherrscht.

«Bringen wir es zu Ende», verkündete Nawaz mit ausdruckslosem Blick.

Sie positionierten die Granaten neben ihren Füßen, zogen den Splint, legten sich gegenseitig die Arme um die Schultern, riefen gemeinsam «Allahu Akbar» und atmeten ein letztes Mal tief durch.

Abottabad – am nächsten Tag, Mittwoch, 7. August 2002

10:00 – Kamran starrte auf den Zeitungsartikel, und die Worte hallten fortwährend in seinem Kopf wider und füllten sich mit Bildern des Grauens. Er konnte noch immer nicht glauben, dass dies wirklich passiert war:

Die Polizei in Murree bestätigt, dass die Personen, die sich im Jhelum in die Luft gejagt haben, möglicherweise an der Attacke auf die Murree Christian School am Montag beteiligt gewesen waren. Bewohner des Dorfes Khapadar berichteten der Polizei, wie die Terroristen versuchten, mit ihnen zu verhandeln, und drohten, sie mit sich in den Tod zu reißen, falls sie ihnen keinen Durchlass gewährten.

Die Polizei rühmte die beispiellose Tapferkeit der Dorfbewohner, die sich durch nichts einschüchtern ließen und sich den Terroristen heldenhaft in den Weg stellten. Die jungen Männer, nicht älter als neunzehn, zwanzig Jahre, rannten daraufhin zum Fluss, wo sie sich selbst in die Luft sprengten. Ihre Körper flogen mehrere Meter weit, zwei Männer verschwanden im Fluss und wurden nicht mehr gesehen. Der dritte Körper wurde an eine Sandbank gespült, war aber durch die Explosion bis zur Unkenntlichkeit verstümmelt.

Die Polizei sucht nach weiteren Verdächtigen. Der Gouverneur verurteilte das Attentat auf die Murree Christian School aufs Schärfste und betonte, die Verbrecher würden dem Gesetz nicht entkommen. Es würde keine Mühe gescheut, um die Verantwortlichen so schnell wie möglich zu verhaften.

Kamran war erschüttert. Nachdem sich Hasan gestern aus Muzaffarabad gemeldet hatte, waren sie davon ausgegangen, dass auch Qari, Nawaz und Badar die Flucht gelungen war. Doch jetzt waren sie tot. Sie hatten ihrem Leben selbst ein Ende gesetzt.

Es fiel Kamran schwer, das wirklich zu glauben. Irgendwie dachte er noch immer, dass gleich sein Handy klingeln und Badar am andern Ende von ihrer haarsträubenden Flucht berichten würde. Er konnte sich einfach nicht an den Gedanken gewöhnen, dass sein bester Freund sich auf diese Weise aus dem Leben verabschiedet hatte und seine sterblichen Überreste jetzt irgendwo den Jhelum hinunterschwammen. Badar hatte einen ehrenhaften Tod verdient, nicht einen Selbstmord aus Verzweiflung. Oder galt dies auch als Märtyrertod? Hatte er trotzdem das Paradies erlangt?

Hatte seine Tat in Allahs Augen wirklich ausgereicht, um des Himmels würdig zu sein? Oder würde er jetzt als Selbstmörder bis in alle Ewigkeit in der Hölle schmoren?

Die Fragen beschäftigten Kamran schon den ganzen Morgen. Es machte ihn schier wahnsinnig zu denken, dass Badar die Tür zum Paradies vielleicht doch nicht aufgestoßen hatte, weil er nicht so gestorben war, wie es Allah gefiel.

«Kamran!» Ayaz stand vor ihm und schnipste mit dem Finger vor seinem Gesicht. «Du sitzt jetzt schon über eine Stunde so da. Wach endlich auf. Du kannst sie nicht zum Leben erwecken.»

Kamran fuhr sich mit der Hand übers Gesicht und atmete tief durch.

«Ich weiß», sagte er. «Es tut mir leid. Es ist nur so seltsam zu denken, dass sie tot sind.»

«Die haben es jetzt besser als wir, glaub mir. Siebzig Jungfrauen im Arm, die ihnen jeden Wunsch von den Lippen ablesen. Beneidenswert, findest du nicht?»

«Was ist eigentlich, wenn eine Frau im Dschihad stirbt?», fragte sich Kamran abwesend. «Bekommt sie dann siebzig Jünglinge?»

«Ich glaube, sie darf eine der siebzig Jungfrauen sein oder so was», antwortete Ayaz und grinste. «Aber wen interessiert das schon? Hauptsache, ich kriege meine Jungfrauen.» Er klopfte Kamran auf die Schulter. «Jetzt mach nicht so ein Gesicht. Iss etwas und leg diese blöde Zeitung weg. Es ist dumm gelaufen, das ist alles.»

«Dumm gelaufen», murmelte Kamran. «In letzter Zeit ist vieles dumm gelaufen. Ich kann den Verlust von Menschen nicht so einfach wegstecken wie du, Ayaz.»

«Solltest du aber. Anstatt ihnen nachzutrauern, solltest du dich besser auf unsere neue Mission konzentrieren.»

«Ja, das sollte ich wohl», seufzte Kamran und schob die Zeitung von sich weg.

«Bist du nervös?», fragte ihn Ayaz.

Kamran schüttelte den Kopf. «Nein», sagte er, doch es klang nicht sehr überzeugt. «Und du?»

«Ich wüsste nicht, warum», antwortete Ayaz und machte es sich auf einem Stuhl bequem. «Ist schließlich nicht das erste Mal, dass ich Menschen töte.»

«Was empfindest du dabei?»

«Wobei?»

«Beim Töten.»

Ayaz zuckte die Achseln. «Was soll ich schon dabei empfinden? Sie sind unsere Feinde, also töten wir sie.»

«Aber was empfindest du, wenn du es tust?»

Ayaz kratzte sich nachdenklich am Kinn. «Ich muss gestehen, darüber habe ich mir noch nie Gedanken gemacht.» Er dachte scharf nach, dann legte er den Kopf etwas schief und meinte: «Nichts. Ich empfinde nichts dabei.»

«Sie sind dir also gleichgültig?»

«Wer?»

«Die Opfer.»

Ayaz grinste. «Bruder, natürlich sind sie mir gleichgültig. Was sollte ich für sie empfinden? Mitleid? Das hier ist kein Job für Weichlinge.»

«Ich weiß.»

«Warum fragst du dann? Hast du etwa Angst, es zu tun, weil es Krankenschwestern sind?»

«Saifi wird schon wissen, was er macht», murmelte Kamran. Er knibbelte an seinen Fingernägeln herum und grübelte eine Weile nach. «Was, denkst du, ist stärker? Hass oder Gleichgültigkeit?»

«Was soll das jetzt werden? Eine Philosophiestunde?»

«Saifi hat mich das gefragt, als er mich für sein Selbstmordkommando anheuerte. Er sagte, ich solle darüber nachdenken.»

«Und? Hast du darüber nachgedacht?»

Kamran zog die Zeitung zu sich heran und betrachtete den ausführlichen Artikel, der über den Anschlag in Murree und auch den Tod seiner Kameraden berichtete. Doch seine Augen schienen durch die Buchstaben hindurchzublicken.

«Gleichgültigkeit hat nicht die Kraft, einen Krieg anzutreiben. Hass hingegen schon», zitierte er Saifis Aussage.

«Also wäre der Hass stärker?»

«Das ist jedenfalls das, was Saifi behauptet», antwortete Kamran.

«Und was denkst du?»

Kamran sah von der Zeitung hoch und blickte Ayaz ein paar Sekunden schweigend an. «Ich frage mich manchmal, was die Kraft hat, einen Krieg zu stoppen», murmelte er gedankenversunken.

Taxila – zwei Tage später, Freitag, 9. August 2002

07:45 – Die neue Mission, mit der Saifi Kamran, Ayaz und Abu Bakar beauftragt hatte, war der Anschlag auf eine Krankenhauskapelle in Taxila. Saifi und Abu Bakar hatten sich umgesehen und mögliche Fluchtwege ausgearbeitet. Anders als bei der Kirche in Islamabad hielt es Saifi diesmal nicht für nötig, dass jemand sein Leben opferte. Sie würden auch ohne einen Selbstmordanschlag mindest einhundert Menschen töten können, davon war er überzeugt. Die Kapelle war nämlich mit alten Holzbänken ausgestattet, und somit saßen die Gottesdienstbesucher viel enger beisammen als in Islamabad – was für einen Anschlag geradezu perfekt war. Ein paar wenige Handgranaten würden ausreichen, um sie alle auf einen Schlag zu erwischen.

Saifi rechnete mit einhundert bis einhundertfünfzig Opfern, alles Ärzte und Krankenschwestern, die in dem christlichen Hospital in Taxila arbeiteten. Der Plan war perfekt. Abu Bakar würde draußen die Wachmänner in Schach halten, und Ayaz und Kamran würden das Werfen der Handgranaten übernehmen. Anschließend würden die drei unverzüglich ins Versteck nach Abottabad zurückkehren.

«Diesmal wird nichts schief gehen», hatte Saifi gesagt, als er ihnen den Plan erläuterte. «Diesmal werden wir sie das Fürchten lehren, ihr werdet sehen.»

Ayaz und Kamran hatten in einem Hotel in der nahe gelegenen Stadt Hasan Abdal übernachtet und trafen Abu Bakar am frühen Morgen ein paar Straßen weit vom Klinikgelände entfernt. Sie hatten sich wegen des niederprasselnden Regens etwas verspätet, und Abu Bakar, der den Sprengstoff und die Granaten in zwei Sporttaschen mitgebracht hatte, war schon ziemlich nervös.

«Na endlich!», rief er, als die beiden den Suzuki parkten und zu ihm auf die andere Straßenseite kamen. «Warum hat das so lange gedauert?»

«Wir konnten ja nicht wissen, dass es regnen würde», entschuldigte sich Ayaz.

«In dieser Gegend soll es seit Monaten nicht mehr geregnet haben», ergänzte Kamran. «Es war das reinste Verkehrschaos vor Taxila. Wir sind so schnell gekommen, wie es eben ging.»

«Hoffen wir, dass der Gottesdienst noch nicht zu

Ende ist», meinte Abu Bakar und putzte sich mit einem Taschentuch seine Brillengläser.

«Saifi sagte doch, der Gottesdienst würde am Freitag immer länger als normal dauern», erinnerte ihn Kamran. «Die müssten also noch alle drin sein.»

«Ja, müssten sie», nickte Abu Bakar. «Die Kinder in Murree hätten auch draußen sein müssen und waren es nicht.»

«Nur keine Panik», beruhigte ihn Ayaz. «Wir haben alles im Griff. Hast du die Granaten?»

«Alles hier drin», sagte Abu Bakar und überreichte Kamran und Ayaz je eine Sporttasche. Die beiden warfen einen flüchtigen Blick in die Taschen, und Ayaz brummte zufrieden.

«Das wird ja ein nettes kleines Feuerwerk geben.»

«Kommt jetzt», trieb Abu Bakar sie an. «Die Zeit drängt.»

Es hatte aufgehört zu regnen. Die Luft war frisch und angenehm kühl. Ayaz und Kamran warfen sich die Taschen über die Schultern und folgten Abu Bakar zum Klinikgelände. Das Eingangstor stand weit offen, und nur ein einziger Torhüter bewachte es. Die Männer gingen unbekümmert auf ihn zu, und Ayaz und Kamran spazierten in aller Ruhe an ihm vorbei, als würden sie das jeden Tag tun. Abu Bakar ging etwas langsamer und lächelte dem Mann am Tor freundlich zu.

«Sie gehören zu mir», sagte er, um die Aufmerksamkeit des Wächters auf sich selbst zu lenken und damit den andern einen guten Vorsprung zu geben.

«Und wo wollt ihr hin?»

«Wir besuchen einen Freund», log Abu Bakar. «Er wurde gestern operiert.»

Der Wächter schien mit der Antwort nicht zufrieden zu sein. Er musterte Ayaz und Kamran argwöhnisch von hinten. «Was ist in den Taschen?»

«Bloß ein paar frische Kleider und Decken», antwortete Abu Bakar flüchtig und merkte, dass er den Mann nicht mehr lange bei der Stange halten konnte. Als seine Komplizen schließlich zielstrebig den Weg Richtung Kapelle einschlugen, kam dem Torhüter die Sache doch etwas seltsam vor, und er pfiff die beiden zurück.

«Hey! Was wollt ihr in der Kapelle?»

In diesem Moment packte Abu Bakar den Mann an der Schulter und stieß ihn unsanft in sein Wächterhäuschen. Das nette Lächeln wich einem eisigen Blick, und in der rechten Hand hielt er plötzlich eine Pistole, die er dem entsetzten Torhüter an die Stirn hielt.

«Keinen Mucks, oder du bist tot», schnarrte er. Der Mann starrte ihn mit weit aufgerissenen Augen an, und alle Farbe wich aus seinem Gesicht.

Gleichzeitig erreichten Ayaz und Kamran das seitliche Tor, das das Grundstück der Klinikkapelle vom übrigen Gelände abtrennte. Und da sahen sie, dass die ersten Gottesdienstbesucher bereits die kleine Kirche verlassen hatten und über den schmalen Fußweg genau in ihre Richtung kamen.

«Das darf doch nicht wahr sein», murmelte Kamran verwirrt. «Warum sind die schon fertig?»

«Los!», rief Ayaz. «Erwisch so viele du kannst!»

07:48 – Kamran rannte ein paar Schritte auf die ahnungslose Menge zu und warf die erste Granate. Sie explodierte nur wenige Meter von der Kapelle entfernt inmitten einer Gruppe von Krankenschwestern und warf sämtliche Leute, die sich beim Eingang des Gotteshauses und auf dem Fußweg befanden, zu Boden. Glas splitterte, Schirme, Schuhe und Schwesternhäubchen flogen herum, Schreie durchbrachen die friedliche Morgenstille. Kamran sah, wie ein Mädchen mehrere Meter durch die Luft geschleudert wurde und in einem nahe gelegenen Zaun hängen blieb. Die Granate hatte einen Krater in den Boden gerissen, und gleich daneben lag eine junge Krankenschwester mit einer großen Bauchwunde und rang blutüberströmt nach Luft. Kamran starrte sie an und war für ein paar Sekunden wie gelähmt.

Saifis Worte hallten in seinem Kopf wider. Hass sollte er empfinden, so hatte Saifi es ihn gelehrt, denn Hass war es, der Kriege vorantrieb. Kamran fixierte die Krankenschwester und sah die Verzweiflung in ihren Augen, wie sie dort am Boden lag und sich im Todeskampf wand. Sie mochte etwa in seinem Alter sein, und wahrscheinlich hätte sie heute das Leiden vieler Menschen gelindert. Doch dazu würde sie nicht mehr in der Lage sein. Die Granate, die ihr Kamran vor die Füße geworfen hatte, hatte ihren Unterleib zerfetzt.

Was hatte sie getan, um einen so furchtbaren Tod erleiden zu müssen? Wie erstarrt beobachtete Kamran ihren zuckenden Körper, während er die nächste Granate im Zeitlupentempo aus der Tasche zog. Für den Bruchteil einer Sekunde tauchte das Gesicht seines Vaters in seinen Gedanken auf.

Sein Herz pochte zum Zerspringen. Er schwitzte. Er hielt die Granate in der Hand und starrte wie versteinert auf die vielen Menschen, die auf dem ganzen Gelände verstreut in der Wiese lagen. Ayaz rief ihm etwas zu, doch er hörte es nur wie durch Watte. Aus dem Augenwinkel sah er, wie Ayaz eine zweite Granate in die Menge warf. Er sah das grelle Licht der Explosion, und fast gleichzeitig spürte er, wie etwas seine Brust traf.

Kein Laut kam über seine Lippen, als er zusammenbrach.

20:00 – Es klopfte. Bashir machte den Fernseher etwas leiser, schlurfte gemächlich zur Tür und öffnete sie. Als er sich zwei Polizeibeamten gegenübersah, zuckte er ahnungsvoll zusammen.

«Sind Sie Bashir Butt?», fragte der eine.

«Ja», antwortete der 48-Jährige. «Geht es um meinen Sohn Kamran?»

«Ich fürchte, ja», sagte der zweite Beamte, und sein Zögern in der Stimme ließ Bashir vom Schlimmsten ausgehen.

«Ist er ... tot?»

Die Beamten seufzten mitfühlend. «Wir müssen Ihnen leider mitteilen, dass Ihr Sohn heute Morgen bei einem Terroranschlag in Taxila ums Leben gekommen ist.»

Bashir fühlte, wie ihm schwindlig wurde. Er hielt sich am Türpfosten fest, um nicht umzufallen.

«Wie ... wie ist es passiert?»

«Er hat zusammen mit zwei anderen Männern die Krankenhauskapelle der christlichen Augenklinik angegriffen und Sprenggeschosse in die Menge geworfen. Ein Splitter einer Granate hat ihn mitten ins Herz getroffen. Er war auf der Stelle tot.»

«Gütiger Allah ...», murmelte Bashir. Er stolperte zurück in seine Wohnung und ließ sich auf dem zerschlissenen Sofa nieder. Die Polizeibeamten traten zögernd in das bescheidene Heim.

«Wissen Sie, welcher Organisation Ihr Sohn angegliedert war?»

«Der Armee Mohammeds», sagte Bashir Butt mit schwacher Stimme. «Ich habe versucht, ihn davon abzuhalten, aber er wollte nicht auf mich hören.»

«Wussten Sie von dem Anschlag?»

«Nein», sagte Bashir. «Er hat mir nie gesagt, was er wirklich treibt. Unser letztes Telefongespräch war vor über einem halben Jahr. Die vergangenen vier, fünf Monate habe ich immer wieder versucht, ihn zu finden. Vergeblich. Ich habe Tag und Nacht gebetet, dass er zur Vernunft kommt und endlich nach Hause zurückkehrt.» Eine Träne rollte ihm übers Gesicht. Er wischte sie sich mit dem Hemdsärmel weg.

«Kamran», hauchte er. «Mein Sohn, was hast du bloß getan?» Er konnte seinen Schmerz und seine Trauer nicht länger zurückhalten und begann zu weinen. «Warum hast du nicht auf mich gehört? Wie konntest du unschuldigen Menschen das Leben nehmen? Wie konntest du nur glauben, das würde mich stolz machen?» Er warf den Kopf zurück und schrie und klagte haltlos. Sein ganzer Körper schüttelte sich.

«Es tut mir so leid», stammelte er, den Polizisten zugewandt. «Es tut mir so furchtbar leid, was passiert ist.»

«Ich denke, es ist nicht Ihre Schuld», meinte der eine der Beamten.

Bashir wischte sich mit beiden Händen übers Gesicht und sah die Polizisten traurig und betroffen an. «Ich möchte mich bei den Menschen entschuldigen», sagte er mit gebrochener Stimme. «Ich möchte ihnen sagen, dass ich zutiefst bedaure, was mein Sohn ihnen angetan hat. Ich möchte sie um Vergebung bitten für das, was geschehen ist. Meinen Sie, sie würden mein Beileid annehmen?»

Die Beamten wussten nicht genau, was sie darauf sagen sollten, und schwiegen verlegen. Schließlich verabschiedeten sie sich höflich, ließen dem Mann ihre Telefonnummer da, falls ihm irgendetwas einfallen würde, und gingen.

Bashir Butt blieb lange auf dem Sofa sitzen und

starrte einfach nur ins Leere. Er hätte nicht sagen können, was mehr schmerzte: das Sterben seines Sohnes oder die Tatsache, dass dieser unschuldige Menschen mit sich in den Tod gerissen hatte. Tränen der Bestürzung liefen ihm über die Wangen. Er ließ ihnen freien Lauf. Er hatte keine Kraft mehr, sie abzuwischen.

Kot Addu – fünf Tage später, Mittwoch, 14. August 2002

19:00 – Saifi wunderte sich, dass Atiqur die Tür nicht öffnete. Jemand hatte ihn auf seinem Handy angerufen und gesagt, er müsse dringend nach Kot Addu fahren, um sich dort mit Atiqur in seinem Haus zu treffen. Atiqur erwarte ihn pünktlich um 19 Uhr, hatte der Unbekannte gesagt. Die Besprechung sei streng geheim. Es ginge um einen neuen Auftrag, diesmal von höchster Stelle. Niemand außerhalb der Organisation hatte die Nummer seines Mobiltelefons, also zweifelte Saifi keinen Moment an der Echtheit der Mitteilung und machte sich unverzüglich auf den Weg.

Dass er in Taxila einen seiner Leute verloren hatte, kümmerte ihn nicht groß. Er ärgerte sich nur darüber, dass schon wieder nicht mehr Opfer gemeldet wurden. Vier Tote und fünfundzwanzig Verletzte hatte es laut Zeitungsberichten gegeben. Das war seiner Meinung nach nicht ausreichend. Wofür bezahlte er dieses Terrorkommando überhaupt? Er wollte Resultate sehen – genau wie der arabische Scheich, der sie finanzierte. Und dann sagte ihm Abu Bakar auch noch, der Regen wäre schuld gewesen, dass sie sich verspätet hatten. Jemand «da oben» hätte nach monatelanger Dürre ausgerechnet in dieser Nacht den Wasserhahn aufgedreht und damit ein Verkehrschaos verursacht. Zudem wäre der Gottesdienst aus unerfindlichen Gründen viel zu früh fertig gewesen. Niemand hatte damit gerechnet, dass die Leute bereits die Kapelle verließen, als sie kamen.

«Wären sie noch drinnen gewesen, hätten wir sie alle erwischt», hatte ihm Abu Bakar mehrmals versichert.

Saifi war nicht zufrieden mit dem Resultat, aber er ließ es dabei bewenden. Immerhin hatten sie es wieder in die Schlagzeilen geschafft, und in der Zwischenzeit dürfte jedem klar geworden sein, dass nicht alle die amerikafreundliche Regierungsarbeit des Präsidenten tatenlos hinnahmen. Sie waren bereit zu kämpfen, und die Botschaft ihrer zahlreichen Attentate in den vergangenen Monaten war nicht mehr zu überhören.

Gespannt darauf, welche neuen Pläne Atiqur ihm eröffnen würde, näherte sich Saifi pünktlich um neunzehn Uhr dessen Haus in Kot Addu. Als er mehrmals an der Tür geklingelt hatte und niemand öffnete, wurde er stutzig.

Eben wollte er wieder gehen, da hörte er dicht hinter sich ein knackendes Geräusch. Jäh drehte er sich um, doch da war es bereits zu spät. Mindestens zwanzig Scharfschützen sprangen aus ihren Verstecken hervor und richteten ihre Gewehre auf Saifi. Mit einem kurzen Blick versuchte er die Möglichkeiten einer Flucht abzuschätzen, kam jedoch gleich zur Überzeugung, dass er keine Chance hatte. Sogar auf den Dächern benachbarter Häuser hatten sie sich verschanzt.

Saifi kochte vor Wut. Er wusste zwar nicht, wer, aber irgendjemand hatte ihn in eine Falle gelockt. Und wer auch immer es gewesen war, er würde dafür mit dem Leben büßen, das schwor er bei Allah. Er hätte viel darum gegeben, jetzt eine Zyankalikapsel im Mund zu haben, auf die er hätte beißen können, um einer Verhaftung zu entgehen. Alles war besser, als ins Gefängnis zu gehen. Doch wie es schien, hatte er keine andere Wahl.

«Legen Sie sich auf den Boden! Hände über den Kopf!», erklang es über Lautsprecher.

Saifi tat zähnefletschend, wie ihm befohlen war, und kaum hatte er die Hände hinter dem Kopf verschränkt, waren sie über ihm wie ein wilder Wespenschwarm. Sie tasteten ihn nach möglichen Waffen ab, die Handschellen schnappten um Hand- und Fußgelenke, sie rissen ihn hoch und schleppten ihn zu einem in der Nähe stehenden schwarzen Lieferwagen, der von einem Dutzend schwerbewaffneter Polizisten bewacht wurde. Saifi fluchte und spuckte, was das Zeug hielt, doch niemand schien davon sonderlich beeindruckt zu sein.

«Glaubt ja nicht, dass meine Verhaftung den Terror aufhalten wird!», knirschte er, und seine Augen glühten vor Zorn. «Ihr habt ja keine Ahnung, was auf euch zukommt. Wir haben Hunderte von jungen Männern, die nur darauf warten, als Selbstmordattentäter eingesetzt zu werden. Dies ist erst der Anfang!»

Die Polizisten sperrten die Hintertür des Transporters auf und warfen Saifi in die Dunkelheit hinein. Krachend fiel die Tür hinter ihm ins Schloss. Das Spiel war aus.

Murree – vier Tage später, Sonntag, 18. August 2002

14:00 – Paul-Gerhard schleppte seinen zweiten Koffer zum kleinen Steinmäuerchen vor dem Wohnhaus und stellte ihn neben die Gepäckstücke der anderen Schüler. Deborah saß bereits auf der Mauer und blickte wehmütig zum Internatsgebäude. Ein paar Mitarbeiter waren dabei, Bretter vor die Fenster zu nageln.

«Ich werde Pakistan vermissen», sagte sie, als Paul-Gerhard sich neben sie setzte.

«Mal davon abgesehen, dass wir von Terroristen überfallen wurden und ich von der einzigen Schulwoche, die wir hatten, vier Tage im Bett lag und deinen berüchtigten ‹Knüppel auf den Kopf› trinken musste, hat es mir sehr gut gefallen in der Schule», meinte Paul-Gerhard.

«War wohl keine gute Idee, dich nach Pakistan einzuladen», sagte Deborah nachdenklich. «Wenn ich gewusst hätte, was passieren würde ...»

«Hey, niemand von uns konnte das wissen», schnitt ihr Paul-Gerhard das Wort ab. «Aber Gott wusste es. Er hätte verhindern können, dass ich dabei bin, richtig? Er hätte es sogar noch verhindern können, als ich bereits in der Schule war, wenn ich zum Beispiel am Montagmorgen im Bett geblieben wäre. Und glaub mir, ich wäre wirklich beinahe im Bett geblieben.»

«Du hast Recht», nickte Deborah. «Gott hätte es verhindern können.»

«Stattdessen hat er seine Hand über uns gehalten und uns bewahrt», ergänzte der Junge. «Weißt du, ich bin Gott echt dankbar, dass ich das erleben durfte.»

«Ich auch», bestätigte Deborah und lächelte versonnen. Sie beobachteten eine Weile die pakistanischen Angestellten beim Vernageln der Fenster und die Schüler, die ihre Koffer auf den Schulhof trugen.

«Wie lange, glaubst du, wird das Internat jetzt geschlossen bleiben?», fragte Paul-Gerhard.

«Keine Ahnung», sagte Deborah. «Hoffentlich können wir vor meinem Schulabschluss zurückkommen.»

«Hättest du keine Angst, wieder hier zur Schule zu gehen nach all dem, was passiert ist?»

Deborah schüttelte überzeugt den Kopf. «Nein», sagte sie. «Das Internat ist mein Zuhause. Ich möchte nirgends sonst auf der Welt sein.»

«Und wenn sie wiederkommen?», überlegte Paul-Gerhard. «Ich meine, es wäre doch möglich, dass weitere Anschläge folgen.»

Deborah warf ihr dunkelblondes Haar zurück, sah den Teenager von der Seite an und meinte einfach: «Wenn das das Risiko ist, das ich eingehen muss, dann gehe ich es ein.»

«Das haben die andern auch gesagt, die ich danach fragte», meinte Paul-Gerhard und zog beeindruckt die Augenbrauen hoch. «Ihr seid alle unglaublich mutig, weißt du das?»

Deborah winkte bescheiden ab. «Also, sooo mutig bin ich nun auch wieder nicht.»

«Ich finde schon.»

«Das hat doch nichts mit Mut zu tun.»

«Womit dann?»

«Vielleicht mit Vertrauen», sagte Deborah. «Wenn du weißt, dass Gott dich an einem ganz bestimmten Ort haben möchte, dann kannst du ihm doch vertrauen, dass er auf dich aufpassen wird, so wie er es zum Beispiel am fünften August getan hat.»

«Und wenn einmal nicht alles so glimpflich verläuft?»

«Wenn alles zu meinem Besten dient, so wie Gott es in seinem Wort verspricht, worüber soll ich mir dann Sorgen machen?»

«Hmm», machte Paul-Gerhard und grübelte eine Weile über Deborahs Worte nach. Ihre Einstellung war schon imponierend, und ganz verstehen würde er wohl nie, wie sehr die Schüler der MCS an ihrer Schule hingen. Dass Terroristen sie attackiert hatten, machte ihnen viel weniger zu schaffen als die Tatsache, dass das Internat geschlossen wurde und sie sich schon wieder voneinander trennen mussten. Dieser Gedanke brach ihnen beinahe das Herz.

Nach dem Attentat in Taxila war jedem klar, dass die Situation einer schnellen Entscheidung bedurfte. Als Eddy Lanz noch am selben Abend im Wohnzimmer die Bemerkung fallen ließ, dass sie jetzt wohl endgültig ihre Koffer packen und nach Deutschland zurückkehren müssten, waren Deborah und ihren Geschwistern die Tränen in die Augen geschossen. Niemand wollte weg. Aber niemand sah eine andere Lösung angesichts der bedrohlichen Ereignisse der vergangenen Tage. Was sollten sie bloß tun?

Ja, und dann war plötzlich diese verrückte Idee mit Thailand aufgekommen. Wer die Idee zuerst gehabt hatte, wusste später niemand mehr. Jedenfalls kam der Schulvorstand eines Morgens mit der total abgefahrenen Idee, die ganze Schule nach Thailand zu verlegen. Zuerst dachten alle, das wäre ein Scherz, aber dann überstürzten sich die Ereignisse, und alles entwickelte sich hammerschnell.

An diesem Sonntag flogen vier MCS-Mitarbeiter nach Chiang Mai, der drittgrößten Stadt Thailands, um zu erforschen, ob eine Umsiedlung der Schule überhaupt möglich wäre. Drei Tage hatten sie Zeit, um eine kooperationswillige Schule, ein Internatsgebäude zur Unterbringung der Schüler sowie Unterstützung für die Visa-Angelegenheiten zu finden und tausend andere Fragen zu klären.

Und das Unmögliche geschah: Innerhalb der 72 Stunden, die sie von der Ankunft in Thailand bis zu ihrem Rückflug nach Pakistan Zeit hatten, öffneten sich ihnen sämtliche Türen, und das in einem rasanten Tempo. Am Swimmingpool ihres Hotels trafen sie einen Mann, der ein Internat für Thai-Kinder besaß und ihnen kurzerhand das leer stehende Stockwerk seines Gebäudes für die Unterkünfte der Jungs und das ungenutzte Dachgeschoss des angrenzenden Erholungszentrums für das Mädcheninternat anbot.

Der Direktor einer ähnlichen Schule erklärte sich bereit, der ganzen MCS unter seiner Schirmherrschaft Visa für Thailand zu ermöglichen. Eine thailändische Kirche stellte ihnen ihr gesamtes Sonntagsschulgebäude, das die Woche über leer stand, für den Schulunterricht zur Verfügung, und ein hoher Regierungsbeamter faxte schließlich die notwendigen Genehmigungen für die Visa an die thailändische Botschaft, die «Royal Thai Embassy», in Islamabad, damit die Schüler und Lehrer so schnell wie möglich nach Thailand reisen konnten, um keinen zu großen Schulunterbruch zu haben.

Und jetzt war es also so weit: Siebzig Schüler und Lehrer packten ihre Koffer, um für unbestimmte Zeit nach Chiang Mai zu reisen. Paul-Gerhard hatte seine Eltern gefragt, ob er auch mit nach Thailand dürfe, und sie hatten tatsächlich eingewilligt.

«Ist ja schon irgendwie komisch», meinte Paul-Gerhard, «da gehe ich nach Pakistan und lande stattdessen in Thailand. Ich glaube, das ist mit Abstand das spannendste halbe Jahr meines Lebens. Wird bestimmt eine aufregende Zeit in Chiang Mai. Ein neues Land, eine neue Kultur. Ich freu mich echt drauf. Du auch?»

«Ich wünsche mir einfach, dass ich in Murree meinen Schulabschluss machen kann», meinte Deborah.

«Die MCS bedeutet dir sehr viel, hab ich Recht?»

«Wärst du länger hier gewesen, würdest du verstehen, was ich meine», sagte das Mädchen, «wir sind wie eine große Familie. Ich werde jeden vermissen, der nicht mit nach Thailand kommen kann.»

Sie blickte eine Weile gedankenverloren vor sich hin,

bis sie Simon Malik entdeckte, der soeben über den Hof schritt. Sofort sprang sie auf, um sich von ihm zu verabschieden. Simon blieb stehen und lächelte das Mädchen an.

«Na, alles gepackt für die große Reise?»

«Ich hoffe natürlich, wir kommen bald zurück», sagte Deborah.

«Das hoffe ich auch», bestätigte Simon. «Es wird sehr einsam sein ohne euch. Und auch ein bisschen unheimlich, so ganz allein auf diesem großen Gelände. Manchmal, wenn ich an einem Gebüsch vorbeigehe und es raschelt, denke ich prompt, es wäre ein Terrorist, der rausspringt, um mich umzubringen.»

Deborah nickte. «Ich weiß genau, wovon Sie reden», gestand sie. «Vor ein paar Tagen war irgendwo eine Hochzeit, wo sie rumgeballert haben, und mir ist schier das Herz stehen geblieben.»

«Oh ja, das ist mir auch schon passiert», erklärte Simon. «Und meine Frau hat nicht verstanden, warum die Schüsse mich derart erschreckten, wo doch andauernd irgendwelche Hochzeiten sind, bei denen rumgeknallt wird. Wenn ich könnte, würde ich die Erinnerung an diesen furchtbaren Tag aus meinem Gedächtnis löschen. Aber das ist nicht gut möglich.»

«Sie haben die Terroristen gesehen, nicht wahr?»

«Ich werde ihre Gesichter nie vergessen.»

«Hat die Polizei eigentlich die ganze Bande geschnappt?»

«Am vierzehnten August haben sie innerhalb weniger Stunden zwölf Männer verhaftet, die vermutlich in irgendeiner Form an den Anschlägen in Islamabad, Murree und Taxila beteiligt waren. Auch der Kopf der Bande, Saifur Rehman Saifi, ist ihnen in die Falle gegangen.»

«Und wie hat die Polizei das hingekriegt? Wer hat ihr einen Tipp gegeben?»

«Ein Toter», schmunzelte Simon.

«Ein Toter?», wiederholte Deborah skeptisch. «Tote sprechen nicht.»

«Manchmal schon», sagte Simon geheimnisvoll und weckte dadurch erst recht das Interesse der Sechzehnjährigen. «Komm, setzen wir uns, du lässt mir ja doch keine Ruhe, bis ich dir alles erzählt habe, was ich weiß.»

«Ich will Sie nicht aufhalten, wenn Sie zu tun haben.»

Simon winkte ab. «Du hältst mich nicht auf, Deborah. Es tut gut, darüber zu reden. Es hilft mir, das Erlebte zu verarbeiten.»

Sie setzten sich aufs Mäuerchen vor dem Internat, und Paul-Gerhard rutschte zu ihnen hinüber, um ebenfalls mitzuhören.

«Also», nahm Deborah den Faden wieder auf, «Sie behaupten also allen Ernstes, dass ein Toter der Verräter ist?»

«In gewissem Sinne schon», bestätigte Simon. «Es war der Terrorist, der in Taxila ums Leben gekommen ist. Er hatte seinen Ausweis dabei. Damit hat die Polizei das Hotel gefunden, in dem er die Nacht vorher abgestiegen war, und in seinem Hotelzimmer fanden sie prompt sein Handy.»

«Ach nee», murmelte Paul-Gerhard mit offenem Mund, «sagen Sie bloß, der hätte darauf sämtliche Nummern der Bande gespeichert gehabt.»

Simon lächelte. «So ist es.»

«Das glaub ich nicht», meinte Deborah verblüfft. «Ist das wirklich wahr?»

«Unglaublich, was? Sie haben sämtliche Terroristen angerufen und sie in halbstündigen Abständen nach Kot Addu zitiert, wo sie sie nur noch an Bord ziehen mussten wie Fische an einer Fangleine.»

«Wahnsinn», meinte Paul-Gerhard fasziniert. «Das ist echt cool!»

«Und wo wurden sie hingebracht?»

«In Einzelzellen in einem Hochsicherheitsgefängnis in Pindi. Dort wird auch später die Gerichtsverhandlung stattfinden. Es ist zu gefährlich, Terroristen in ein öffentliches Gericht zu bringen. Dafür gibt es spezielle Terroristengerichte, die unter strengster Bewachung im Gefängnis selbst abgehalten werden. Vor ein paar Tagen war ich zum ersten Mal da drin für eine Gegenüberstellung. Sie nennen es ‹Shnakt›-Parade.»

«Ist das wie im Film, wo die Leute mit Nummern in einer Reihe stehen?», erkundigte sich Deborah. «Und Sie befinden sich hinter einer Glasscheibe, damit die Täter Sie nicht sehen können?»

«Vielleicht ist das in Europa so, hier läuft das etwas anders», erklärte Simon. «Ich musste drei Täter aus fünfzig Verbrechern erkennen, die in drei Reihen in einem Raum saßen. Da gab es keine Glaswand zwischen mir und den Terroristen. Ich musste zwischen den Reihen hindurchgehen, mir die jungen Männer ansehen und mich dann hinter sie stellen und ihre Schulter berühren, wenn ich glaubte, sie wiedererkannt zu haben.»

«Hatten Sie keine Angst?»

«Oh doch», gestand Simon, «ich hatte große Angst. Ein weiterer Zeuge, ein Polizist aus Murree, der die Täter ebenfalls gesehen hatte, war vor mir dran und hat plötzlich derart zu zittern begonnen, als er in die Nähe der Terroristen kam, dass man ihn aus dem Saal begleiten musste.»

«Vielleicht hatten sie ihm gedroht», überlegte Paul-Gerhard.

«Nicht mit Worten», sagte Simon. «Aber mit ihren Augen und ihrer gesamten Körpersprache. Damit haben sie auch mir Angst eingejagt, vor allem mit ihren Augen. Es ging mir durch Mark und Bein, als sich unsere Blicke dort in dem Raum begegneten. Wenn Blicke töten könnten, wäre ich auf der Stelle tot umgefallen. Ihre Augen waren gefüllt mit Hass, mit Bosheit und gleichzeitig mit einer unbeschreiblichen Leere, so als wäre kein Leben in ihnen.»

«Haben Sie gezittert?»

«Ich hatte schon weiche Knie, als ich Saifi gegenüberstand. Zuerst hatte er seinen Kopf gesenkt, und ich wäre beinahe an ihm vorbeigegangen. Aber dann blieb ich stehen, und er hob seinen Blick und sah mich direkt an. Ich erschauerte bis ins Innerste. Es war, als würde ich dem Teufel höchstpersönlich ins Auge sehen. Es war der furchterregendste Blick, den ich je gesehen habe. Und seine Augen schienen zu mir zu sprechen. Wir werden dich verfolgen, schienen sie zu sagen, wir werden dich aufspüren und töten. Das hier ist eine Nummer zu groß für dich. Steig aus, bevor es zu spät ist. Du wirst mit deinem Leben bezahlen. Keiner, der sich uns in den Weg stellt, kommt mit dem Leben davon. Überleg dir gut, mit wem du dich anlegst, bevor du gegen uns aussagst.»

«Und was haben Sie gemacht?»

«Ich habe zu Gott gefleht, dass er mir hilft, die Sache durchzustehen. Und da erinnerte ich mich an einen Vers in der Bibel, wo es heißt: Wenn Gott für dich ist, wer soll dann gegen dich sein? Das hat mir die Kraft gegeben, Saifis Blick standzuhalten. Ich glaube nicht, dass ich es sonst geschafft hätte.»

«Und wie geht es jetzt weiter? Werden Sie vor Gericht aussagen?»

«Ich bin der Hauptzeuge», erklärte Simon. «Vielleicht hat Gott mein Leben genau dafür geschont. Und ich werde tun, was ich tun muss, komme da, was kommen wolle. Mein Leben ist in Gottes Hand.»

«Wir werden auf jeden Fall für Sie beten, Mr. Simon», versprach ihm Deborah.

«Danke. Das werde ich dringend brauchen. Ein solcher Prozess könnte sich über Jahre hinwegziehen, wisst ihr. Außerdem wird gemunkelt, dass jemand einen berühmt-berüchtigten Anwalt für die Terroristen angeheuert hätte, der schon die Mörder von Daniel Pearl verteidigt hat. Ich kann mir bereits vorstellen, wie er mich ins Kreuzverhör nehmen wird, um vor dem Richter meine Glaubwürdigkeit anzuzweifeln.»

«Aber Sie haben die Terroristen auf dem Schulgelände gesehen, von Auge zu Auge», wandte Deborah ein.

«Anwälte können dir leicht das Wort im Mund umdrehen», erklärte Simon. «Er wird mir vorwerfen, dass ich mit der Polizei oder dem FBI zusammenarbeite oder gar mit der amerikanischen Regierung. Ich werde starke Nerven brauchen, um seinen Anschuldigungen zu trotzen.»

«Haben Sie keinen Anwalt?»

«Die Schule wird mir einen Anwalt zur Verfügung stellen. Aber ich bin froh zu wissen, dass Gott mir beistehen wird.»

«Und er ist der beste Anwalt überhaupt», ergänzte Paul-Gerhard.

Simon nickte und deutete auf den Schuldirektor, der eben mit einem suchenden Blick aus dem Internat kam. «Ich glaube, ich muss gehen», sagte er. «Mr. Morton wollte noch mit mir reden.»

Die drei standen auf und verabschiedeten sich voneinander.

«Gottes Segen, Deborah», meinte Simon und drückte ihre Hand. «Und pass mir auf die Jungs in deiner Klasse auf. Du kennst ja ihren Einfallsreichtum, wenn es darum geht, Streiche auszuhecken. Ich weiß nicht, wie viel Verständnis die Thailänder dafür haben, wenn sie plötzlich am Stuhl festkleben oder Plastikfledermäuse von der Zimmerdecke hängen.»

Deborah schmunzelte. «Keine Sorge, ich werde sie im Auge behalten.»

«Auch dir alles Gute, Pauli G», sagte Simon zu Paul-Gerhard gewandt. «Schade, dass wir nicht mehr Zeit hatten, einander kennen zu lernen.»

«Vielleicht komme ich ja zurück, wenn die Schule wieder eröffnet wird», meinte der Junge. «Ich muss doch herausfinden, wie in der MCS der ganz gewöhnliche Schulalltag aussieht. Ich meine, ohne Terroristen und so.»

«Gute Idee», meinte Simon. «Was mich angeht, bist du jederzeit herzlich willkommen.» Er nickte den beiden Teenagern nochmals freundlich zu, dann marschierte er zu Mr. Morton hinüber, der bereits auf ihn wartete.

Paul-Gerhard beobachtete die vielen Schüler und Lehrer, die eifrig Gepäck zu den Autos trugen, und kam zum Schluss, dass er wirklich eines Tages zurückkommen wollte, vielleicht sogar als Lehrer? Er plante sowieso, Lehrer zu werden, und die frische Bergluft würde ihn bestimmt inspirieren, endlich seine eigene Musik zu schreiben. Vielleicht würde er eines Tages sogar hier in Murree den Titelsong für einen Hollywoodstreifen komponieren? Das wär der absolute Knüller.

Aber erst mal ging's nach Thailand und dann zurück nach Deutschland, um die Realschule zu beenden. Es graute ihm schon jetzt beim Gedanken an Herrn Meiers Mathestunden. Aber vielleicht würde sich der archaische Meister ja vorzeitig pensionieren lassen, wenn ihm der Direktor sagte, Paul-Gerhard wäre zurück. Man konnte nie wissen ...

Vorläufig jedenfalls war der langhaarige Teenager einfach gespannt darauf, welche Abenteuer in Thailand auf ihn warteten. Langweilig würde es bestimmt nicht werden, so viel stand fest.

14:20 – Die ersten Wagen fuhren hupend durch das Tor. Schüler winkten einander zum Abschied. Lehrer trugen kistenweise Schulmaterial, das für den Unterricht in Thailand verpackt worden war, auf den Platz.

«Deborah! Pauli G! Wir sehen uns am Flughafen!», rief ihnen Jenny zu, die bereits mit ihrem Bruder DJ und ihrer Mutter im Auto saß, das langsam über den Schulhof rollte. Auch andere Schüler hatten die Fensterscheiben der Autos heruntergekurbelt und riefen sich gegenseitig ein paar letzte Grußworte zu. Einige würden sich in Thailand wiedersehen, andere würden in ihre Heimatländer zurückkehren und vielleicht nie wieder nach Pakistan kommen. Die Zukunft war ungewiss, und alles, was ihnen blieb, war, auf Gott zu vertrauen, dass er es richtig führen würde.

Immer leerer wurde das Schulareal, immer mehr Fenster des Internatsgebäudes waren mit Brettern vernagelt. Da und dort wischte sich jemand heimlich eine Träne aus dem Gesicht.

Ob sie jemals wieder hier zur Schule gehen würde?, überlegte sich Deborah, während sie wehmütig zur alten Kirche hinunterblickte. Dort hinter den Bäumen sah sie das Fenster des Chemiezimmers, wo sie vor genau einem Monat zusammen mit Paul-Gerhard und ihrer Klasse am Boden gesessen und geweint und gebetet hatte. Nie würde sie vergessen, wie Gott ihnen seine Engel geschickt hatte, um sie zu beschützen. Nie würde sie vergessen, was in jenen fünfzehn Minuten geschehen war. Und sollte einmal irgendjemand behaupten, sie hätte sich die singenden Engel und die wundersamen Begebenheiten ja wohl nur eingebildet, würde sie nur eines zur Antwort geben: Frag doch die hundertfünfzig Schüler, die dabei gewesen sind.

14:30 – «Deborah, Zeit zum Aufbrechen!» Der Ruf ihres Vaters holte das Mädchen in die Gegenwart zurück. Sie trug die Koffer zum Auto und setzte sich neben ihre Geschwister und Paul-Gerhard. Als Familie Lanz gegen halb drei das Schulgelände verließ und die Murree Christian School zwischen den mächtigen Pinienbäumen am Fuße des Himalaja-Gebirges verschwand, fühlte Deborah einen seltsamen Frieden in sich aufsteigen. Und je weiter sie sich von Murree entfernten, desto stärker wurde ihre Gewissheit, dass sie wieder nach Pakistan zurückkehren würde. Vielleicht nicht mehr dieses Jahr. Vielleicht nicht einmal nächstes Jahr zu ihrem Schulabschluss. Aber irgendwann würde sie zurückkehren. Das wusste sie einfach. Tief in ihrem Herzen wusste sie es.

Und es brachte ihre Augen zum Leuchten.

Einige weitere Ereignisse ...

Die Gerichtsverhandlungen bezüglich der Anschläge in Islamabad, Murree und Taxila dauerten von November 2002 bis März 2004. Im April wurden Saifur Rehman Saifi, Abu Bakar und Hasan von einem Anti-Terror-Gericht zum Tode verurteilt. Weitere Mitglieder der Jaish-e-Mohammed, der Armee Mohammeds, wurden zu lebenslangen Gefängnisstrafen verurteilt.

Zwischen März 2002 und Mai 2004 haben sich zwanzig pakistanische Selbstmordattentäter in die Luft gesprengt. Dabei kamen über 200 Menschen ums Leben, und etwa 430 wurden verletzt. Zwölf der Attentäter waren im Alter zwischen 15 und 25 Jahren.

Maulana Masood Azhar (Jahrgang 1968), Gründer der militanten Bewegung Jaish-e-Mohammed, wurde im Dezember 2001 unter Hausarrest gestellt, den das höchste Gericht am 14. Dezember 2002 jedoch wieder aufhob. Mazood Azhar wurde für seine Verbrechen nie zur Rechenschaft gezogen.

In einem Zeitungsartikel der «Associated Press» vom 24. August 2002 stand, dass der Muslim Bashir Butt, Kamrans Vater, am Überlegen sei, zur Klinikkapelle in Taxila zu gehen, um den Christen sein Beileid auszusprechen. Es ist nicht bekannt, ob er sich jemals dazu durchgerungen hat.

Im Juni 2003 bekannten im Rahmen einer Tauffeier 26 Schülerinnen und Schüler der MCS ihren Glauben an einen treuen und mächtigen Gott. Die dramatischen Ereignisse des 5. August 2002 hatten ihren teilweise ziemlich erloschenen Glauben neu aufleben lassen.

Deborah Lanz feierte ihren Schulabschluss im Juni 2003 in Chiang Mai, Thailand. Heute lebt sie in Deutschland und macht eine Ausbildung zur Krankenschwester. Ihr Wunsch ist es, eines Tages als Ärztin nach Pakistan zurückzukehren.

Paul-Gerhard machte seinen Schulabschluss in Deutschland und kehrte danach für einige Zeit als Mitarbeiter des MCS-Teams nach Murree zurück. Sein Wunsch ist es noch immer, Lehrer oder Musiker zu werden.

Die Murree Christian School in Pakistan ist im August 2004 wieder eröffnet worden. Beim Eingang der Garnisonskirche wurde ein Gedenkschild für die sechs ermordeten pakistanischen Mitarbeiter angebracht. Unter ihren Namen steht der Bibelvers aus Römer 12,21: «Lass dich nicht vom Bösen überwinden, sondern überwinde das Böse mit Gutem.»

Nachwort von Damaris Kofmehl

Ich muss gestehen, ich war noch selten so hin und weg von einer Story wie von dieser. Und je mehr ich mich damit befasste, desto unglaublicher wurde sie, bis ich selber auf eine turbulente Entdeckungsreise ging, die mich bis nach Pakistan führte.

Begonnen hat alles damit, dass mein Verleger mir von einer fantastischen Geschichte vorschwärmte, die er im Zug gelesen hatte. Da hätten doch tatsächlich Schüler einen Engelschor singen hören, während sie von Terroristen überfallen wurden. Bei den Worten «Engelschor» und «Terroristen» klingelten meine Ohren. Das hörte sich doch ganz nach einem neuen Buch an! ...

Ich musste unbedingt mehr darüber erfahren. Mein Verleger ließ mir eine Sammlung von Einzelberichten zukommen, die Schüler, Lehrer und Mitarbeiter der Murree Christian School in einem kleinen Büchlein zusammengetragen hatten, um die brutale Attacke vom 5. August 2002 zu verarbeiten. Als ich die Berichte dieser Kinder las, war ich so bewegt, dass mir die Tränen nur so herunterliefen. Ich musste *definitiv* ein Buch darüber schreiben!

Es gab nur ein Problem. Um das Ganze realistisch rüberzubringen, sah ich keine andere Möglichkeit, als selbst nach Pakistan zu reisen. Und eigentlich hatte ich dabei eher ein mulmiges Gefühl. Ich hatte zwar in Brasilien schon mit Mördern, Flugzeugentführern, Bankräubern und Drogenhändlern zu tun gehabt, das aber wenigstens in einem Land, wo jeder, den man auf der Straße anspricht, sich irgendwie als Christ bezeichnet. In Pakistan jedoch sind 97 % der Bevölkerung Muslime, und das allein schüchterte mich ziemlich ein.

Ich war, was den Islam anbelangt, ziemlich grün hinter den Ohren, hatte mich nie mit dem Thema auseinander gesetzt, höchstens damals, als die Türme des World Trade Centers einstürzten. Ansonsten gehörten Worte wie «Islam», «Muslime» und «radikaler Islamismus» nicht zu meinem Alltag. Also beschäftigte ich mich auch nicht damit.

Das hat sich in den vergangenen Monaten gründlich geändert.

Bücher über Pakistan, Terrorismus, Selbstmordattentäter und den Islam stapelten sich auf meinem Schreibtisch, dazu Hunderte von Zeitungsartikeln, Auszüge aus dem Internet und sogar ein Exemplar des Korans. Wenn ich über diesen Terroranschlag ein Buch schreiben sollte, dann wollte ich es *richtig* machen, schon aus Respekt gegenüber den Leuten, die es erlebt hatten.

Je tiefer ich mich in die Materie einarbeitete, desto verrückter wurden die Zusammenhänge. Beim Recherchieren von Infos über die einzelnen Terroristen fanden sich Stränge bis hin zu Bin Laden, dem FBI und dem pakistanischen Geheimdienst. Das Ganze schien auf einmal doch eine Nummer zu groß für mich. Auf der andern Seite juckte es mich noch immer in den Fingern, und so entschied ich mich, die Geschichte in Angriff zu nehmen und nach Pakistan zu fliegen, um mit den Leuten zu reden, die beim Anschlag dabei gewesen waren.

Als ich meinen Bekannten und Freunden erzählte, dass ich nach Pakistan reisen würde, hielten mich viele für verrückt oder begannen sich Sorgen zu machen, dass ich entführt werden würde oder mir sonst etwas

Schlimmes zustoßen könnte. Ganz ehrlich: Als ich zwischen all den vorwiegend bärtigen Pakistanis in der Wartehalle des Flughafens saß, dachte ich schon beim einen oder andern, es könnte ein Terrorist sein. Auf dem Flug nach Islamabad saß ich dann neben einem überaus freundlichen Richter und seiner Frau, und als sie mich innerhalb weniger Minuten prompt zu sich nach Hause einluden, merkte ich, dass mein Misstrauen allen Muslimen gegenüber wirklich lächerlich war.

Bei meinem zweiwöchigen Aufenthalt in Pakistan lernte ich eine Menge herzlicher Einheimischer kennen. Ein Ehepaar, das nur Urdu redete, lud mich spontan zum Abendessen ein, und wir hatten eine Menge Spaß zusammen, als wir versuchten, uns mit Händen und Füßen zu verständigen. Die Frau kicherte die ganze Zeit, während sie am Boden kauerte und auf einem Feuer frische Brotfladen zubereitete, die wir dann als eine Art Löffel gebrauchten, um eine ungemein scharfe Hackfleischmischung mit Joghurt aus kleinen Schälchen zu schöpfen.

Neben den Menschen und ihrer Gastfreundschaft gab es viele andere Dinge, die mich an diesem Land faszinierten, zum Beispiel die bunt bemalten, mit Glöckchen und Kettchen und allerlei Schnickschnack behängten und hoffnungslos überfüllten Busse, die aussehen, als würden sie jeden Moment umkippen. Oder die Monsunwolken, die wirklich so dicht zwischen den Bäumen hängen, dass man teilweise keine zehn Meter weit sehen kann. Oder die alten Männer, die an der Straße hocken und ihre Haare und Bärte mit Henna rot färben.

Natürlich besorgte ich mir auch angemessene Kleidung, um keinen Anstoß zu erregen. Das Salwar Kameez ist echt eine angenehme Kleidung, und es gibt sie für Frauen in den wunderschönsten Farben wie aus

Tausendundeiner Nacht. Ich lernte auch, dass man sich als Frau nicht überall verhüllen muss, jedoch die Arme bis mindestens über die Ellbogen bedecken sollte. Nur ein- oder zweimal wurde mir gesagt, ich müsste aus Anstand meinen Kopf verhüllen. Ansonsten genügte es, die so genannte Dupatta locker über die Schultern zu legen.

Mein Besuch in der Murree Christian School war genau zu Beginn des neuen Schuljahres, zwölf Monate nach der Wiedereröffnung, im August 2005. Ich war absolut fasziniert von dem, was die Schüler und Lehrer mir erzählten. Am meisten beeindruckte mich, dass die Kinder sich nach allem, was geschehen war, ganz bewusst entschieden hatten, wieder an die Schule zurückzukommen. Ich fragte eine Gruppe von Teenagern, ob sie denn keine Angst hätten, dass sie erneut von Terroristen überfallen würden. Sie gaben mir völlig gelassen zur Antwort:

«Wenn das das Risiko ist, das wir eingehen müssen, dann gehen wir es ein.» Die meisten von ihnen sagten mir auch, dass sie nach ihrer Ausbildung selbst als Missionare in Pakistan arbeiten wollten wie ihre Eltern.

Der Mut und der Glaube dieser Jugendlichen war echt imponierend. Dabei sind es nicht irgendwelche Superhelden, sondern eben ganz gewöhnliche Teenager mit einer Menge Flausen und denselben unbeantworteten Fragen im Kopf, wie jeder andere Jugendliche in ihrem Alter sie hat. Und doch besitzen sie dieses unerschütterliche Vertrauen in Gott und sind bereit, für ihn aufs Ganze zu gehen. Ich war mächtig beeindruckt von ihnen und bin es noch heute.

Mein nächstes Problem bestand darin, aus dieser Vielfalt an Informationen, Geschichten und Eindrücken das herauszufiltern, was wirklich von Bedeutung war. Ich konnte ja nicht gut ein Buch mit zweihundert Hauptpersonen schreiben, obwohl jeder Einzelne von ihnen eine Hauptrolle spielte. Und was war mit den Terroristen? Was ging in ihren Köpfen vor, als sie mit Maschinengewehren durch die Schule stürmten? Wie kann jemand, der noch so jung ist, sich als Selbstmordattentäter zur Verfügung stellen? All diese Fragen beschäftigten mich, und ich wollte versuchen, sie so einfühlsam wie möglich zu beantworten. Ich wollte mich selbst in diejenigen hineindenken, die bei den Attentaten ums Leben gekommen sind. Ich wollte das Klischee von schwarz und weiß durchbrechen und mit viel feineren Farbnuancen arbeiten.

Was die Terroristen untereinander besprachen und taten, das konnte ich natürlich nicht recherchieren. Deswegen habe ich mich hierbei auf eine Fülle anderer Fälle gestützt, bei denen Details dieser Art bekannt wurden, und auf meinen Menschenverstand – in Kombination mit schriftstellerischer Freiheit. Meine Quellen waren u. a. Internetartikel, Berichte aus Zeitungen und Zeitschriften aus den verschiedensten Ländern, Bücher aus Pakistan selbst (etwa ein Buch, das sämtliche Terroristen-Organisationen vorstellt, zusammen mit ihren Trainingsmethoden, ihrer Waffenausbildung, ihren Strukturen und Zielen plus Details über die Auszahlungen an die Hinterbliebenen sowie Angaben über den Familienhintergrund der einzelnen Kämpfer), Interviews mit (teils ehemaligen, teils immer noch «aktiven») Terroristen und Pakistanis sowie Berichte von Gerichtsverhandlungen. Kurzum: Die allermeisten der in meinem Buch beschriebenen Personen und Namen sind stimmig, und die Geschichten hinter den Namen stimmen ebenso.

Ich bin selbst nicht bei diesen Anschlägen dabei

gewesen, und sogar in der Flut von Zeitungsartikeln wurden diverse Einzelheiten unterschiedlich wiedergegeben. Manchmal hat mein Kopf nur noch geraucht beim verzweifelten Versuch, nicht den Überblick zu verlieren. Ich hab mir sogar das gesamte Schulgelände auf einem leeren Pult nachgebaut und farbige Klötze mit Namensschildchen darauf verteilt, um mir vorstellen zu können, in welcher Sekunde wer wohin geschaut hat und dabei was gesehen und getan hat, sowohl die Opfer wie die Täter wohlgemerkt. Und das für einen Zeitraum von fünfzehn Minuten ...

Es war ein gewaltiges Abenteuer, dieses Buch zu schreiben, und manches Mal dachte ich: Wenn dies eine erfundene Geschichte wäre, würden alle behaupten, ich hätte maßlos übertrieben. Doch das Leben schreibt noch immer die spannendsten Storys, und ich bin Gott so dankbar, dass ich diesen True-Life-Thriller schreiben durfte. Begeistert haben mich auch Paul-Gerhard und Deborah und ihre unkomplizierte Art, über Gott zu reden – und über das, was er in ihrem Leben getan hat. Sie sind jetzt beide zwanzig Jahre alt und haben einfach den tiefen Wunsch, sich von Gott gebrauchen zu lassen. Und ich weiß, dass unser Vater solche Gebete immer erhört.

Uncle Simon, ein älterer Australier, der an der Schule als Hausvater diente, erzählte mir tief bewegt, wie er den 5. August erlebt hatte. Er war nicht in der Schule gewesen, als die Terroristen kamen, sondern ein paar Kilometer weit entfernt, zusammen mit einigen anderen Mitarbeitern. Jemand verständigte sie per Telefon, dass die Schule attackiert würde, und sie begannen unverzüglich zu beten. Jemand hatte den Eindruck, sie sollten gegen die Angst anbeten, und genau das taten sie. Im Gedenkgottesdienst, der wenige Tage nach dem

Anschlag stattfand, bezeugten mehrere Kinder, dass sie einfach keine Angst verspürt hätten. Als Uncle Simon mir dies erzählte, hatte er Tränen der Rührung in den Augen.

Ich liebe Herausforderungen, und dieses Buch zu schreiben war mit Abstand eine der größten Herausforderungen der letzten Jahre. Es hat mir die Augen für viele Dinge geöffnet; ich habe unglaublich viel gelernt und profitiert. Einmal mehr habe ich realisiert, dass Gott sich definitiv nicht in ein Schema pressen lässt und immer noch größer ist, als wir kleinen Menschen es oft meinen.

Damaris Kofmehl
im Juli 2006

Informationen

Murree Christian School Homepage:

www.mcs.org.pk

Damaris Kofmehl, Homepage und E-Mail:

www.damariskofmehl.org

kofmehl@hotmail.com

Hilfswerk für Straßenkinder und randständige Jugendliche in Brasilien und Europa (gegründet von Damaris Kofmehl und ihrem Mann Demetri Betts):

New Chance International, Homepage:

www.newchanceinternational.com

Skizze des Schulgeländes

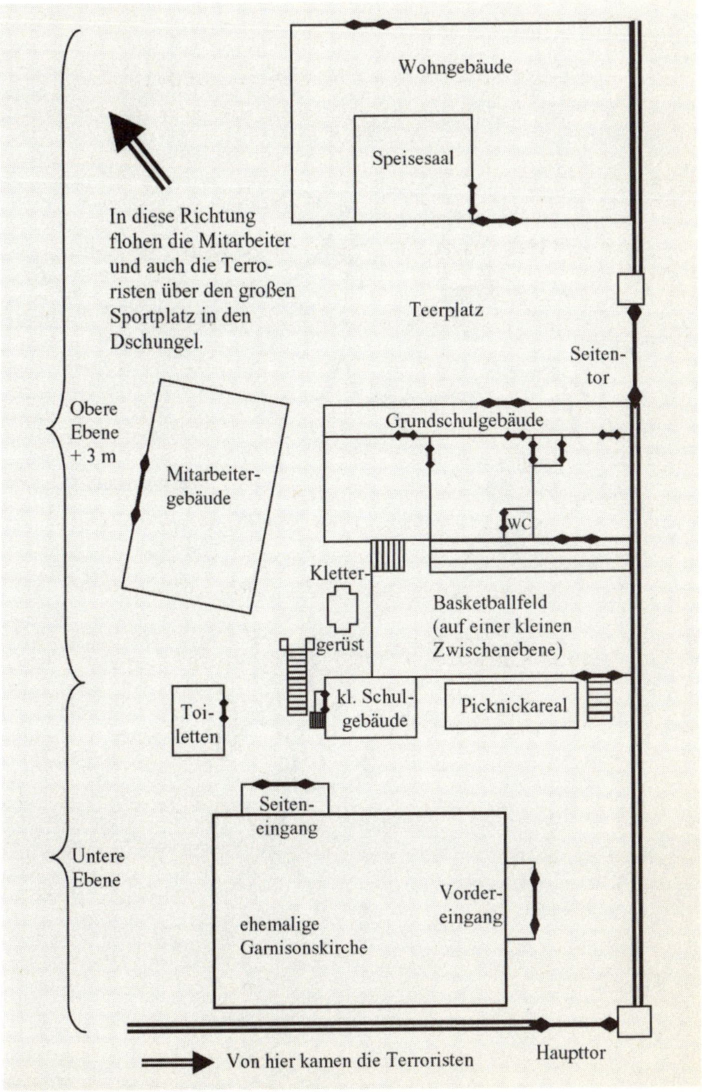

Karte der wichtigsten Orte in Pakistan

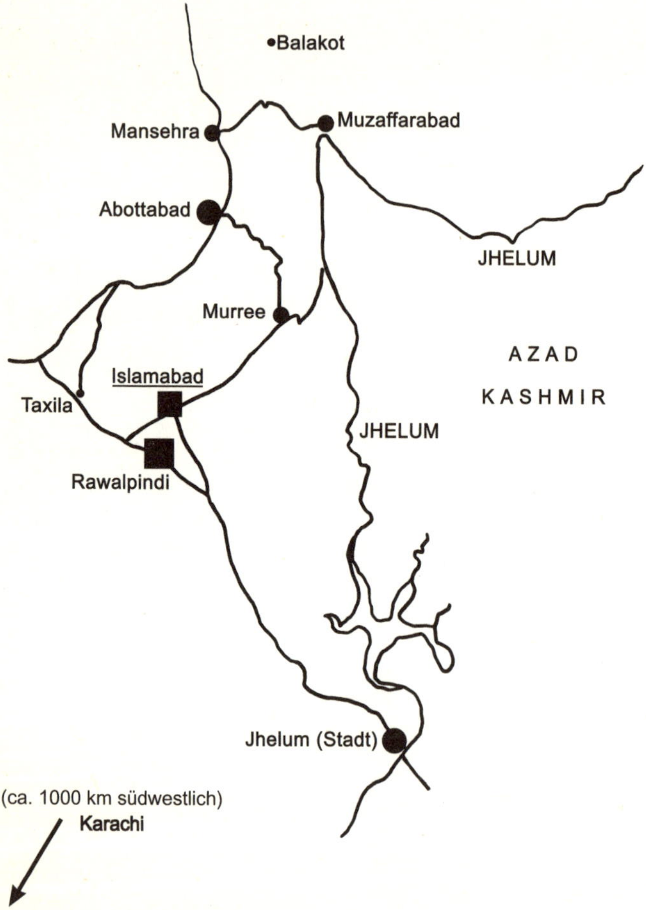